中国外资企业有效税负研究

李 伟 著

文匯出版社

前　言

20世纪以来，全球化逐渐成为世界经济发展的主旋律，这个星球的各个部分从未像现在这般联系紧密，包括中国在内的世界经济体之间利益与共、唇齿相依，经济全球化为各国经济发展提供了源源不断的推动力。跨国企业是经济全球化的推动力量和主要载体，这些企业的国籍身份日渐淡去，已经成为所在国经济必不可少的组成部分。从中国经济实践来看，外资企业是中国经济改革的催化剂和加速剂，在中国经济发展过程中扮演了重要的角色，改革之初提供了急需的资金和先进的技术，弥补了中国经济发展之初要素禀赋的不足；加入世贸组织之后，外资企业以其管理理念、发展布局为本土企业提供了磨砺的环境，提升了经济发展主体的竞争力；在中国已经成为世界第二大经济体之后，外资企业还将作为中国经济的一份子，继续发挥自身独特的作用，外资企业仍然是中国经济发展的重要推动力量。

外资企业在中国经济发展不同阶段扮演了不同的角色，为中国经济发展做出了重要贡献，其贡献的重要表现之一就是税收。外资企业作为中国经济的一部分，毫无疑问是中国纳税义务的承担者，但外资企业的“外”字往往让人产生误解，误以为外资企业都姓“外”，而且原来内外资税收制度的分立下，外资企业名义税率相对较低，享受了超国民待遇。因此，给人的印象就是外资企业对中国的税收贡献不足。然而，从税收制度的变迁来看，中国逐步统一了内外资企业税收制度，特别是 2008 年 1 月实行的新企业所得税制度，不仅取消了此前给予外资居民企业的大量税收优惠政策，还提高了很多外资居民企业适用的法定所得税税率，外资企业超国民税收待遇一去不复返。

新的企业所得税制度实施后，外资企业的税收优惠政策取消，必然会引起外资企业流向的变化。从外资企业流向的可能选择来看，中国及其亚洲邻国除了在劳动力成本、资源分布、市场容量等方面都有着各自的优劣以外，税收制度也是决定外资企业流动的重要因素。中国周边国家或者拥有低廉的劳动力成本（如越南），或者具有庞大的国内市场（如印度），或者具备完善的制度（如新加坡），或者拥有地理优势（如马来西亚），这对投资于亚洲地区的投资者而言都具有相当大的吸引力，在吸引外资企业方面，它们都是中国的竞争者。在中国实施新企业所得税制度的背景下，将中国同印度、越南、新加坡、马来西亚等周边国家外资居民企业的有效税负加以估测和比较，可以揭示出中国及周边国家在吸引外国直接投资方面的比较税收优势，反映出上述各国的税收制度对本国投资吸引力的影响，也是预测外资企业流动趋势的重要依据。

从外资企业流动的实际情况来看，中国近年来外商直接投资的增速出现了放缓。根据联合国贸易发展会议发布的《全球投资趋势监测报告》，2011 年中国外商直接投资（FDI）流入量总额为 1 240 亿美元，虽然比上一年增长了 8.1%，但增速慢于全球和东亚的整体水平。FDI 增速的放缓为中国吸引外资拉响了警报，寻找外资企业转移和投资吸引力下降原因的必要性不言自明。虽然导致外资转移的原因有很多，但税收制度的变化肯定是其中的一个重要因素。

因此，分析新旧企业所得税制度下中国外资居民企业有效税负的变化，从而直观地反映企业所得税制度改革对外国投资者选址决策和投资规模决策的影响，对提高中国吸引外资水平和构建更具竞争力的制度环境都有着重大的理论意义和现实意义。本书即从此目的出发，在分析中国所得税制度沿革的基础上，比较分析中国与周边国家所得税制度对外资企业有效税负的影响，从而研究探索不同税制安排对企业有效税负的影响，并进一步构建税制竞争力分析框架。

工欲善其事，必先利其器。外资企业令人眼花缭乱的跨国流动现象和税收制度繁文缛节的具体规定成为研究者难以绕过的障碍，如何从中开辟出分析外资企业有效税负的道路，思路和方法显得尤其重要。本书从企业和股东这两个层面更为全面地测度了企业承担的有效税负。实际上，在国际资本市场并非完全流动的情况下，股东作为企业融资的主要来源之一，其纳税义务应当纳入企业整体考虑范围。更为重要的是，由于个人利息所得税影响着债权融资和股权融资之间的关系、个人股息所得税和针对转让股票所得征收的个人资本利得税分别影响着发行新股和留存利润这两种股权融资方式，因此必须将股东个人所得税纳入到研究当中。

研究方法上，本书运用了目前在国际上广泛使用的、更为合理的前瞻法来估测企业的有效税负。前瞻法为企业税负的估测和分析提供了一种系统的方法论。先将研究涉及的各个国家置于相同的宏观经济环境之中，假设不同国家的同质股东投资于本国的一个同质居民企业，计算各国股东按照本国税法投资于同一企业应当承担的税额，以反映各国税收制度的差别对企业有效税负的影响。而后，逐一改变宏观经济变量的各种参数，重新计算各国外资居民企业承担的税额，即进行敏感性分析，从而研究宏观经济因素对企业有效税负的影响及其程度。

在前瞻法的三种具体模型中，通过对假设条件、研究对象以及方法的可利用性等方面的比较，本书选择了最为适用的D/G模型作为研究工具。基于欧洲经济研究中心设计的D/G模型计算器以及由普华永道会计师事务所驻各国分所提供的第一手数据资料，本书对新旧企业所得税制度下中国外资居民企业的有效税负水平进行了纵向研究，而后就实施新企业所得税制度后的中国及周边国家外资居民企业的有效税负以及上述国家实施税收优惠措施后外资居民企业的有效税负进行了横向比较分析。通过上述方法，本书从中国外资居民企业的有效税负水平、现行税收优惠政策的投资激励作用、宏观经济环境对有效税负的影响以及税收制度对投资吸引力的影响等方面开展了深入的分析和研究，从税收要素、征收模式、税收优惠等方面提出了相应的政策建议。本书是在2010年上海财经大学优秀博士学位论文基础上修改而成的，也是2012年度教育部人文社会科学研究青年基金项目（项目批准号：12YJC790103）的阶段性研究成果，作者试图从研究对象和研究方法上加以创新，目的就是为中国企业税收负担领域的研究贡献自己的一点绵薄之力，尝试为读者提供一个新的视角，希望能够成为读者和相关领域研究者的案头之书，当然如果能够得到读者的略加青眼，那将是作者莫大的荣幸。

李　伟

二〇一二年十一月

目 录

第一章 导 论

本书之所以选择对中国及周边国家外资居民企业的有效税负进行比较研究,主要目的在于运用一种系统的全新的方法分析上述各国相关税收制度对本国投资吸引力的影响。这不仅能够为投资者制定决策提供依据,还可以为政策制定者调整其税收政策以增强本国吸引力提供参考。

一、问题的提出

(一) 企业税负对投资决策具有重要影响

税收作为一国经济政策的主要手段,能够将经济资源从私人部门转移到公共部门,同时将政府成本在社会各个阶层之间进行分配。在这一过程中,税收会不同程度地影响不同阶层的各种决策,企业的投资决策更会受到税收的影响。

根据乔根森(Jorgenson 1963)的研究,税收将通过资本成本来影响企业的投资决策。作为新古典投资理论的代表,乔根森首次在其经典论著《资本理论和投资行为》中推导出价值最大化企业资本需求的表达式,然后进一步推导出资本成本的表达式。资本成本实际上是企业进行某项投资所要求的最低收益率,也可理解为使企业税后回报为零所需的税前回报率。它由机会成本、资产折旧及税收政策三个因素所决定。机会成本是这一资本由于放弃从事其他投资活动而损失的收益,其最直接和简便的衡量方法就是计算这一部分资本如若进行储蓄可以获得的利息收入。折旧可以通过资产的价值乘以折旧率来估算。税收政策包括税率的高低和税基的大小。如果税收政策使得资本成本降低了,那么企业愿意持有的资本存量就会增加,企业的投资从而也会增加。因此,税收政策可以通过影响资本成本对投资决策产生影响。

事实上,投资者会以其投资在一国承担的税收负担来量化该国税收政策对其资本成本的具体影响。因此,企业承担的税负就在很大程度上影响着投资者的投资决策,特别是投资地点和投资规模的决策。具体来讲,潜在投资者的选址决策(即是否在某国进行投资的决策)主要取决于其在该国承担的平均税率;而既有投资者的投资规模决策(即是否继续追加投资)则依赖于其在该国承担的边际税率①。究其原因,这是由于新投资总是追逐利润的,然而投资者由于资金有限,往往要在两个或多个预期可盈利的项目中进行比较,最终选择哪个项目在很大程度上依赖于每个项目税后利润的大小,也就是说投资者必须考虑整个投资期内总利润所需承担的平均税负;而在投资地址选定之后,投资者才会根据该国的有效边际税率是否具有激励性来考虑是否追加投资。因为,在追加投资时,投资者往往会投资至盈亏平衡点,亦即税后回报为零那一点。税后回报为零的投资即被称为边际投资。有效边际税率因此衡量的就是投资者在进行边际投资时赚得的最后一单位利润所承担的税率。

因此,准确估算企业所承担的平均税率和边际税率既可以为投资者制定决策提供依据,又能够为政策制定者调整其税收政策以增强本国吸引力提供参考。

(二) 中国企业所得税制度变革的效应

中国于2008年1月实行的新企业所得税制度,取消了此前给予外资居民企业的大量税收优惠措施,实质上还提高了部分外资居民企业适用的企业所得税税率。因此,分析新旧企业所得税制度下中国外资居民企业税收负担的变化,从而直观地反映此次企业所得税制度改革对外国投资者资本成本的影响,是非常有意义的。

另一方面,由于周边国家或者拥有低廉的劳动力成本(如越南),或者拥有庞大的国内市场(如印度),这对意欲投资于亚洲地区的投资者而言具有相当大的吸引力,因而这些国家同中国存在着竞争。在中国实施新企业所得税制度的背景下,将中国同印度、越南、新加坡、马来西亚等周边国家外资居民企业的税收负担加以比较,能够揭示出中国及周边国家在吸引外国直接投资方面的比较税收优势,反映出上述各国的税收制度对本国投资吸引

---

① 这与个人劳动供给决策极其类似:平均税率会影响个人参与劳动力市场的积极性,而边际税率则会影响工作时间数。

力的影响。

(三) 中国目前估测企业税负的方法相对陈旧

估测企业税负的方法可以分为回顾法和前瞻法(见图 1.1)。回顾法以以前各期的利润和以前支付的税款为基础,只是进行简单的数字计算;前瞻法则基于税收制度对未来利润的影响,提供了一种系统的方法论。

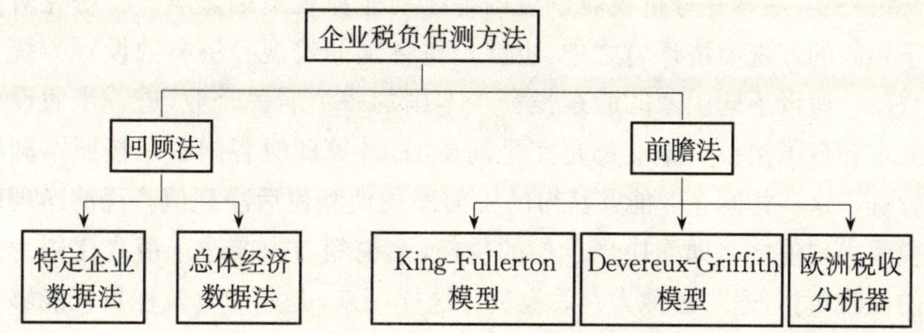

图 1.1 企业税负估测方法概览

1. *回顾法*

根据不同的数据来源,回顾法又可以分为特定企业数据法和总体经济数据法。前者利用特定企业的财务报告或者合并报表,以该企业应付所得税税款和利润的比值计算其税负;后者则使用总体经济数据,即国内所有企业缴纳的所得税税款和国内所有企业利润总额的比值,来估算企业的税收负担。中国此前一直采用回顾法对企业税负进行测量,而这种方法存在着诸多局限和问题:

第一,由于各国统计口径和统计方法不尽相同,回顾法很难用于国际比较。不同国家采用的统计口径和统计方法各不相同,因而各国特定企业财务报表中的利润额和国内所有企业利润总额的可比性很差。

第二,回顾法所采用的税收数据和利润数据往往不相匹配,因而不能反映企业税负的通常情况。企业亏损的前转或后转会导致缴纳税款的减少,而这一税务处理却并不影响该年总体经济数据中企业的利润总额,也就是说该年的税收收入和该年企业生产经营活动所产生的利润并不匹配,由此反映的企业税负并非常态。

第三，因为基于以前年度的数据，回顾法几乎无法估计未来税制改革的效果和影响。

2. 前瞻法

相比之下，前瞻法为企业税负的估测和分析提供了一种系统的方法论。企业的税收负担主要会受到税收制度和实际利率、通货膨胀率等宏观经济变量的双重影响。前瞻法就能够逐一分析这两种因素对企业税负的影响。

第一步，估算并分析税收制度的差别对企业税负的影响。将研究对象置于相同的宏观经济环境之中，也就是将各国的宏观经济参数设置为统一的数值。假设不同国家的股东投资于本国的一个居民企业，进一步假设各国股东和各国被投资企业都是完全同质的，计算此时各国股东按照本国税法投资于这一相同企业能够获得的税前净现值和税后净现值。税前净现值与税后净现值之差即为应当承担的税额，该税额与税前净现值之比则为企业的税收负担，通常被称为有效税负。这样一来，企业的有效税负就能够充分体现不同国家的税制差异了。

第二步，研究各种假定的宏观经济参数对企业有效税负的影响，也就是进行敏感性分析。改变第一步中对实际利率、通货膨胀率等宏观经济变量的假设，重新计算此时各国外资居民企业承担的有效税负，从而研究宏观经济因素对企业有效税负的影响及其程度。那么，在一国税收制度不变的情况下，可以结合对今后宏观经济形势的判断来预测企业有效税负的变化趋势。

目前，中国仍在采用回顾法计算企业的税收负担。本书将首次运用前瞻法这一国际通用的先进工具来研究中国外资居民企业的有效税负问题。

二、研究意义

(一) 理论意义

本书有助于推动中国企业有效税负估测方法的发展和完善。此前，中国对企业税负的研究均采用了简单的回顾法，而且主要集中于上市公司，且仅仅考虑了企业所得税。本书将首次运用国际上通用的前瞻法对企业的有效税负进行分析。从税制层面看，就税收要素而言，除了考虑法定企业所得税税率，还将考察资产的折旧扣除方式、存货价值的计量方法、利息扣除的税务处理等税基因素，从而考量税率和税基对有效税负的影响程度；就税种而言，不仅涉及企业所得税，还考虑了地方性利润税以及不动产税、净财产税等非利润税；就分析角度而言，除了从企业本身进行研究，还将企业股东承担的利息所得税、股息所得税、实际资本利得税纳入到分析当中，从而较为全面地从企业和股东个人这两个层面对企业所承担的有效税负进行测度。除了税收制度，本书还研究了实际利率、通货膨胀率等宏观经济因素对企业有效税负的影响。这为中国企业税负的研究提供了系统而科学的分析方法，也为中国与外国同行的合作提供了可能。

(二) 现实意义

1. 从政策制定者的角度看

第一，直观地反映本国税收政策对外国投资者的吸引力。根据本书估算的各国企业的有效税负，各国（特别是中国）的政策制定者能够更直观地了解本国税制对外国直接投资的吸引力，从而为今后可能进行的旨在增强本国投资吸引力的政策调整提供有益的参考。

第二，考察本国税收制度对企业融资方式和投资类型的激励程度。本书将度量企业采取不同融资方式（如留存收益、发行新股和举债融资）投资于不同资产（如建筑物、无形资产、机器设备、存货和金融资产）所承担的有效税负，从而反映出各国现行税制对企业不同投资、融资方式所产生的不同激励。如果某种投、融资组合的有效税负显著低于其他组合，则说明税收制度是非中性的，必然会扭曲企业的投资和融资决策，从而影响整个社会的资源配置效率。各国的政策制定者可以据此对本国税制进行相应的调整。

第三，直观地反映宏观经济形势对企业有效税负的影响。本书将定量分析企业有效税负对资产的经济折旧率、实际利率、通货膨胀率、整个社会投资的税前真实利润率等宏观经济因素的敏感性。各国的政策制定者可以据此直观地了解宏观形势对企业有效税负的影响，从而在制定相关政策时能够顾及到该政策可能对企业税负及该国税收的影响。

第四，直观地反映中国及周边国家税收优惠政策的力度。本书将估测中国及周边国家实施典型税收优惠措施后该国居民企业的有效税负，因而可以在一定程度上反映出上述各国对于外国直接投资的税收优惠力度，有利于各国的政策制定者洞悉周边国家的经济发展策略。

2. 从投资者的角度看

第一，本书将估测中国及周边国家外资居民企业承担的有效税负，从而为潜在投资者和既有投资者提供决策依据。

第二，本书将计算不同投资、融资模式下企业承担的有效税负，因而能够从减轻税负的角度为投资者合理选择投融资组合提供颇有价值的参考。

三、研究对象的选择

(一) 外资居民企业

企业可以分为居民企业和非居民企业。根据《中华人民共和国企业所得税法》第二条的规定，居民企业是指依法在中国境内成立，或者依照外国(地区)法律成立但实际管理机构在中国境内的企业。外资居民企业就是指依法在中国境内成立或者依照外国(地区)法律成立但实际管理机构在中国境内的，且拥有外国资本的企业。通常提到的在中国境内从事生产经营活动的中外合资企业、中外合作企业和外商独资企业均属于外资居民企业。

由于模型设置方面的原因，本书中的外资居民企业特指制造业中的外资居民企业。从股东层面分析企业的有效税负时，为了突出重点、简化分析，本书假设企业股东均为本国居民。

(二) 有效税负

1. 税负的经济定义

经济学家由于观察和分析的角度不同，对税收负担定义所做的描述也不尽相同。概括起来，大致有以下几种表述：

第一，承受说。该观点从纳税人的被动接受状态来表述税收负担。比如，杨斌(2003)就认为："税收负担是整个社会或单个纳税人(个人或法人)实际承受的税款。"朱明熙等人(1997)则将税收负担表述为："纳税人按照税法规定向国家缴纳税款所承担的税额。"

第二，损失说。这种观点带有一定的普遍性。例如，珞珈(2002)指出"税收负担是纳税人或负税人因税收而承担的福利损失或经济利益的牺牲"。张复黄(1993)认为，税收负担是"国家征税减少的纳税人的经济利益，从而使其承受的经济负担。"胡怡建(1996)的观点是，"税收负担是指一定时期因国家课税而给纳税人造成的经济利益的损失"。刘飞鹏(1995)亦认为："从税负运动的全过程考察，将税收负担定义为国家征税而给纳税人造成的经济利益的损失(包括收入损失和福利损失)。"庇古指出，一种税的公布往往致使人们改变他们的决策或行为以或多或少地避免这种税的压力，而这会导致超额负担的产生，即纳税人承受的超过所缴税款的福利损失。

第三，数量说。这种观点认为税收负担最终表现为一种数量关系。譬如，安福仁(2002)认为，税收负担是"纳税人承受国家税收的状况和度量，是税收分配关系的一种量的表现形式"。他还指出，税收负担是一个相对量的概念，它是"纳税人缴纳一定量的税额相对税基的关系，也可以理解为纳税人缴纳一定量的税额相对纳税人的纳税能力的关系"。刘志诚(1996)亦认为，税收负担是"纳税人或征税对象承受国家税收的状态或度量，体现税收分配的流量"。

第四，广度说。这种观点是不局限于税收负担对纳税人的影响，而将其放到更广阔的范围来阐述。侯梦蟾(1990)从税收负担对整个国民经济影响的角度指出："税收负担问题，从广义来说，并不简单地是多少和轻重的问题，而是包含更广泛的内容。不仅要看税收占纳税人收入的比例，而且要联系到整个分配结构、税收收入的用途和税收对整个国民经济的影响。"平新乔(1992)从税收负担引致的后果来考察税收负担，认为税收的负担就是"税收在不同人身上引起的社会福利后果与社会效率后果"。而詹姆斯和诺伯斯(James & Nobes 2002)则指出，由于实施某种税制时所支出的直接费用也是一种税收负担，包括公共部门支出的税务行政费用和纳税人支出的奉行纳税费用。这些费用既包括政府部门征税所耗费的各项行政费用和纳税人为了缴纳税款所耗费用，亦包括纳税人为了避税和逃税的费用以及政府部门为了防止纳税人的避税和逃税所支付的行政费用。

由于研究的视角不同，上述观点对于税收负担定义的理解也不尽相同。本书的主要研究目的旨在对外资居民企业的税收负担进行估测和比较，因此本书的"税收负担"必须是可以度量的。由于政府征税对纳税人福利的损害、对整个国民经济的影响及其引致的社会后果难于精确衡量，本书基本上采纳了"承受说"的观点，将税收负担定义为纳税人在一定时期内按照税法所承受的税收，以纳税人因政府征税而减少的收入额占纳税人税前收入额的比重来度量。

2. 有效税负的经济含义

有效税负的经济含义可从以下几个角度阐述：

第一，从微观税负与宏观税负的角度阐述。根据考察税负的范围不同，可以将税收负担分为宏观税负和微观税负。宏观税负是指在一定时期内国家在参与国民收入分配过程中以税收形式所集中的价值总额及其占社会生产成果的比率，可以揭示一国总体上的税收负担状况。通常用国民收入税负率或国内生产总值税负率来表示。微观税负是指纳税人一定时期内的应纳税额与其收入额的比率，体现的是个别纳税人的税收负担。由于本书的研究对象是制造业中的外资居民企业，根据上述定义，本书所分析的有效税负是微观税负。

第二，从名义税负与实际税负的角度阐述。以纳税人实际承受税收负担的量度为依据，可将税收负担分为名义税负和实际税负。名义税负是指纳税人在一定时期内依据税法法定税率计算的应向国家缴纳的税额，是现行税制所规定的理论上应达到的税负水平。通常使用纳税人应纳税款占其收益的比率来度量其名义税负水平。实际税负是指纳税人在一定时期内实际缴纳的税额，是税务部门的征管能力能够实现的、实际达到的税负水平。可以用纳税人的实纳税额与其实际收入的比率表示。本书中的有效税负是综合考虑了企业承担的利润税（包括企业所得税及其附加、各种地方性利润税）、非利润税（包括不动产税、净财产税）以及股东承担的与企业行为相关的个人所得税（包括对股东个人取得的利息、股息、红利、资本转让所得征收的个人所得税）而估算出的税收负担率。由于所采用的税收数据均以各国多个税法为依据，因此本书中的有效税负实际上是多税种下的综合名义税负。

第三,从平均税率与边际税率的角度阐述。从增量和总量的角度来看,税收负担可以分为边际税率和平均税率。边际税率是指纳税人增加或减少一单位应税收入所承担的税率;而平均税率是指一定时期内纳税人纳税总额与其所得额的比例。本书所指的外资居民企业有效税负具体包括有效边际税率(Effective marginal tax rates,简写为 EMTR)和有效平均税率(Effective average tax rates,简写为 EATR)。有效边际税率针对边际投资,即税后回报为零的投资。由于在追加投资时,投资者往往会投资至税后回报为零那一点,因此 EMTR 常被用于计算企业追加投资时赚得的最后一单位利润所承担的综合税率;而有效平均税率针对的是边际内投资,即盈利性投资。由于投资者在选择投资地址从而进行一项新投资时总是期望税后回报为正,因而 EATR 就是指企业在新项目的整个投资期内所承担的税额与其所得的比率。

第四,从绝对税负与相对税负的角度阐述。依据税负水平的衡量方式,税收负担可区别为绝对税负和相对税负。绝对税负是指用绝对额表示的税负程度。对纳税人个体而言,绝对税负是指在一定时期内所纳税收的税款金额;对全社会所有纳税人而言,绝对税负是指一国在一定时期内的税收收入总额。相对税负是用相对额(百分比)所表示的税负水平。在计量单个纳税人的相对税负时,通常以纳税人在一定时期内所交纳的依率计征税额与其实际收益相比较;若分析和计量全体国民的相对税负,则将一国在一定时期内税收收入总额与同期国民收入或国内生产总值比较。由于本书中的有效税负是一种综合税负率,因而属于相对税负。

第五,从直接税负与间接税负的角度阐述。根据税负是否转移,税收负担可以分为直接税负和间接税负。直接税负是指纳税人需缴纳的税款不能转嫁他人,而由纳税人自己负担。这种情况下,纳税人既是税款的缴纳者,又是税收负担的实际承担者,税负没有发生转嫁。间接税负是指税款由纳税人通过各种方式部分或全部转由他人负担。在这种情况下,纳税人与负税人不一致。负税人成为部分或全部税款的实际承担者,其税负是转嫁而来的,因而是一种间接税负。本书中的有效税负综合考虑了企业承担的利润税(包括企业所得税及其附加、各种地方性利润税)、非利润税(包括不动产税、净财产税)以及股东承担的与企业行为相关的个人所得税(包括利息所得税、股息所得税、实际资本利得税),而上述诸税都属于不能转嫁的直接税,因而本书的有效税负是企业的直接税负。

四、研究的数据来源

本书涉及的税收数据资料全部来源于我在德国留学期间直接参与的,由牛津大学、欧洲经济研究中心①、德国曼海姆大学②、普华永道会计师事务所合作开展的“亚太地区、印度及俄罗斯公司税研究”的项目。该项目旨在研究印度、俄罗斯、亚太各国外资企业的有效税负水平及其对各国外部直接投资流的影响。我作为欧洲经济研究中心和德国曼海姆大学的青年访问学者,从项目开展之初就作为核心成员参与其中,主要负责收集与整理中国、印度、韩国、泰国、越南、新加坡、马来西亚等多个国家的税收数据、制作与修正发放给普华永道会计师事务所驻各国分所有关人员的调查问卷、估算与比较上述各国外资企业的有效税负、撰写研究报告等等,因而能够充分利用第一手的数据资料。本书作为该项目研究成果的一部分,经欧洲经济研究中心同意后公开发表。

五、研究现状

(一)关于企业税负对投资决策的影响的研究

国内外定量研究税收对投资决策影响的文献可谓数不胜数,研究的视

① 欧洲经济研究中心(Centre for European Economic Research, ZEW),作为欧洲最著名的经济研究机构之一,主要为欧盟及各成员国提供相关经济政策的咨询和研究,涉及的领域主要包括财政税收、劳动力市场、环境和资源、国际金融等方面。

② 曼海姆大学(University of Mannheim),作为德国税收研究实力最强的大学,曾多次为联邦政府和州政府提供研究报告,还经常参与欧洲委员会税收和海关联盟的有关研究。

角也各不相同。本书根据企业对外直接投资的决策过程将具有代表性的文献进行归类，试图说明企业在不同决策阶段所关注的不同税收问题。

企业的对外投资决策可被分解为三个步骤(见图 1.2)。首先，要决定进入外国市场的方式。也就是决定是在国内生产然后将产品出口到国外、还是直接在国外进行生产；其次，要决定投资的地址。倘若决定在国外直接生产，接下来就需要选择拟投资地；最后，要决定投资规模。确定了投资地址之后，企业需要考虑的是拟投资额。

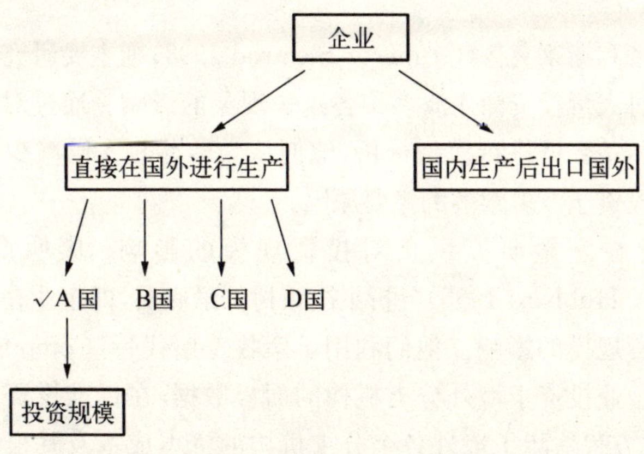

图 1.2　企业对外投资的决策树

1. 国外的相关文献

根据图 1.2 的决策树，我将研究企业税负对投资决策影响的文献大致归为四类：

第一，旨在定量研究税负对企业进入外国市场方式的影响。凯姆斯利(Kemsley 1998)对决策树的第一层进行了分析，即税负是否影响了企业进入外国市场的方式以及影响的程度。他运用康牧普斯代特(Compustat)数据库中单个美国企业的数据信息研究了企业出口额与国外直接生产产品销售额这一比率的决定因素。在对诸如国家危机等因素进行控制的基础上，凯姆斯利对企业在国外承担的平均税率、企业是否享受税收抵扣以及其在美国适用的法定税率进行了回归分析，结果发现美国企业倾向于采用出口的方式进入高税率的外国市场。值得注意的是，他在研究中使用的平均税率是根据回顾法中的特定企业数据法计算得出的。

第二，旨在定量研究税负对投资选址的影响。德弗罗和格瑞菲斯(Devereux & Griffith 1998)将决策树的第二层作为研究对象，分析了税负对企业选择投资地址的影响。他们利用康牧普斯代特(Compustat)数据库中各国的税收数据定量分析了美国企业选择在英、法、德三国进行投资的可能性。这篇文章的主要贡献在于，分析了根据前瞻法计算出的有效平均税率对企业投资选址的影响。研究结果充分说明了一国的有效平均税率对企业选择投资地址会产生重要的影响，尽管这种影响在不同国家的程度略显不同。

格鲁伯特和斯莱莫德(Grubert&Slemrod 1998)则主要研究了美国的企业税制对当时大量投资涌入波多黎各这一现象的影响。通过对波多黎各的美国企业的相关数据进行模型分析，他们认为转移收入以减少纳税额是美国企业纷纷投资于波多黎各的主要原因。

第三，旨在定量研究税负对投资规模的影响。康明斯和哈伯德(Cummins & Hubbard 1995)分析了决策树的最底层，即企业在一国承担的税负对其投资规模的影响。他们利用了康牧普斯代特(Compustat)数据库中单个美国企业投资于境外分支机构的面板数据，在标准投资模型的基础上，运用欧拉方程估测了境外各个分支机构的资本成本及其根据前瞻法算得的有效边际税率对企业投资规模的影响。这篇文章的创新之处在于，论证说明了境外各个分支机构的资本成本不仅包括了东道国的税收参数，还涉及到母国的税收参数；此外，作者首次将标准投资模型用于对境外分支机构的分析。他们的研究发现，一国的税收制度确实会对投资规模产生重要影响。

格鲁伯特和姆提(Grubert & Mutti 2000)以及阿特舒勒和纽伦(Altshuler & Newlon 2001)也分析了企业在一国的投资额与其在该国所承担税负之间的关系。前者的研究结果表明，美国的跨国公司在一国承担的平均税率极大地影响着其在该国投资的资本额；后者亦发现，美国企业的投资对其在东道国承担的平均税率较为敏感。与康明斯的研究不同，格鲁伯特、姆提和阿特舒勒、纽伦使用的是美国财政部仅向部分研究人员提供的机密纳税申报表，这些数据包含了单个美国企业境外分支机构的详细信息，因而数据质量更高。然而，由于他们均运用特定企业数据法这种回归法来计算企业的平均税率，因此研究结论的可靠性受到质疑。

林锡春(Tin-Chun Lin 2006)通过对美国1945至2001年投资数据的定量分析，发现企业所得税税率与总投资额之间呈高度负相关关系，从而说明了企业所得税对投资的反激励作用。但他的研究仅考虑了法定企业所得税税率，并未估算企业承担的有效税率。

第四，旨在定量研究企业税负对上述三种投资决策的影响。格鲁伯特和姆提(Grubert & Mutti 1991)，惠勒和穆迪(Wheeler & Mody 1992)以及海因斯和赖斯(Hines & Rice 1994)利用美国商务部提供的美国企业境外分支机构所有经营活动的合计数据对整个决策树进行了分析。这是由于境外分支机构的合计数据(比如资本存量合计额)体现了进入外国市场方式决策、投资选址决策和投资规模决策的最终结果。

格鲁伯特和姆提，海因斯和赖斯分析了美国企业设在世界主要国家的分支机构的资本存量水平，其研究均表明平均税率和合计资本存量之间存在着显著的负相关关系。前者发现，东道国的税率从20%降至10%会导致美国企业在该国分支机构的资本存量增加65%。后者也发现了类似的现象，只是负相关程度更为显著。

惠勒和穆迪研究了美国企业在世界主要国家投资的厂房和机器设备的总体规模，并发现东道国的税收制度对于投资决策的影响并不十分重要。值得注意的是，他们在研究中仅考虑了各国的法定企业所得税税率，却忽视了税基因素。

上述各研究分析了税负在不同决策阶段的影响，得出的结论不尽相同。最主要的原因可能是由于不同研究中涉及的因变量和控制变量存在着差异。另一个不能忽视的原因是上述诸研究运用了不同方法来衡量企业税负。这些方法并非全部正确，因为在投资决策的三个阶段企业关注的税负问题是有差异的，因此在研究不同阶段的投资决策时必须采用相应的、正确的指标和方法对税负加以衡量。

2. 国内的相关文献

第一，旨在定量研究税收对投资选址的影响。中国在该领域的研究主要集中于定量分析税收优惠政策对外国直接投资的影响。

鲁明泓(1997)使用1988至1995年中国29个省份的有关数据检验了外

商直接投资在各省的分布情况，结果发现能否享有税收优惠政策对外商投资具有显著影响。

马拴友(2001)运用1981至1989年间的数据对税式支出与投资之间的关系进行了实证分析，结果表明非国有经济投资对税收具有正常的反应，即与实际税率负相关、与税收优惠预期正相关；但税收对国有经济投资的影响并不显著，说明国有经济投资的预算约束相对较软；此外，税收优惠及其预期与外商投资正相关，从而说明中国对外资企业实行的税收优惠政策对吸引外资产生了重要的促进作用。

梁琦(2003)利用1998至2000年的相关数据，对外国直接投资在中国各地区的区位选择进行了定量研究，结果表明开放度、产业关联度和税收优惠政策对外国直接投资的影响是正向的。其中，开放度的影响大于产业关联度，而产业关联度的影响又大于税收优惠政策。作者认为税收政策对投资选址的影响是次要的。

李宗卉(2004)通过1989至1993年间68个城市的面板数据，运用面板数据模型分析了税收优惠政策在吸引外国直接投资方面的有效性。研究发现，优惠的企业所得税税率、企业所得税的减免、地方政府是否有权决定减免地方所得税、再投资退税、进口环节税收减免等优惠措施对于外商投资具有显著的影响。

第二，旨在定量研究税收对投资规模的影响。杨欣、夏杰长(2004)从两个角度研究了税收与投资规模之间的关系。其一，理论实证分析。他们将政府部门(即税收)纳入到简化的索洛模型中，发现在黄金律水平下投资的增长额应该是税收收入减少额的3倍左右。其二，经验实证分析。他们选取了中国1994至2001年的相关数据，建立了一个以税收收入为自变量、以投资规模为因变量的回归模型。研究结果显示，当绝对税收收入上升100元时，绝对投资额就要减少13.7元。理论实证和经验实证的分析结果均显示出税收对投资具有抑制作用，但另一方面这种抑制作用的程度却呈现出较大差距。杨欣和夏杰长认为，这一方面说明中国现有的资本存量远未达到黄金律要求的水平，另一方面表明目前中国税收对于投资的调节作用较低，投资对税收的弹性非常小。然而，他们的研究存在几个问题：首先，以政府税收收入的变化来衡量税收政策的改变是值得商榷的，因为税收收入除了受到税率变化、税收优惠变化等税收政策的影响，还受到征管力度、宏观经济的自然增长等因素的影响；其次，尽管他们将财政性的投资支出从投资数据中予以剔除，但这并不能将政府主导的投资完全排除。相对于以利润最大化为目标的企业投资而言，政府投资的税收约束几乎是不存在的。因此，在他们建立的回归方程中，投资和税收之间缺乏紧密的相关性是难以避免的。

张阳、刘慧(2006)运用中国2004年各省、市和地区的横截面数据对影响外国直接投资额的因素进行了实证分析。结果表明，各地区的经济发展水平和开放程度是影响外国直接投资额的关键性因素，而税收因素的作用并不明显。值得注意的是，他们以2004年外商投资企业和外国企业所得税之和与该年外资工业企业利润的比值来衡量企业的税收负担，即运用回顾法计算了税负，因此其研究结论的可靠性值得质疑。

可以看出，从研究领域上讲，国内的相关文献大多集中于研究中国税收政策对投资(特别是外商直接投资)决策的影响，并未细化到对企业税负与投资决策的关系进行系统分析；从研究方法上讲，国内学者所采用的数据均为以前年度的统计数据，所运用的方法均可视作回顾法。

(二) 关于企业税负估测方法的研究

1. 国外的相关文献

企业在决策树的三个阶段中要考虑的税收问题是不同的，因此在研究不同阶段的投资决策时必须采用相应的、正确的指标和方法对税负加以衡量。这一想法最初是由富勒顿(Fullerton 1984)提出的。他将当时衡量企业税负的方法进行了总结归类，探讨了每种方法的特点和适用性，并举例说明采用不同的方法来衡量企业税负所导致的研究结果的巨大差异。

此后，德弗罗和格瑞菲斯(Devereux&Griffith 2002)明确指出，决策树的前两个阶段涉及到“分散选择”(discrete choices)问题，也就是投资地址的决策——是投资国外还是在国内生产，假若决定投资于国外则要选择具体在哪个国家或哪个地区投资。而企业往往根据税后利润来选择投资地址，即哪里的税后回报最大就选择哪里。在这种情况下，企业就需要考虑税收对整个投资期内总利润的影响，即平均税率；而决策树的最底层——投资规模的大小,则取决于边际收益等于边际成本的盈亏平衡点,在这种情况下,企业则需要考虑边际税率。

德弗罗和格瑞菲斯(2003)进一步指出,边际税率只能运用前瞻法进行估测。这是因为回顾法基于以前各期的利润和已纳税款,算出的税率可能直接取决于实际投资额或者资本存量的多少,从而导致回归分析出现内生性偏差。例如,投资高涨的时期很可能产生较高的税收抵扣,以致当期纳税义务减少,也就是说较大的投资额会导致平均税率的下降。而研究目的本是证明较低的税率会导致更多的投资。这样就出现了因果倒置的困境。而以税法为基础的前瞻法能够避免这种问题的发生。他们还指出,平均税率既可以用前瞻法估算,也可以用回顾法计算。然而,回顾法算出的平均税率和前瞻法估得的有效平均税率的含义却大相径庭。根据回顾法得出的平均税率反映的只是企业在某一时点的税负水平,体现的是企业直到这一时点的投资历史和亏损历史(也就是说该时点的纳税义务可能包含从以前结转而来的亏损);与此不同,运用前瞻法估测的有效平均税率能够反映企业在一国税法制度下的通常税负水平。

金和富勒顿(King&Fullerton 1984)首先建立了以前瞻法估测有效边际税率的模型。他们假设所有市场都是完全竞争的,生产函数具有一般的性质且规模报酬不变。在这种情况下,进一步假设本国或外国的企业在本国或外国进行了一项边际投资,即边际收益等于边际成本的追加投资。基于均衡资本市场和最优投资行为的假定,他们计算了假想投资项目的税前最小收益率与用以投资的那笔储蓄的收益率(即市场利率)之间的差距,即税收差距。而税收差距同税前最小收益率的比值即为有效边际税率。金和富勒顿开创性地运用前瞻法估算了企业的有效边际税率,在国际上受到了高度认可;但是由于其假设条件过于严格,且考察对象是税后收益为零的边际投资、并非人们更为关注的盈利性投资,因而该模型的适用范围比较有限。

德弗罗和格瑞菲斯(1999)针对金和富勒顿的不足,建立了可以兼顾分析有效边际税率和有效平均税率的前瞻法新模型。他们认为,当投资者选择投资项目时主要考虑一国的有效平均税率是否具有吸引力。而在投资项目选定后,他们才根据该国的有效边际税率是否具有激励性而考虑是否追加投资。因此,他们将金和富勒顿的方法予以扩展,把有效平均税率表示为有效边际税率和法定税率的加权平均，从而在一个一致的框架下既可以计算税收对可盈利的边际内投资的影响，也能够评估税收对边际投资的影响。然而，德弗罗和格瑞菲斯仅考虑了企业某一期资本存量的变动，未能对连续的若干期资本存量的变动进行研究，因而只是一种静态分析。

欧洲经济研究中心和德国曼海姆大学(2000)共同研发了可以动态分析企业有效平均税率的计算机程序——“欧洲税收分析器”，从而实现了前瞻法的计算机程序化。运用该程序计算和比较企业有效平均税负一般有两个阶段：第一个阶段，以一个中等规模的生产性企业为假想企业，以其资产负债表和利润表等数据为基础，计算并比较该企业在各国税法下的有效平均税率；第二个阶段，运用假设(what-if)分析法，考察企业税前数据(例如税前收入和支出、所投资资产的类型、折旧方法和折旧年限、融资方式、假想企业所处行业等)的变化对有效平均税率的影响。欧洲税收分析器不仅可以模拟假想企业连续十年的发展过程，从而动态地分析企业的有效平均税率；而且包含的税种、税率、股东身份更为全面；最为重要的是，该方法不仅可以方便地估算出假想企业在不同国家承担的有效平均税率以研究各国税制的差异，还能轻而易举地改变税前数据以分析不同环境下的有效平均税率。然而，由于需要详细掌握待研究国家的有关经济数据和税法规定，并将其转化为相应参数导入程序，该方法目前涉及的国家很少。

不难看出，国外对企业有效税负的理解非常透彻深入，运用前瞻法估测企业税负的各种模型也发展得较为成熟，值得我们认真地、有针对性地学习借鉴。

2. 国内的相关文献

中国对企业税负的研究方法相对落后和简单、涉及的税种较为单一。

王昉(1999)运用简单的估计方法(平均所得税费用/平均税前利润总额)以及1993至1997年上市企业的数据，分省、分行业考察了中国上市公司的平均税率情况。结果表明，上市公司的平均税率远低于33%的法定最高税率。

杨之刚等(2000)也使用类似的方法(所得税/利润)计算了100多家制造业企业的所得税负担，并发现内资企业的所得税负担要高于外资企业、且差距很大。

王延明(2002)利用1994至2000年上市公司的数据，首先描述了上市公司适用执行税率的情况，然后分年度、分行业考察了执行税率变化对上市公司平均税率的影响。

陈晓等(2002)通过对各地区上市公司1996至1998年实际所得税税率的统计和方差分析，发现在上述各年中不同地区上市公司的实际所得税税率集中在一个狭小的、明显低于33%名义税率的范围之内，且地区之间不存在显著差异。这表明中国地区之间的确存在着在资本市场上争夺流动性资本的税收竞争行为。

钱晟等(2003)以沪深证券交易所千余家上市公司2001至2002年的企业所得税负担作为研究对象，针对上市公司企业所得税总体负担、行业间企业所得税负担的差异及其变动、行业内部企业所得税负担的均衡性以及地区间所得税负担差异等问题进行了分析。

张学诞(2006)利用2002至2005年重点税源外资企业的有关数据，采用线性回归的方法推算出2006至2010年外资企业的利润总额及应税所得额，在此基础上进一步测算出两税合并对外资企业所得税的影响。

马化祥(2007)对1994至2005年中国上市公司所得税负担的年度变化进行了研究，发现企业实际税率平均值基本保持平稳，而企业实际税率中位数则不断下降。

可以发现，从分析的方法来看，中国在这一领域的研究采用的都是回顾法、计算的都是特定企业(主要是上市公司)在特定时点的平均税率，从未运用前瞻法估算企业的有效边际税率；从涉及的税种来看，国内的研究仅仅考虑了企业所得税，并未涉及非利润税和股东承担的个人所得税。

(三) 关于中国及周边国家企业税制比较的研究

1. 国外的相关文献

伊森(Easson 2004)在研究税收激励对外国直接投资的影响时，对中国和印度的情况进行了定性分析。他指出，尽管中印两国的市场规模非常相近，但是中国的税收制度给予了外国投资者大量的税收优惠，从而导致了两国吸引外国直接投资数额上的巨大差距。

雷恩和施穆克勒(Lane & Schmukler 2007)分析了中印两国税制差异对

避税行为的影响。他们认为，中国在金融自由化过程中给予外资企业的大量税收优惠的的确确吸引了巨大的跨国资本流，但值得注意的是，其中的一部分属于“曲线投资”，即从中国境内流出经香港“镀金”后返回大陆的“伪外资”，而这恰恰是由于内、外资企业税收待遇的差距所引致的避税行为。而印度却对所有在本国设立的企业一视同仁，无论其外资的比率，均按同等税率征税。这种相对公平的税收制度大大降低了投资者的避税动机。

2. 国内的相关文献

李恩、陈初蕾(2003)列举了新加坡和马来西亚的税收优惠政策，并总结了两国优惠政策的特点。在此基础上，他们指出中国应突出税收优惠的目的和重点，加强税收优惠的法制建设，严格限定税收优惠的范围以及实现税收优惠手段的多样化。

沈楠、杜莉(2007)比较了中国和印度在吸引外国直接投资方面所采取的税收激励政策的异同，指出中国除了实行内外资企业所得税法的统一，还应在双重征税免除协定的签订以及产业、技术和地区引导等方面加强努力，以提供一个公平的税收环境。

广西壮族自治区国家税务局课题组(2008)将中国同新加坡、马来西亚、泰国、菲律宾东盟四国在吸引跨国企业地区总部方面的税收政策进行了对比，提出中国应当借鉴东盟四国的经验，把吸引跨国企业地区总部纳入国家引进外资的战略框架。

通过对国内外相关文献的简述可以发现，从数量上看，对于中国及周边国家企业税制的比较研究可谓凤毛麟角；从方法上看，在该领域的研究还停留在定性分析的层次上，缺乏更为直观、更具说服力的定量分析；从研究范围上看，由于在人口、经济及政治方面不可忽视的重要性，绝大多数研究将印度作为分析对象；而对越南这样的新兴力量却缺乏深入研究，事实上越南正以更为廉价的土地和人力资源吸引着世界各地的制造商。

六、分析思路

本书首先从研究内容、研究背景及研究方法三个方面阐述了选择“中国外资企业有效税负”作为论题的动机和意义。

要衡量中国外资企业税负的高低轻重，就需要将中国的情况与其他国家的情况进行比较。本书选取了印度、新加坡、马来西亚和越南四个周边国家作为对比国。因为这些国家在市场、成本、贸易自由度、投资环境等方面极具优势，因而在吸引外资方面与中国存在着明显的竞争关系。

既然要分析中国和周边国家外资居民企业的有效税负，就必须要了解各国的相关税制，因此本书不仅就中国外资居民企业相关税制的改革进行了纵向分析，还对中国与周边国家现行外资居民企业的相关税制进行了横向比较研究。

在对税收制度有了较为清晰的了解之后，就需要考虑运用什么方法来估测和比较各国外资居民企业的有效税负。本书详细分析了相关的三种模型方法并选择了最为适用的 D/G 模型作为研究工具。接下来，本书运用该模型对新旧企业所得税制度下中国外资居民企业的有效税负水平进行了纵向研究，而后就实施新企业所得税制度后的中国及周边国家外资居民企业的有效税负以及上述国家实施税收优惠措施后外资居民企业的有效税负进行了横向比较分析。

第二章　中国与周边国家的综合竞争力比较

要衡量中国外资企业税负的高低轻重，就需要将中国的情况与其他国家的情况进行比较。本书选取了印度、新加坡、马来西亚和越南四个周边国家作为对比国。从市场因素、贸易壁垒、成本因素、投资环境四个因素入手，对中国与周边国家外资吸引力的比较优势展开分析。

一、中国与周边国家市场因素的比较分析

(一) 中国市场因素分析

在中国经济转型的路径选择中，扩大内需刺激国内消费已经成为核心政策导向之一，拉动中国经济的主要引擎会转向个人消费，将让世界对中国的印象从“劳动力”、“生产力”转为“消费力”。中国国家统计局数据显示，2012年前三季度，社会消费品零售总额达2.36万亿美元，扣除价格因素实际增长11.6%。而经济学人信息部《2022年全球零售发展前瞻》的报告称，2022年，中国零售市场规模将会高达8.3万亿美元，占全球零售总额约四分之一，并且将会是规模4.5万亿美元的美国市场的两倍。

中国作为世界上人口最多的国家，一直被认为具有巨大的消费潜力。从人均收入来看，根据国家统计局发布的《2011年城乡居民收入增长情况》，2011年中国城镇居民人均总收入3 689美元，比上年增长了13.5%。城镇居民人均总收入主要由四方面组成：第一部分是人均工资性收入，约合2 371美元。这主要取决于绝大多数地区提高最低工资标准。第二部分是人均经营净收入，约合340美元。第三部分是人均财产性收入，约合100美元。第四部分是人均转移性收入，约合878美元。这主要取决于企业退休人员基本养老金水平和最低生活保障标准。人均收入连续数年的不断增加为

---

* 本书采用了相关数据获取当年(即2011年)6月份的平均汇率。美元兑人民币的汇率约为1∶6.5，美元兑印度卢比汇率约1∶45，美元兑新加坡元汇率约为1∶1.3，美元兑马来西亚林吉特汇率约为1∶3.1，美元兑越南盾1∶20 623。

居民消费的潜在增长奠定了基础。此外,随着中国中产阶级的逐渐形成和日益壮大,中国未来的消费能力将进一步得到提升。因此,中国市场的增长潜力很大。

从辐射市场的范围来看,中国辐射市场可及东亚、东南亚、南亚和中东,范围非常之大。中国位于亚洲大陆东部和太平洋西岸,陆地边界长约 2.28 万公里,陆上有 15 个邻国:东邻朝鲜,北邻蒙古,东北邻俄罗斯,西北邻哈萨克斯坦、吉尔吉斯斯坦、塔吉克斯坦,西和西南同阿富汗、巴基斯坦、印度、尼泊尔、锡金、不丹接壤,南与缅甸、老挝、越南相连。东部和东南同韩国、日本、菲律宾、文莱、马来西亚、印度尼西亚隔海相望。

(二) 印度市场因素分析

从国内市场的零售额来看,印度的市场规模不容小觑。2008/2009 财年印度的批发零售额为 5 110 亿美元,居全球第五位。印度在全球最受欢迎零售目的地排名,由 2008 年的第 44 位上升至 2009 年的第 39 位。

从人均收入来看,印度市场的增长潜力较大。根据印度中央统计局的估算,按当前价格计算,2009/2010 财年印度的人均收入为 43 749 卢比,约合 972 美元。而 2010/2011 财年,这一数字可达 54 527 卢比,约合 1 196 美元,人均国民收入增长率达到 8.5%。此外,中产阶级的日益壮大和人口结构的年轻化,使得印度未来的消费能力将得到持续提升。

从辐射市场的范围来看,印度优越的地理位置可以辐射中东、东非、南亚以及东南亚市场。印度东北部同中国、尼泊尔、不丹接壤,东部与缅甸为邻,东南部与斯里兰卡隔海相望,西北部与巴基斯坦交界,东临孟加拉湾,西濒阿拉伯海,辐射市场可及中东、东非、南亚和东南亚,范围很大。

(三) 新加坡市场因素分析

从国内市场的零售额来看,新加坡的市场规模很小。2010 年,新加坡批发零售总额仅为 454.1 亿新元,约合 349 亿美元。因而经济的外向型程度高,高度依赖国际市场。

从人均收入来看,根据新加坡星展集团《展望亚洲 2020》的报告,新加坡目前的人均收入接近 50 000 美元,处于发达国家的收入水平。但在过去 10

年里，新加坡的收入增长速度缓慢。据星展银行的相关统计，全职受雇的新加坡公民的实际收入中位数只取得了11%的增长。扣除通货膨胀之后，每年平均的月入中位数涨幅只有1.2%。另一方面，由于生育率的下降和移民政策的收紧，新加坡的人口增长率缓慢，老龄化问题逐渐突显。预计到了2020年，人口的年龄中位数将从目前的41岁提高至46岁，在亚洲仅次于日本。因此，新加坡的市场潜力较小。

从辐射市场的范围来看，新加坡的地理位置适中，北隔柔佛海峡与马来西亚相邻，南隔新加坡海峡与印度尼西亚相望。以新加坡为中心的7小时飞行圈可以覆盖亚洲各个主要城市，辐射亚洲28亿人口的市场。

(四) 马来西亚市场因素分析

从国内市场的零售额来看，马来西亚的市场规模较大。2010年，马来西亚的批发零售总额达3 721亿林吉特，约合1 200.32亿美元。其中，80%来自私人部门的消费、约为959.35亿美元，源自公共部门的消费居于次要地位、合240.97亿美元。

从收入水平来看，马来西亚市场的增长潜力较大。根据马来西亚总理署统计局的数据，截至2009年底，全国577.69万户家庭之中，家庭月收入低于1 000林吉特的占7.3%，1 000至2 000林吉特的占26.1%，2 000至3 000马币的占19.3%，3 000至4 000林吉特的占13.6%，4 000至5 000林吉特的占9.5%，5 000林吉特以上的占24.2%。这意味着收入水平达到1 300美元(即4 000林吉特)的家庭约占三分之一。相较于研究涉及的其他国家，收入的整体水平居于中等。由于人口结构相对年轻化以及中产阶级的日渐壮大，马来西亚未来的消费能力应当会得到进一步提升。

从辐射市场的范围来看，马来西亚位于东南亚的中心位置，其主要辐射的市场范围包括东盟各国、中东穆斯林国家，以及主要的贸易伙伴美国、日本、中国、缅甸、韩国、澳大利亚和印度等。同时，马来西亚棕油、橡胶等资源丰富，电子电器行业比较发达，对上述资源和产品需求较大的市场也在其辐射范围之内。

(五) 越南市场因素分析

随着越南经济持续较快发展，越南的国内市场不断扩大。2010 年全社会商品零售和服务总额 826 亿美元，增长 24.5%，扣除价格因素实际增长 15%。其中，个体零售额 417.2 亿美元、民营零售额 287.6 亿美元、国有零售额 87 亿美元、外资零售额 25.2 亿美元、集体零售额 9 亿美元。

从人均收入水平来看，2011 年越南人均收入达 1 300 美元。越南城市居民平均月薪是 840 美元，其中首都河内为 1 196 美元，中部人均月入是 840 美元，最高的是南部商业城市胡志明市，高达 1 976 美元。目前，越南农村人口约占总人口的 72%，高档商品消费仅限于极少数人群，且主要集中在河内和胡志明市。

从辐射市场的范围来看，越南仅可辐射到东南亚地区，范围较小。越南位于中南半岛东部，北与中国广西、云南接壤，中越陆地边界线长 1 347 公里；西与老挝、柬埔寨交界；东和东南濒临南中国海，不甚优越的地理位置致使越南辐射市场的范围非常有限。

通过上述定性分析，可以发现，中国和印度拥有庞大的市场规模、巨大的市场增长潜力以及较为广阔的辐射市场，因此在市场因素方面具有明显的比较优势，对外国直接投资者的吸引力很大。新加坡、马来西亚和越南在市场因素方面的吸引力较小。

二、中国与周边国家贸易壁垒的比较分析

(一) 中国贸易壁垒分析

1. 关税制度

自 2001 年加入世界贸易组织以来，中国的关税水平持续降低，2008 年就已如期兑现“入世”降税承诺。目前，中国进口关税的平均税率已由“入世”前的 15.3%降到 9.8%。

中国的关税包括进口关税和出口关税。进口关税设普通税率和优惠税率。对原产于与中国未订有关税互惠协议的国家或者地区的进口货物,按照普通税率征税;对原产于与中国订有关税互惠协议的国家或者地区的货物,执行优惠税率征税。经国务院关税税则委员会特别批准,适用普通税率进口的货物,可以按照优惠税率征税。任何国家或地区对原产于中国的货物征收歧视性关税或者给予其他歧视性待遇的,海关对原产于该国家或地区的货物,可以征收特别关税。

根据征税方法的不同,关税可以分为从价税、从量税和二者结合的混合税。从价税依据进出口货物的完税价格征收。进出境物品的完税价格,由海关依法确定。进口货物以海关审定的成交价格为基础的到岸价格为完税价格,包括货物的货价:货物运抵中国境内输入地点起卸前的运输及相关费用、保险费。在海关未能确定进口货物的到岸价格时,应依次以下列价格为基础估定完税价格:(1) 从该项进口货物从同一出口国或地区购进的相同或者类似货物的成交价格;(2) 该项进口货物的相同或类似货物在国际市场上的成交价格;(3) 该项进口货物的相同或类似货物在国内市场上的批发价格,减去进口关税、进口环节其他税收以及进口后的运输、储存、营业费用及利润后的价格;(4) 海关用其他合理方法估定的价格。出口货物以海关审定的货物售与境外的离岸价格,扣除出口关税后,作为完税价格,包括货物的货价、货物运至中国境内输出地点装载前的运输及其相关费用、保险费,但应扣除其中包含的出口关税税额。

2. 进口管制

中国实行的是有限自由进出口制度。根据《中华人民共和国进出口管理条例》规定,属于自由进出口的货物,进出口不受限制。但是国家为了能及时检测此类货物进出口的实际情况,对部分属于自由进口的货物实行自动进口许可管理,给予自动进口许可证。

根据《2011年自动进口许可管理货物目录》,自动进口许可管理的范围包括肉鸡、酒、烟草、二醋酸纤维丝束、石棉、彩色感光材料、塑料原料、合成橡胶、胶合板、化纤布、有色金属(铜、铝)、天然橡胶、原油、成品油、氧化铝、化肥、农药、聚酯切片、汽车轮胎、涤纶、腈纶、钢坯、钢材、铁矿砂和814个税号的机电产品。自动进口许可证由商务部授权配额许可证事务局,各省、自治区、直辖市、计划单列市外经贸主管部门签发。自动进口许可证在公历年度内有效，有效期为 6 个月。需要延期或者变更，一律在原发证机构重新办理，旧证同时撤销，并在新证备注栏中注明原证号。

商务部对自动进口许可证项下货物原则上实行"一批一证"管理，对部分货物也可实行"非一批一证"管理。"非一批一证"累计使用不得超过六次。大宗散装商品，每批货物进口时，按其实际进口数量核扣自动进口许可证额度数量；最后一批货物进口时，其溢装数量按该自动进口许可证实际剩余数量并在规定的允许溢装上限内计算。

对于采取以下贸易方式进口的，可免领自动进口许可证。第一，加工贸易项下进口并复出口的（原油、成品油除外）；第二，外商投资企业作为投资进口或者投资额内生产自用的；第三，货样广告品、实验品进口，每批次价值不超过 5 000 元人民币的；第四，暂时进口的海关监管货物；第五，进入保税区、出口加工区等海关特殊监管区域及进入保税仓库、保税物流中心的属自动进口许可管理的货物；第六，海关对散装货物溢短装数量在货物总量正负 5%以内的予以免证验放。对原油、成品油、化肥、钢材四种大宗货物的散装货物溢短装数量在货物总量正负 3%以内予以免证验放。

进口旧机电产品的单位，在签署合同或有约束力的协议时，必须按照国家安全、卫生、环保等法律、行政法规的规定订明该产品的检验依据及各项技术指标等的检验条款；对涉及国家安全、环保、人类健康的旧机电产品以及大型二手成套设备，进口单位必须在对外贸易合同中订明在出口国进行装运前预检验、监装等条款。

3. 技术性贸易壁垒

中国对涉及人类健康安全、动植物生命安全和健康，以及环境保护和公共安全的产品实行统一的强制性产品认证制度。国家认证认可监督管理委员会统一负责国家强制性产品认证制度的管理和组织实施工作。国家强制性产品认证制度的主要特点是，国家公布统一的目录，确定统一适用的国家标准、技术规则和实施程序，制定统一的标志标识，规定统一的收费标准。凡列入强制性产品认证目录内的产品，必须经国家指定的认证机构认证合格，取得相关证书并加施认证标志后，方能进口、销售和在经营服务场所使用。

根据中国加入世界贸易组织的承诺和国民待遇原则，强制性认证产品共有132种，主要包括电线电缆、低压电器、信息技术设备、安全玻璃、消防产品、机动车辆轮胎、乳胶制品等。国家对强制性产品认证使用统一的标志。标志的中文名称为“中国强制认证”，英文名称为“China Compulsory Certification”，英文缩写简称为“3C”标志。

(二) 印度贸易壁垒分析

1. 关税制度

根据世界贸易组织的统计，2007年印度的简单平均最惠国关税税率为14.5%。农产品简单平均关税税率为34.4%，非农产品为11.5%。

印度的关税主要根据价格计征，分为基本税、辅助税、附加税。基本税是根据货物价值或特定税率，由议会许可征收的关税，其税率最高为10%。辅助税是根据年度预算征收的关税，一般实际采用的税率为从价税的4%。附加税是对有出口津贴的进口货物征收的关税，等于在印度生产或加工的类似商品的国内税，因此要参照国内消费税的税率。附加税是在货物价值加上基本税与辅助税之和的基础上征收的。

印度对于持有以下6种许可证的出口商给予关税的减免。第一种为预先许可证，注册过的出口商可以凭这种许可证进口免税原料、备件和消费品以满足产品生产和出口的需要。第二种是通用预先许可证，适用于有信用保证的、出口效益达到或超过最低规定限额的出口制造商。第三种是中级预先许可证，这类许可证发放给已注册的出口制造商来进口制造中间产品所需的材料，也可供直接出口用。第四种是特殊预先许可证，持此种许可证可以进口免税材料供印度特定机构或工程项目制造产品用。第五种是整批免税许可证，这类许可证发放给国营贸易公司、矿产和金属贸易公司以及进出口主管部门指定的其他一些代理机构。第六种是结关预先许可证，其发放目的在于免费进口外方供给的商品，在印度加工后再进行转口贸易。

印度的关税透明度很低。尽管政府每年公布进口关税及附加关税率，但是却没有一个官方出版物囊括进口关税、税费的所有信息。进口商必须分别参照海关关税表和消费税率表，以及其他额外的公开通告、通知等才能判断出当前的实际税率。而且印度政府经常在一年之内多次发布通告对同种商品调整进口关税，缺乏可预见性，给相关企业造成诸多不便。

2. 进口管制

任何物品进口到印度均须得到进出口主管部门的批准，须获得进口许可证。进口许可证有以下几种：第一种是一般许可证，适用于一定类型的进口商，并与特殊商品有关；第二种是一般货币区许可证，除了被禁止进口的国家外，允许从所有国家进口；第三种是特殊许可证，允许从一些特殊国家进口。进口许可证有效期一般为18个月，但资本货物许可证的有效期为两年。

3. 通关环节壁垒

印度对进口交易采取歧视性海关估价标准。只要海关认为低于正常的竞争价格就可以拒绝进口产品的申报交易价。印度海关的估价方法往往不能反映实际的交易值，提高了实缴税额，成为其控制进口规模的手段。

4. 技术性贸易壁垒

在包装标准方面，印度政府要求所有国外出口商在将货物出口到印度之前必须进行包装。这致使进口货物成本上升，从而提高了印度国内产品的竞争力。

在强制认证方面，印度政府对多达68种特定产品（包括奶粉、婴幼儿奶制品、包装饮用水、部分型号的水泥、家用电器、煤气瓶和多功能干电池等）要求在进入印度之前必须获得印度标准局的强制认证。相关高额的认证费等均由外国生产企业承担。

（三）新加坡贸易壁垒分析

1. 关税制度

在新加坡，关税原则是基于《布鲁塞尔关税公约》制定的。《布鲁塞尔关税公约》的基本原则是，在港口，货物的进口关税是一种正常的给付；或在进口地，进口关税是一种重要的支付。它以在开放的市场，在独立的买家和卖家之间已发生的买卖关系为先决条件。进口关税的纳税，可能适用按价抽税和特定税率。按价抽税是最常用的，它是按进口货物估价的百分比抽税的。特定税率是一种特殊的衡量方式，它按货物的单位重量或其他量度测算。对于卖方来讲，在估计税值时，价格、保险、货运、手续费及其他所有突发事件的费用和货物的交付都要被计算进去。出口商必须保证其向海关申报的货物价格是准确的。假定货物的价格报低了，海关和税务部门将对已申报的税额加码。试图逃税的贸易商会被课以重税。

新加坡保留了几项为数不多的贸易壁垒，少数包括法律、金融、某种类型的通讯服务、专业工程以及烟草贸易等项在内的业务受到限制。可是，政府正给予经济以更多的市场自由，如私人经营通讯与公共事业已被列入计划。新加坡政府还称，它将放宽关于专业工程的规则。在知识产权领域，新加坡政府制定了法规以保护专利权和版权不受侵犯，只是它依赖的是私营企业来承担这种义务。总的来讲，新加坡在国际市场有着最自由的贸易规则。

2. 进口管制

公司必须申报所有进口到新加坡的货物。大多数货物是不需要许可证就可自由进口的。少数商品，如可以喷火的玩具枪、玩具钞票、玩具硬币和爆竹，被列入禁止进口的范围之列。总的来讲，被限制进口的是那些有碍健康、治安、安全和社会礼仪的产品。药品、有害化学产品、胶卷、军火的进口需要许可证。公司如想向新加坡进口限制商品，必须向新政府有关机构申请许可证。

3. 技术性贸易壁垒

在包装标准方面，某些进口货物(如食品、药品、酒类、涂料以及溶剂等)必须要有明细的分类与标识和原产地证明。再包装的食品一定要有英文标识说明其食用期限，该内容印刷的首字母的高度不得小于1/16英寸；还要标明食品是否为化合、配制或混成的；以公制的最小计量单位标出其净重或量度、产品的名称和厂商的声明以及原产地。包装表面除英文标识外，还可能附加其他语言文字的说明，但这两种文字说明应是不相悖的，并且附加的文字不得更改原标识的陈述。图像说明不能有纯天然等的误导。食品已有的定义标准必须要标清楚，并且要与标准一致。如果食品有“丰富”、“强力”、“富含维他命”等描述，或者任何其他方式的暗示含有额外的维生素和矿物质，必须标明每公制单位维生素或矿物质的含量。有些食品、药品、可食用和不可食用的动物脂肪，还有涂料和溶剂等，需有特殊的标识。加工的食品或药品一定要经过检查，并且需由卫生部提供证明。电子产品在组装前，必须由公用事业局提供检验，同时，有关的涂料和溶剂要由劳动部的指定工厂负责检验其可靠性。

在认证方面，由于在1991年实施了海关监管规则，有17种对消费者有潜在危害的商品，在被销往新加坡之前，必须注册并申报其安全性。这17种商品是LPG系统、厨具、电熨斗、燃气灶、电吹风、微波炉、电视机、视频设备、录像机、台式电风扇、高保真设备、浸入式加热器、茶壶、电冰箱、电饭煲、家用空调器、吸尘器和洗衣机。消费者保护法案是生产与标准局为保证消费者在使用上述器具时，不受火灾、爆炸、电击等危害而强制实施的。检测报告由其授权并认证的检测实验室和国家认证部门提供，符合要求的检测实验室和国家认证部门的名单由其负责提供。

(四) 马来西亚贸易壁垒分析

1. 关税制度

2009年马来西亚的简单平均关税税率为8.4%，在一些领域仍然存在高关税，关税超过15%的税目约占总税目的1/4；关税超过20%的税目约占总税目的16.9%；关税高峰和高关税主要集中在汽车、纺织品、衣服和皮革制品、食物和饮料等产品。马来西亚在关税的制定上存在关税升级现象，如马来西亚对可可实行零关税，对可可制品征收15%的关税；对棉花不征收关税，棉纺纱征收10%的关税，棉制的针织品和服装征收20%的关税等。马来西亚有19种（涉及73项税目）的进口产品受到关税配额的管理，这些产品包括猪、家禽、乳制品、蛋品、卷心菜、可可豆、糖以及烟草等。超过配额量的进口将被征收较高的从价或从量税，最高从价税达160%。

2. 进口限制

在马来西亚进口商品海关总税目中，约有27%的税目下的产品受到非自动进口许可管理，主要涉及动物与植物产品、木材、机械、车辆及相关运输设备等。进口重型建筑机械必须得到马来西亚贸工部的许可，而且，进口许可的授予通常以该产品未在马来西亚生产为条件。

3. 技术性贸易壁垒

马来西亚要求某些在国内消费量大的预包装加工食品必须加贴营养标签，包括谷物、面包、乳、罐装肉制品、罐装鱼制品、罐装水果和罐装蔬菜、果汁、软饮料以及色拉调料。马来西亚于 2003 年 3 月公布了《营养标签和声明条例》，规定了营养标签的类型和在包装上的标注方式。该条例对食品包装上“低钠”、“低胆固醇”或“高纤维含量”等营养声明的类型作出限制。从 2005 年 7 月开始，超过 50 种食品必须符合这些标签要求。为了符合这些要求，出口商不得不在港口加贴营养标签，导致了成本的增加。

马来西亚卫生部还要求药品必须加贴全息摄影标签，对生产商造成了不必要的额外成本。马来西亚要求所有肉类、加工肉制品、禽肉、蛋和蛋制品必须来自经农业部兽医服务局检验和批准的工厂，所有进口产品必须获得兽医服务局颁发的进口许可证。兽医服务局经常通过进口许可证要求限制鸡肉产品的进口，尤其是在当地生产商认为存在进口产品低价竞争的情况时。所有肉类、加工肉制品、禽肉、蛋和蛋制品必须通过回教中心的 Halal 认证（根据穆斯林习俗生产），Halal 牛、羊、家禽和蛋的屠宰场以及肉蛋加工设备必须获得穆斯林发展部的检验和批准。Halal 认证证书由兽医服务局和回教中心现场检验后联合颁发，马来西亚政府有权在一年后对工厂进行复检。马来西亚的 Halal 认证针对的是单项产品，而非加工企业，其要求与其他穆斯林国家相比更为严格，并且存在混乱和不透明的情况。部分企业反映，Halal 认证过程缺乏足够的透明度，导致认证现场混乱。

(五) 越南贸易壁垒分析

1. 关税制度

越南从 2003 年 9 月 1 日起实行新的海关税则，新税则比旧税则增加 4 209 个税目，并调高了 195 种商品的进口税率，调低 106 种。新税则拓宽了征税面，税率水平较前基本持平略高，在制订税目方面基本实现了与国际接轨。越南现行关税制度包括4种税率：普通税率、最惠国税率、东盟自由贸易区税率及中国-东盟自由贸易区优惠税率。现行税率共16种，算术平均税率18.3%，高关税集中在汽车、摩托车、酒类、服装等，越南食品、烟草、纺织品、皮革等领域的关税升级现象比较突出。例如：豆油进口关税为5%，精制油为50%；未加工烟草进口关税为30%，雪茄香烟为100%；毛皮原料进口关税为0，毛皮制品为30%～50%；棉花、棉纱为0～20%，棉织物为40%；亚麻原料、人造丝为0，亚麻织物、人造丝织物为40%。越南政府取消了棉花、浓缩牛奶、未浓缩牛奶、玉米的关税配额，但仍然保留了对未加工的烟草、盐、鸡蛋等3种产品的进口关税配额管理。越南的进口关税政策经常会随着其产业政策的调整或为保护其国内利益出发而变动，尤其是机电产品散件进口关税变动过于频繁，关税调整增幅过高。

2. 进口限制

越南连续改革进出口许可证制度。继续受管制的进口商品有：汽油、化肥、建筑材料、水泥、食糖、12人座以下的小汽车（包括组装零配件）等。至于其他商品，各企业只要持有相关的经营执照，均可自由进口。对一般的消费品进口，越南海关将课征进口税，以取代核发进口许可证管制方式，其课税原则为：对越南无法生产，又有市场需求的进口产品将课以中级税率；对越南已能生产的进口产品将课以高额税率；高级消费品的进口关税则更高。按照越南海关有关规定，未被领取的货物在卸货后的30天内，可存放在目的港口的海关仓库或码头。超过30天的期限，商品将被没收上交国家并被拍卖。如能对其提出出口许可的申请，则未被领取的货物可在6个月内免税，并在一定的前提下再出口。

3. 技术性贸易壁垒

越南科学技术部公布进行强制质量检验的进出口产品目录，目录所列产品必须在通关时经过检验，得到有关行政主管部门（包括公共卫生部、农业与农村发展部、产业部、渔业部以及科学技术部）许可。检验时，有些产品依据的是国家标准，有些产品依据的是主管部门的内部标准，有些产品则两个标准都须符合。

综上所述，新加坡拥有最为自由的贸易规则，最便于外国投资者持续的生产和经营活动。而印度的关税水平最高、贸易壁垒最为严重。其他三个国家壁垒程度居中，均实行有限自由进出口制度，仅有部分产品的进出口不受限制。

三、中国与周边国家成本因素的比较分析

(一) 中国成本因素分析

1. 资源价格

中国各地的资源价格不尽相同，总体而言价格偏低。表 2.1 以北京市为例，呈现了 2011 年中国主要资源的价格。

表 2.1　　中国主要资源的价格

资　源	成　　本		
	居民用户	工商业用户	行政事业用户
水	0.61 美元/立方米	0.95 美元/立方米	0.89 美元/立方米
电	240 千瓦时及以下:0.07 美元/度 241 至 400 千瓦时之间:0.08 美元/度 400 千瓦时以上:0.12 美元/度		
天然气	0.31 美元/立方米	0.44 美元/立方米	
汽油	1.20 美元/升		

2. 劳动力价格

从劳动力供给来看，中国的人口基数非常庞大。根据统计局的相关统计，截至 2010 年底，中国的总人口为 13.4 亿。其中，男性 6.87 亿，占据总人口的 51.27%；女性 6.53 亿，占 48.73%。0 至 14 岁的人口占总人口的 16.6%，15 至 64 岁的人口占 74.5%，65 岁以上的人口占 8.9%。目前属于典型的青壮人口国家。平均而言，每 10 万人当中有 8 930 人接受过高等教育。在就业方面，就业人口合计 7.6 亿。其中，从事第一产业的人数为 2.8

亿，占就业总数的36.8%；有2.2亿人从事第二产业，占总数的28.9%；从事第三产业的约有2.6亿人，占34.3%。

从劳动力成本来看，成本低廉的优势已然不在。根据统计局的数据，城镇单位就业人员的平均工资从2000年的125.44美元/月提升至2010年的468.45美元/月，增速连续10年超过了10%。其中，北京、上海、广东等经济发达省市的平均工资高达800美元/月，而在经济相对落后的云南、河南、甘肃等中西部省份，这一数字仅为350美元/月左右。2009年，经济发达省市大学毕业生的平均工资为420美元/月左右，不发达省份的毕业生工资平均仅为230美元/月左右；工人根据技术水平的差异，平均工资从153美元/月至385美元/月不等；而企业高管的平均年薪超过了10万美元。

3. 土地及写字楼价格

从写字楼的租金来看，北京、上海等一线城市的租金水平很高。戴德梁行研究部的数据显示(见表2.2)，2012年上半年北京写字楼的整体市场年租金达到587.08美元/平方米，其中位于核心地段的甲级写字楼的年租金更是高达821.00美元/平方米。相比之下，其他二、三线城市的写字楼租金水平明显较低，基本处于200至350美元/平方米/年的区域。

表2.2　　2012年上半年中国主要城市写字楼的租金及空置率

城　市	空置率(%)	平均租金(美元/平方米/年)	租金较上年同期增幅(%)
北京	2.5	587.08	48
上海	8.8	642.46	17
深圳	13.2	352.62	12
广州	10.5	345.23	13
沈阳	16.4	324.92	28
杭州	8.5	321.23	12
成都	34.7	258.46	14
天津	17.6	238.15	2

续 表

城　市	空置率(%)	平均租金(美元/平方米/年)	租金较上年同期增幅(%)
南京	11.0	234.46	12
青岛	27.6	214.15	13
西安	15.4	208.62	−2
重庆	30.9	188.31	25
武汉	18.2	171.69	16
大连	34.0	164.31	6

资料来源：戴德梁行研究报告。

4. 生活成本

总体而言，中国的食品价格并不算高，但是2011年的持续通胀导致物价(尤其是食品价格)出现了非常显著的上涨。表2.3呈现了2012年10月北京超市部分基本生活用品的参考价格。

表2.3　　2012年10月北京超市部分基本生活用品的参考价格

商品名称	单　位	价格(美元)	商品名称	单　位	价格(美元)
鸡肉	公斤	2.61	牛肉	公斤	9.70
苹果	公斤	1.38	猪肉	公斤	3.82
牛奶	1升	1.15	香蕉	公斤	0.77
橙汁	1升	2.47	西红柿	公斤	2.09
鸡蛋	10只	2.48	食用油	5公斤	10.27
大米	10公斤	7.70	面粉	公斤	0.74

(二) 印度成本因素分析

1. 资源价格

印度的自然资源较为丰富，资源价格总体较低，水价尤其偏低。表2.4呈现的是2010年印度主要资源的价格。

表 2.4　　2010 年印度主要资源的价格

资　源	成　　本	
	工　业　用　户	商　业　用　户
水	25 吨以内：0.33 美元/吨/月 25 吨至 50 吨：0.56 美元/吨/月 50 吨至 100 吨：0.78 美元/吨/月 100 吨以上：1.11 美元/吨/月	25 吨以内：0.22 美元/吨/月 25 吨至 50 吨：0.44 美元/吨/月 50 吨以上：0.67 美元/吨/月
电	10 千瓦时以内：0.11 美元/度 10 千瓦时以上：0.09 美元/度	10 千瓦时以内：0.12 美元/度 10 千瓦时以上：0.11 美元/度
天然气	0.39 美元/立方米	
汽　油	1.31 美元/升	
柴　油	0.89 美元/升	

2. 劳动力价格

从劳动力供给来看，印度劳动人口基数庞大。根据印度人力资源部的最新估计，印度总人口约为 11.3 亿，其中男性 5.8 亿人，女性 5.5 亿人；15 岁至 64 岁的人口占总人口的 64.5%，全国平均年龄仅为 25 岁，属于典型的青壮人口国家。就业方面，劳动人口近 5 亿，其中农业人口最多、占比高达 60%，工业人口比重仅为 17%，从事服务业的人口为 23%。值得注意的是，印度的工程技术人员和熟练工人极度缺乏。据相关统计，印度 17 岁至 23 岁的国民之中，只有约 11%接受高等教育。

从劳动力成本来看，印度的低成本优势仍很显著。根据印度劳工部的统计，2004 年至 2006 年间，印度企业总体工资成本增长率约为每年 6.69%。2005/2006 财年，印度企业行政管理人员日均工资为 5.69 美元，产业劳工日均工资为 3.88 美元。印度企业工资成本的构成当中，基本工资支出占 77.59%，其余为红利和各项保险费用。近几年，印度工资增长迅猛，2007 年平均工资增长率高达 13.3%，2009 年平均工资涨幅更是达到 16%，2010 年的平均工资涨幅也超过了 10%。目前，产业工人的工资一般在 133.33 美元/月至 200 美元/月，逢节假日按当地习俗一般要发放补贴，约为月工资的 20%至 100%。大学毕业生的起薪一般在 266.67 美元以上（电信等热门行业则更高），每年涨幅一般不低于10%。对于有管理经验，尤其是有跨国公司管理经验，且具备市场开拓和协调能力的中高层管理人员，年薪达3万至10万美元不等。

3. 土地及写字楼价格

从土地租金来看，目前在普纳、金奈等新兴工业城市周边，较成熟的工业开发区土地的年租金一般为2万至3万美元每亩，租期40年至99年不等。印度铁道土地发展局2010年底以总价3.67亿美元拍下撒莱罗黑拉火车站附近38英亩土地，相当于每英亩价格966万美元。印度最大的房地产开发商德勒福，经济危机前曾以每英亩979万美元的价格，拍下新德里莫蒂格尔区附近的土地。

从写字楼的租金来看，根据国际知名房地产投资管理及服务公司仲量联行的相关研究（见表2.5），印度主要城市的租金水平非常之高。另一全球性房地产经纪商世邦魏理仕公布的2010半年度调查亦显示，孟买市中心商业区办公大楼的年租金为1 173.69美元/平方米，在全球大城市之中排名第4；新德里市中心商业区康诺特广场则为910.89美元/平方米，位居第11。

表2.5　　2008年第一季度印度主要城市A级写字楼的租金及空置率

城　市	空置率(%)	平均租金(美元/平方米/年)	租金较上年同期增幅(%)
新德里	4.9	836.11	37
孟　买	3.8	800	17.6
班加罗尔	0.3	166.64	17
加尔各答	1.4	325.65	42.3

资料来源：仲量联行研究报告。

4. 生活成本

印度的物价，特别是食品的价格，非常之低。例如，2011年初，新德里超市的大米价格为0.45至1.11美元/公斤，羊肉为6.67美元/公斤，，鸡肉为3.34美元/公斤，土豆为0.22美元/公斤，鸡蛋0.89美元/公斤，西红柿0.79美元/公斤，纯净水0.22美元/瓶。值得注意的是，近年来印度的通货膨胀较为严重，数次突破了两位数。

(三)新加坡成本因素分析

1. 资源价格

新加坡的自然资源短缺匮乏,主要工业原料和部分水、气资源需要从国外进口。水、电、气价格每季度或者每半年随着市场变化调整一次。表 2.6 呈现了 2011 年新加坡主要资源的平均价格。相比之下,新加坡的汽油价格非常便宜。

表 2.6　　2011 年新加坡主要资源的平均价格

<table>
<tr><th rowspan="2">资　源</th><th colspan="3">成　本</th></tr>
<tr><th>居 民 用 户</th><th>非居民用户</th><th>工 业 用 户</th></tr>
<tr><td>水</td><td>40 立方米以内:1.48 美元/立方米/月
40 立方米以上:1.90 美元/立方米/月</td><td>1.72 美元/立方米/月</td><td>0.35 美元/立方米/月</td></tr>
<tr><td>电</td><td colspan="3">0.20 美元/度</td></tr>
<tr><td>天然气</td><td colspan="3">1 000 千瓦时以内:0.15 美元/千瓦时/月
1 000 千瓦时以上:0.14 美元/千瓦时/月
50 000 千瓦时以上:0.13 美元/千瓦时/月</td></tr>
<tr><td>汽　油</td><td colspan="3">0.16 美元/升</td></tr>
</table>

2. 劳动力价格

从劳动力供给来看,新加坡劳动力资源非常有限。截至 2010 年,常住人口为 507.67 万,其中公民和永久居民有 377.17 万。居民劳动力仅为 205 万人。

从劳动力成本来看,新加坡的劳动力价格很高。2010 年,新加坡雇员的名义工资为人均 3 145.38 美元/月,同比增长了 5.6%。另外,只要新加坡居民和永久居民雇员月工资超过 50 新元,企业还需为其缴纳相当于其月工资 5%至 30%不等的公积金。

3. 土地及写字楼价格

2011 年一季度,新加坡中央金融区、政府大厦一带的商务区以及乌节路商业区的甲级写字楼的年租金约为 893.86 美元/平方米至 993.60 美元/平方米，普通写字楼的年租金约为 596.77 美元/平方米至 893.86 美元/平方米。高科技类厂房的年租金为 298.38 美元/平方米至 497.31 美元/平方米，工业厂房和仓库的年租金约为 149.04 美元/平方米至 198.72 美元/平方米。

4. 生活成本

新加坡一直注重对通货膨胀的控制，物价整体水平不高。2010 年，新加坡的通货膨胀率仅为 2.8%。食品的价格水平增长平稳，主要基本生活品的平均价格为：泰国香米(5 公斤装)为 9.56 美元/袋，猪肉为 9.68 美元/公斤，牛肉为 16.15 美元/公斤，鸡蛋 1.42 美元/10 粒，食用油(2 公斤装)为 4.25 美元/瓶。

(四) 马来西亚成本因素分析

1. 资源价格

马来西亚是世界第二大棕榈油及相关制品的生产国、世界第三大天然橡胶生产国和出口国。马来西亚还拥有丰富的天然气和石油资源，是世界第三大液化天然气出口国。因此，马来西亚国内水、电、气以及燃油的供应非常充足，价格低廉(见表 2.7)。

表 2.7　　2011 年马来西亚主要资源的平均价格

<table>
<tr><td rowspan="2">资　源</td><td colspan="4">成　　本</td></tr>
<tr><td colspan="2">居民用户</td><td colspan="2">工业用户</td></tr>
<tr><td>水</td><td colspan="2">2.5 美元/户/月</td><td colspan="2">1.72 美元/人/月</td></tr>
<tr><td rowspan="2">电</td><td>商　业</td><td>工　业</td><td>矿　业</td><td>农　业</td></tr>
<tr><td>0.12 美元/度</td><td>0.11 美元/度</td><td>0.07 美元/度</td><td>0.11 美元/度</td></tr>
<tr><td>汽　油</td><td colspan="4">0.65 美元/升</td></tr>
</table>

2. 劳动力价格

从劳动力供给来看，马来西亚总人口约 2 756.6 万，拥有大批年轻且受教育程度和生产技能较高的劳动力资源。35 岁以下人口占总人口的 70%，劳动年龄人口占总人口的 63.1%，国民识字率高达 94%。

从劳动力成本看，马来西亚没有最低工资标准，员工基本工资视地点和领域而定。除工资外，大多数公司为员工提供附加福利，如免费医疗、个人意外保险和人寿保险、免费交通津贴、年终花红、退休金等。马来西亚制造业的管理人员平均月薪从 1 013 美元到 6 073 美元不等，非管理人员平均月薪为普通工人 249 美元、半熟练工人 373 美元、技术工人和技师 519 美元。总体而言，劳动力的成本优势不甚明显。

3. 土地及写字楼价格

工业用地价格根据经济发展情况和地域位置不同，土地价格差异较大。2010 年经济比较发达的槟城为 189 美元/平方米，经济欠发达的登嘉楼地区为 16 美元/平方米。另外，每年还要加入数额不等的土地税和产业税。

房屋租金视城市和地段不同，房屋租金标准也不同。吉隆坡市区三室公寓租金一般每月为 1 100 至 2 000 美元，郊区同等大小的房屋的租金仅为 800 至 1 200 美元。

4. 生活成本

马来西亚的通胀水平一直保持在比较温和的程度，居民消费价格指数常年低于 4%。和其他东南亚国家相比，马来西亚的物价水平总体并不算高。表 2.8 呈现了 2011 年 3 月吉隆坡超市部分基本生活用品的参考价格。

表 2.8　　2011 年 3 月吉隆坡超市部分基本生活用品的参考价格

商品名称	单　位	价格(美元)	商品名称	单　位	价格(美元)
鸡肉	公斤	2.58	牛肉	公斤	8.42
苹果	个	0.21	木瓜	公斤	1.29
西瓜	公斤	0.81	鲳鱼	公斤	3.80
大白菜	公斤	1.93	红辣椒	公斤	2.19
西红柿	公斤	1.29	大葱	公斤	1.94
本地大米	10 公斤	8.00	进口大米	10 公斤	38.45
鸡蛋	10 只	1.58	橙汁	1 升	3.09
食用油	5 公斤	4.74	辣椒酱	240 克	3.84
牛奶	1 升	1.90	面粉	公斤	0.90

(五) 越南成本因素分析

1. 资源价格

越南的资源较为丰富且市场化程度较低，资源的价格普遍很低(见表 2.9)。

表 2.9　　2011 年越南主要资源的平均价格

资　源	成　　本	
	居民用户	工业用户
水	0.15～0.33 美元/立方米	0.28～0.38 美元/立方米
电	0.048～0.094 美元/度	0.024～0.099 美元/度
天然气	1.29～1.35 美元/公斤	1.45～1.56 美元/公斤

2. 劳动力价格

从劳动力供给来看，越南劳动力资源丰富。越南人口结构较年轻，越南全国总人口 8 727 万人，18 岁以上劳动力约 4 621 万人。

从劳动力价格来看，2010 年，越南最低月工资标准为 37 美元，全国企业员工平均月薪为 164.1 美元，其中，国有企业员工平均月薪 194.9 美元，股份制企业员工平均月薪为 69.2 美元，外资企业员工平均月薪 153.8 美元，民营企业员工月薪为 138.5 美元。劳动力非常低廉，成本很低。

3. 土地及写字楼价格

越南土地及写字楼的价格并不低，特别是在河内和胡志明这样的城市，不动产的价格甚至处于较高水平。2010 年，越南河内市和胡志明市市区的土地销售价格为 1 500 至 4 150 美元/平方米。河内和胡志明市公寓的价格约 1 500 至 2 000 美元/平方米，高档住宅的价格约 3 000 至 4 500 美元/平方米。河内市甲级写字楼的年租金约合 780 美元/平方米；胡志明市甲级写字楼的年租金稍高，约合 1 020 美元/平方米。

4. 生活成本

近两年，越南的物价上涨较快，例如 2010 年居民消费价格指数同比上涨高达 11.75%。但这轮物价上涨主要归因于不动产价格的快速攀升。越南的食品价格仍然处于低水平的行列。例如，2011 年 4 月，越南超市的大米价格为 0.61 美元/公斤、牛肉为 7.8 美元/公斤、鲤鱼为 2.4 美元/公斤、黄瓜 0.48 美元/公斤、鱿鱼 6.25 美元/公斤。

经过上述比较不难发现，印度和越南的资源价格普遍较低、劳动力成本低廉、生活成本亦具优势，因而在成本因素方面对外国投资者的吸引力很大。相较之下，中国的成本优势已然不在，对投资者的吸引程度显著下降。

四、中国与周边国家投资环境的比较分析

（一）中国投资环境分析

1. 基础设施

(1) 公路

中国目前已经初步建成了横连东西、纵贯南北、通江达海、联结周边的公路通道。2011 年底，中国公路的总里程达 410.64 万公里，公路密度为 42.77公里/百平方公里。如图 2.1 所示，全国等级公路里程 345.36 万公里，

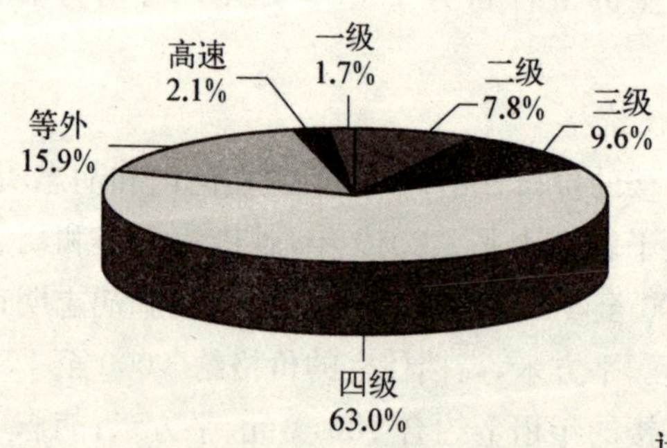

高速	一级	二级	三级	四级	等外
8.49	6.81	32.05	39.36	258.64	65.28

图 2.1　2011 年中国各个技术等级公路里程构成

占公路总里程的 84.1%。其中，二级及以上公路里程 47.36 万公里，占公路总里程的 11.5%。如图 2.2 所示，各个行政等级公路里程分别为：国道 16.94万公里、省道 30.40 万公里、县道 53.36 万公里、乡道 106.60 万公里、专用公路 6.90 万公里、村道 196.44 万公里。

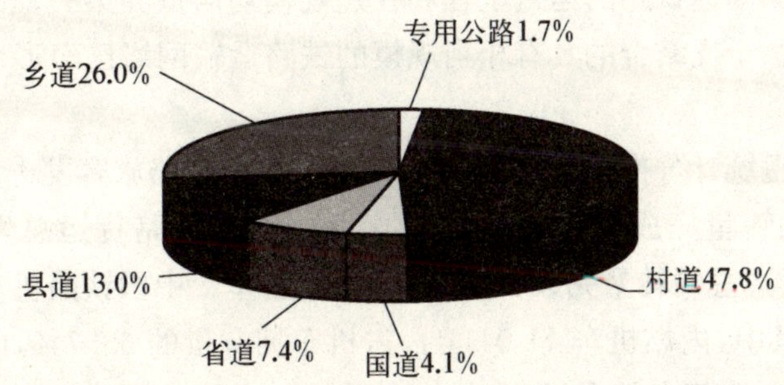

图 2.2　2011 年中国各个行政等级公路里程构成

全国高速公路由 2002 年底的 2.51 万公里增加到 2011 年底的 8.49 万公里（见图 2.3），跃居世界第二，仅次于美国。全国农村公路（含县道、乡道、村道）里程达 356.40 万公里。全国通公路的乡（镇）占全国乡（镇）总数的 99.97%，通公路的建制村占全国建制村总数的 99.38%；其中，通硬化路面

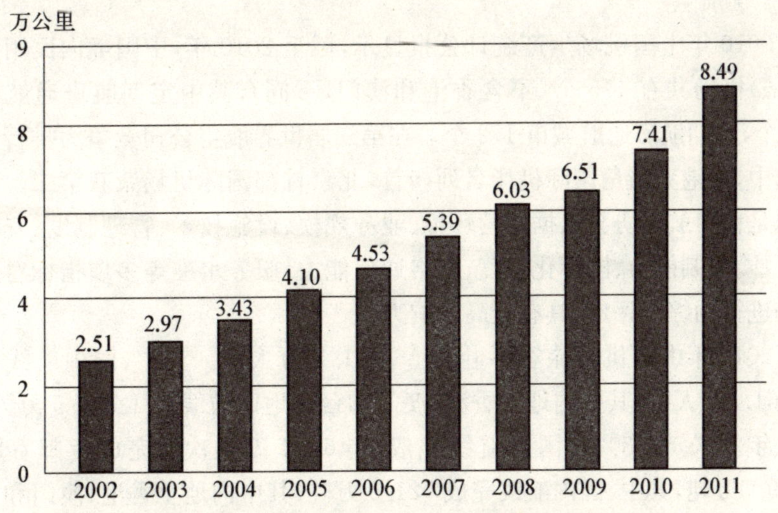

图 2.3　2002 年至 2011 年中国高速公路里程

的乡(镇)占全国乡(镇)总数的97.18%,通硬化路面的建制村占全国建制村总数的84.04%。

(2) 铁路

截至2009年底,中国铁路营业里程达8.6万公里,居亚洲第一位,世界第二位。中国高速铁路的运营里程和在建规模均居世界第一。一个横贯东西、沟通南北、干支结合的具有相当规模的铁路运输网络已经形成并加快完善步伐。

中国铁道统计公报显示,截至2008年底,中国铁路旅客发送量完成18.6亿人,旅客周转量完成9 612.29亿人公里。全国铁路货运总发送量完成39.3亿吨,货运总周转量完成29 465.79亿吨公里。中国铁路机车拥有量为17 336台。其中,内燃机车11 041台,占机车拥有量的63.7%,电力机车拥有量6 206台,占机车拥有量的35.8%,蒸汽机车拥有量89台,占机车拥有量的0.5%,有待于进一步更新换代。铁路客车拥有量43 215辆。每万名旅客拥有客车0.30辆、座卧车0.25辆。铁路货车拥有量584 961辆。每万吨货运量拥有货车2.14辆。车站共5 470个,其中特等站50个、一等站236个、二等站362个、三等站936个。2008年底全路职工总数205.25万人。其中,专业技术干部15.2万人,工人165.9万人。

(3) 航空

2010年中国机场生产统计公报显示,截至2010年,中国境内民用航空(颁证)机场共有175个(不含香港和澳门,下同),其中定期航班通航机场175个,定期航班通航城市172个。在第二届世界航空公司竞争力排行榜的评选中,香港赤腊角国际机场名列榜首,北京首都国际机场荣获第二。该项评选是世界航空协会依据运营环境、业务规模、设施技术、管理制度、安全水平、风险控制能力、国际化程度、网络通信能力、服务水准等多项指标对各国机场进行的综合评定,具有较高影响力。

2010年中国机场旅客吞吐量56 431.2万人次。其中,国内航线完成51 961.8万人次(其中内地至香港、澳门和台湾地区航线为1 764.5万人次,比上年增长51.3%);国际航线完成4 469.4万人次。完成货邮吞吐量1 129.0万吨,其中,国内航线完成721.9万吨(其中内地至香港、澳门和台湾地区航线为69.1万吨,比上年增长53.6%);国际航线完成407.1万吨。飞机起降架次553.2万架次。其中，国内航线511.6万架次(其中内地至香港、澳门和台湾地区航线为13.6万架次，比上年增长21.4%)；国际航线41.6万架次。

(4) 水运

交通部的相关数据显示，水路货物运输量和货物周转量在综合运输体系中分别占到了20%和26%，承担了90%以上的外贸货物运输量，水路交通对中国国民经济、对外贸易和区域经济社会的发展起到了重要的支撑作用。

截至2011年，中国港口货物吞吐量和集装箱吞吐量已连续八年位居世界第一。全国港口拥有生产用码头泊位31 968个。其中，万吨级及以上泊位达1 762个。全国港口完成货物吞吐量100.41亿吨。完成旅客吞吐量1.94亿人，完成外贸货物吞吐量27.86亿吨。货物吞吐量超过亿吨的港口达26个，其中沿海亿吨港口17个、内河亿吨港口9个。全国港口完成集装箱吞吐量1.64亿个标准箱。集装箱吞吐量超过100万个标准箱的港口达19个。

如图2.4所示，2011年底，全国内河航道通航里程12.46万公里。等级航道6.26万公里，占总里程的50.3%。其中，三级及以上航道9 460公里，五级及以上航道2.60万公里，分别占总里程的7.6%和20.8%。各水系内河航道通航里程分别为：长江水系64 052公里，珠江水系15 995公里，黄河水系3 488公里，黑龙江水系8 211公里，京杭运河1 439公里，闽江水系1 973公里，淮河水系17 264公里。在全国水路货运中，内河运输完成货运量21.03亿吨、货物周转量6 564.88亿吨公里；沿海运输完成货运量15.22亿

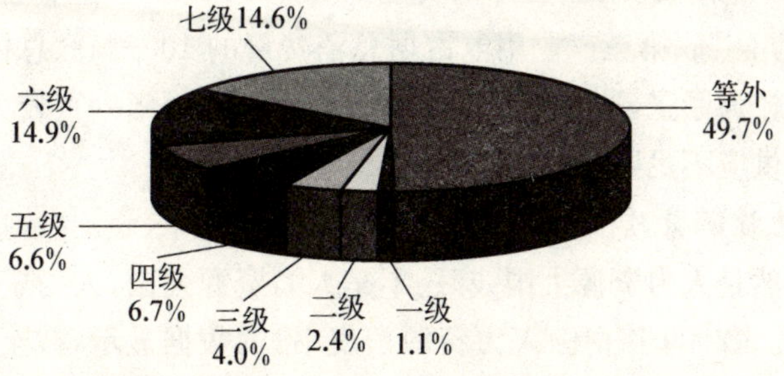

图2.4　2011年中国内河航道通航里程构成

吨、货物周转量 19 503.56 亿吨公里；远洋运输完成货运量 6.35 亿吨、货物周转量 49 355.40 亿吨公里。

(5) 通信

2011 年中国电信业统计公报显示，截至 2011 年底，中国移动电话用户为 98 625 万户。其中，3G 用户为 12 842 万户。移动电话普及率达到 73.6部/百人。固定电话用户为 28 512 万户。其中，城市电话用户为 19 110 万户，农村电话用户为 9 402 万户。固定电话普及率达到 21.3 部/百人。全国网民数量达到 5.13 亿人。其中，家庭宽带网民为 3.92 亿人，手机网民达 3.56亿人，农村网民达 1.36 亿人。互联网普及率达到 38.3%。城镇居民的计算机拥有率达 70 台/百户。

2011 年，中国邮政的普通服务业务量累计完成 269.6 亿件。其中，函件业务累计完成 73.8 亿件，包裹业务累计完成约 6 880.6 万件，订销报纸业务累计完成 181.7 亿份，订销杂志业务累计完成 10.8 亿份，汇兑业务累计完成 2.6 亿笔。在快递业务方面，全国规模以上快递服务企业业务量累计完成 36.7 亿件，实现快递业务收入 116.6 亿美元。快递业务收入占全行业收入的比重达到了 48.5%。

(6) 电力

目前，中国的电源装机和电网规模位居世界第一，且近年来的年均增速保持在两位数以上。截至 2009 年底，中国全国的发电量为 37 146.5 万兆瓦。其中，水力发电为 6 156.4 万兆瓦，占总发电量的 16.6%；火力发电为 29 827.8 万兆瓦，占总发电量的 80.3%；核电仅为 701.3 万兆瓦，占 3.1%。在电力使用方面，居民用电为 4 872.2 万兆瓦，占总消费量的 13.2%；第一产业用电量为 939.9 万兆瓦，占总消费量的 2.5%；第二产业用电为 27 276.4 万兆瓦，占 73.6%，第三产业用电占据总消费量的 10.7%。总体而言，中国的电力供应较为紧张，这主要是由于制造业用电量增幅一直较大、电煤供应紧张和水电供应不足所导致的。

2. 人力资源素质

中国虽然是人力资源大国，却还不是人力资源强国，人力资源整体素质仍亟待提高。《2009 年中国人力资源白皮书》的数据显示，截至 2009 年底，全国 15 岁以上人口平均受教育年限接近 8.9 年；主要劳动年龄人口平均受教育年限为9.5年，其中受过高等教育的比例约为9.9%；新增劳动力平均受教育年限为12.4年。

中国基础教育的覆盖面非常之广。截至2010年底，全国2 856个县(市、区)全部实施了九年义务教育、基本扫除了青壮年文盲。全国小学学龄儿童净入学率高达到99.7%，其中男童和女童的净入学率分别为99.68%和99.73%，女童高于男童0.05个百分点。小学阶段的辍学率达8.8‰，生师比为17.7∶1。初中阶段的毛入学率达100%，生师比为15.0∶1。高中阶段的教育普及率大幅提升至82.5%，生师比为16.0∶1。高等教育从以前的精英化走向大众化，高等教育毛入学率已达26.5%。硕士和博士的培养力度不断加大。截至2010年底，在学博士生25.89万人，在学硕士生127.95万人。仅2010年一年，毕业的博士生多达4.90万人，毕业硕士生达33.46万人。

3. 经济增长状况

总体而言，中国经济实现了持续的高速增长。如表2.10所示，从1978年到2010年，中国国内生产总值由560.8亿美元增长到61 723.4亿美元，年均增长率高达9.8%，是同期世界经济年均增长率的3倍多。2011年，中国经济总量跃居世界第二。中国经济总量占世界经济总量的份额亦从2002年的4.4%提升至2011年的10%左右。

表2.10　　1978年至2010年中国经济增长情况

年　份	国内生产总值（亿美元）	经济增长率(%)	人均国内生产总值(美元)
1978	560.8	11.7	58.7
1979	625.0	7.6	64.5
1980	699.3	7.8	71.3
1981	752.6	5.2	75.7
1982	819.0	9.1	81.2
1983	917.3	10.9	89.6
1984	1 108.9	15.2	107.0
1985	1 387.1	13.5	132.0

续表

年　份	国内生产总值（亿美元）	经济增长率(%)	人均国内生产总值(美元)
1986	1 580.8	8.8	148.2
1987	1 855.2	11.6	171.1
1988	2 314.3	11.3	210.1
1989	2 614.2	4.1	233.7
1990	2 872.0	3.8	252.9
1991	3 351.0	9.2	291.2
1992	4 142.1	14.2	355.6
1993	5 436.0	14.0	461.3
1994	7 415.1	13.1	622.2
1995	9 352.9	10.9	776.3
1996	10 950.2	10.0	899.4
1997	12 149.7	9.3	987.7
1998	12 985.0	7.8	1 045.5
1999	13 796.5	7.6	1 101.3
2000	15 263.8	8.4	1 208.9
2001	16 870.0	8.3	1 326.4
2002	18 512.7	9.1	1 445.9
2003	20 895.8	10.0	1 621.8
2004	24 596.7	10.1	1 897.8
2005	28 451.9	11.3	2 182.4
2006	33 279.1	12.7	2 538.4
2007	40 893.9	14.2	3 103.0
2008	48 314.7	9.6	3 647.3
2009	52 446.6	9.2	3 939.6
2010	61 723.4	10.3	4 614.1

资料来源：中国国家统计局。

自1978年改革开放以来，中国的经济增长表现为三个周期。如图2.5所示，第一个周期是从1981年到1990年，其特点表现为陡起陡落，经济增长率迅速上升然后波动回落。1981年经济处于低谷，年增长率为5.2%。经济增长率在1984年达到了15.2%，是改革开放的峰值。到了1990年，经济增长率显著下降至改革开放以来的最低值，仅为3.8%。从1990年到1999年是第二个周期，这个时期经济的增长表现为陡起平落，只用了两年时间从低谷达到峰值，然后缓慢回落。1990年是低谷，到了1992年出现了14.2%的高增长，而后经济增长速度一路下滑至1999年的7.6%。第三个周期是从1999年到2009年，平起陡落的特点较为明显，用了八年时间从低谷走向2007年14.2%的峰值，用了两年时间从峰值走向低谷。

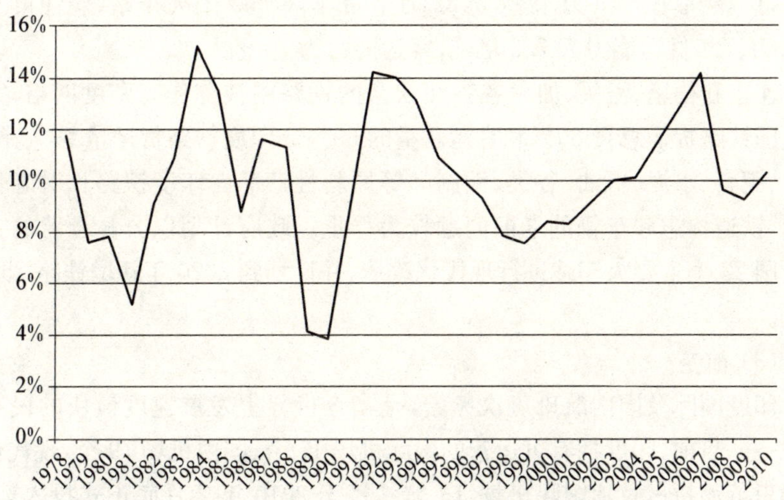

图2.5　1978年至2010年中国经济增长率

(二) 印度投资环境分析

1. 基础设施

(1) 公路

印度的公路网密布全国，总长达334万公里，公路承运量占全国客运总量的80%和货运总量的60%。印度公路主要包括三类：第一类是高速公路和国道；第二类是邦道和地方主要道路；第三类是其他道路和村道。其中，国家级公路 49 条，仅 7 万公里，高速公路仅 200 余公里。公路交通秩序混乱，运输效率低下。例如，从首都新德里到旅游名胜泰姬陵所在地，总共 210 公里的路程客运约需 5 个小时。印度政府目前设定的目标是，每天完成 20 公里国家级高速公路建设。为实现这一目标，未来 3 至 4 年时间里，印度预计需要融资 700 亿美元，私营部门在高速公路建设上的投资总额将占到 410.5 亿美元。

（2）铁路

目前，印度铁路总长 63 327 公里，排在美国、俄罗斯和中国之后，位列世界四位。其中，复线铁路 16 850 公里，占 26.6%；电气化铁路 16 308 公里，占 26%。印度铁路承担着全国近 40%的货运量和 20%的客运量。印度拥有 8 110 辆机车，3.8 万节客车，22 万节货车，6 853 个火车站，雇佣员工达 1 400万。年货运能力为 7.3 亿吨，客运能力为 70 亿人次。

连接新德里、孟买、加尔各答和钦奈的铁路网被称作高密度网络，完成着全国铁路货运总量 65%和客运总量的 55%。印度铁路货运量 90%是煤、铁矿、肥料、水泥、石油、谷类、钢制品等原料性产品。印度铁路相对老化而落后，铁道标志和车辆的老旧问题较为严重。政府计划以公私合营的方式对全国 22 个主要火车站进行现代化改造，并计划到 2020 年新增铁路 25 000 公里。

（3）航空

印度国际及国内航班班次频繁，是当今世界上发展速度最快的民航市场之一。目前，印度拥有可运营的国际机场 17 个、国内机场 79 个，现代化的新德里英德拉·甘地国际机场 T3 航站楼于 2010 年 7 月底正式投入运营。印度民航部的目标是 2020 年前将运营机场的数量增至 500 个。印度国有航空公司印度航空（Air India）开通有境内 120 个目的地及 39 个国家（地区）的航线。2010 年共有 5 202 万次人使用印度国内航线，标志着印度国内航空旅客运输年客流量首次超过 5 000 万人次。

（4）水运

印度拥有 7 517 公里的海岸线，海运能力位居世界第 18 位，拥有 14 个主要港口和 184 个中小港口。印度对外贸易总量的 95%和总价值的 75%是通过水运实现的。印度拥有 6 条主要国家内河航道，通航里程 1.45 万公里。

除恒河中、下游等局部地区外，印度内河运输水平相对较低，全国内河货物运输量仅占全部国内货物运输量的 0.1%。近年来，印度港口吞吐量稳步增长，年增长率约 10%至 12%。2009/2010 财年，全国港口的吞吐量为 8.5 亿吨。2012 年将达到 10.08 亿吨。

(5) 通信

根据印度电信监管委员会的统计，截至 2011 年 1 月，印度电话用户总数累计突破 8 亿大关，达到 8.061 3 亿，电话普及率达到 67.67%。其中，城市电话用户 5.383 8 亿，农村电话用户 2.677 4 亿。城市电话普及率150.67%，农村电话普及率 32.11%。无线用户总数 7.711 8 亿，普及率64.74%。其中，城市无线用户 5.122 6 亿，农村无线用户 2.589 3 亿。私营运营商占印度无线市场份额的 87.78%，两家国有运营商仅占 12.22%。

(6) 电力

截至 2010 年年底，印度全国总装机容量 16.7 万兆瓦，其中，火力发电占 64%，水力发电占 24.7%，核电仅 2.9%，新能源发电为 8.4%。预计 2012 年 4 月至 2017 年 3 月之间，计划新装机容量为 6.6 万兆瓦。届时，私营电力企业的发电量比重将达 52%。目前，全印度缺电率高达 30%，近 4 亿人口过着没有电的生活。电力供应不足的问题长期以来都是制约印度经济发展的瓶颈。

2. 人力资源素质

印度实行 12 年一贯制的中小学教育。高等教育共 10 年，包括 3 年本科、2 年硕士、2 年副博士和 3 年博士课程。全国现有 254 所综合性大学，著名学府有尼赫鲁大学、德里大学、印度理工大学、加尔各答大学等。然而，印度 17 岁至 23 岁的国民之中，只有大约 11%接受过高等教育。除了正规教育，印度还有各类职业技术教育、成人教育等非正规教育。但是这类教育的发展相对滞后，致使印度的工程技术人员和熟练工人极度缺乏。2007 年，印度人口的识字率仅有 75%，成人文盲仍有 3 亿之多，居世界首位。2008/2009 财年，6 岁至 14 岁儿童入学率接近 100%，但全国小学的平均缀学率高达 31%。这导致了印度人力资源的素质较低。

3. 经济增长状况

印度独立后至 20 世纪 70 年代末，经济的平均增长率只有 3.5%，80 年代上升为5%至6%，目前已进入8%至9%的快速增长阶段，被视为全球经济增长的引擎之一。印度农业由严重缺粮到基本自给，工业已形成较为完整的体系、自给能力较强。上世纪90年代后，服务业发展迅猛，占国内生产总值的份额逐年上升。高科技发展尤为迅速，成为全球软件、金融服务的重要出口国。

2002年至2007年国内生产总值的平均增长率为7.6%。2007/2008财年这一数字达到9%，按当前价格计算的总值首次超过1万亿美元、达到1.16万亿美元，人均GDP超过1 000美元，位列世界第120位。受全球金融危机的影响，2008/2009财年GDP的增速下滑至6.7%。2010年，随着全球经济企稳向好，印度在出口回升和投资回暖的拉动下，经济逐步回归快速增长轨道。2010/2011财年，印度国内生产总值约合10 070.1亿美元，增长8.6%。

（三）新加坡投资环境分析

1. 基础设施

（1）公路

新加坡虽然土地稀缺，但有15%的土地面积用于建设道路，全国形成了以8条快速公路为主线、众多普通道路为支线的公路网络，覆盖全岛的每个角落。2008年新加坡公路里程达到3 325公里，其中高速公路和主干公路782公里，普通公路2 543公里。同时，为分流高峰时段主要道路的通行量，新加坡政府在1998年实施了电子道路收费制度，在主要道路入口和进入中央商务区的道路上设置了电子收费闸门，通过读卡器自动对通过车辆从车载现金卡中收取一定金额的通行费。2009年底全岛已设立80个电子收费闸门。

（2）铁路

新加坡铁路主要与周边国家连接，运行开往吉隆坡、柔佛州新山市等马来西亚主要城市的线路。正在计划中的泛亚铁路，将连接中国昆明和包括新加坡在内的7个东盟国家，预计全长7 000公里。新加坡本岛内的地铁和轻轨线路有138公里和97个站点。

（3）空运

新加坡是亚洲地区重要的航空运输枢纽。新加坡樟宜机场连续多年被评为世界最佳机场，目前有80家航空公司驻扎于此，形成了以新加坡为中心往返60多个国家的200多个城市、每周5 200多个班次的航空网络。樟宜机场占地1 300公顷，正在运行的4个搭客大厅年总载客能力达7 300万人次。2010年樟宜机场客运量突破4 000万人次，货运量突破170万吨。樟宜机场已成为全球第18，亚洲第8繁忙的机场，同时也是全球第11繁忙的货运机场。

(4) 水运

新加坡是世界上最繁忙的港口和亚洲主要转口枢纽之一，还是世界最大的燃油供应港口。以新加坡为中心的海运网络由200多条航线组成，连接了123个国家的600多个港口。新加坡港有4个集装箱处理码头，54个集装箱船泊位，年集装箱处理能力3 500万个标准箱，为全球仅次于中国上海的集装箱港口。

2010年新加坡港船舶停靠量为12.7万艘。截至2010年，新加坡共有商船3 978艘，总吨位4 878.3万吨。2010年港口处理货运总量5.03亿吨，集装箱总吞吐量2 843.1万箱。新加坡国际港务集团2010年的年营业额增长了6.3%，约合31.35亿美元，净利增长了21%，约为9.07亿美元。港务集团在新加坡码头的吞吐量增长了10%，达到2 768万个标准箱。

(5) 通信

截至2010年底，新加坡固定电话的用户数为198.3万户，固定电话普及率为39.1%。移动电话的用户数728.8万户，其普及率高达143.5%。新加坡高度重视网络基础设施的建设，并将其纳入提升国家知识型经济层次和国际竞争力的发展战略。截至2010年，新加坡宽带用户数为776.7万户。新加坡计划到2015年将全岛宽带网速提升至1Gbps，将宽带网普及率从目前的52%提升到90%。

新加坡的邮政网络遍布全岛各个主要区域，国内和国际快捷邮件业务是邮政业务的重点。

(6) 电力

新加坡的电力资源供应充足，可充分满足本国经济和社会发展的需要。全国电力装机容量约为1.068万兆瓦，全部为火电，燃料为石油和天然气。88%的用户为居民，用电量占20%；2%为制造业用户，用电量占40%，其他商业用户的用电量占40%。

2. 人力资源素质

新加坡十分重视教育。每个儿童都需接受10年以上的常规教育,包括6年的小学教育和4年的中学教育。新加坡的教育制度强调识字、识数、双语、体育、和道德教育,创新和独立思考的能力并重。2009年底,新加坡共有各类学校和教育机构354所,注册学生79.65万人,15岁以上国民中具有读写能力的占96.3%。

新加坡的教育体系秉持着"英才治国"的理念,实行教育分流。每年从数万名中学生当中挑选出大约30%天赋及才智较高的优秀生进入初级学院,两年后升入大学。在其大学毕业后,一小部分成绩优异者获得政府公共服务委员会的奖学金,前往国外大学深造。另一部分则继续在本地大学就读,获得更高一级文凭。这30%的人才将被努力训练成为新加坡未来命运的掌舵者。另外七成则转入各类职业技术学院进行学习,成长为未来的技工、秘书、公关以及工商界的监管人员。经过这样的分流教育,少数精英人才能够脱颖而出,而经济发展需要的白领和蓝领人才亦得到了充分的培养。在英才治国论的指导下,新加坡的教育体系提供了众多高素质的人力资源。

3. 经济增长状况

新加坡的常年经济增长率或许会逐步放缓至3.5%,而10年的平均增长率预料虽有4.8%,还是比过去两个10年的增长来得缓慢。如表2.11所示,2003年到2007年,新加坡的经济保持了持续快速和稳定的增长。受国际金融危机影响,2008年的经济增速减缓至1.8%。2009年新加坡的经济出现了1.3%的负增长,萎缩严重。2010年,随着世界经济的复苏,在制造业的带动下,新加坡的经济增势强劲,实现了14.5%的高增长,人均国内生产总值高达4.38万美元。

表2.11　　2003年至2010年新加坡的经济增长情况

年　份	国内生产总值(亿美元)	经济增长率(%)	人均国内生产总值(美元)
2003	959.6	4.6	23 319
2004	1 126.9	9.2	27 046

续　表

年　份	国内生产总值（亿美元）	经济增长率（%）	人均国内生产总值（美元）
2005	1 254.1	7.4	29 400
2006	1 450.7	8.6	32 961
2007	1 767.7	8.5	38 523
2008	1 933.4	1.8	39 951
2009	1 822.3	−1.3	36 537
2010	2 227.0	14.5	43 867

资料来源：新加坡统计局。其中，GDP 和人均 GDP 以当前市场价值核算，经济增长率以 2005 年市场价值核算。

（四）马来西亚投资环境分析

1. 基础设施

(1) 公路

马来西亚高速公路网络比较发达，主要城市中心、港口和重要工业区都有高速公路连接沟通。高速公路的建设和开发主要由民营企业负责，但是设计和管理统一由国家大道局负责。截至2009年，马来西亚的公路总长约为 12.5 万公里。

(2) 铁路

马来西亚的铁路网贯穿半岛南北，由马来西亚铁道公司负责运营。主要有西海岸线和东海岸线两条主干线，若干条支线。西海岸线从新马边境的新山到马泰边境的大平原，全长 950 公里，连结着首都吉隆坡、北海和怡保等大城市，是马来西亚的交通大动脉，同时又是将曼谷和新加坡贯通的国际路线。东海岸线从金马士一直通到哥打巴鲁近郊的通坝，全长 528 公里。由于马来西亚的陆路交通相对更为便捷发达，铁路在客货运输当中扮演的角色不甚重要。

(3) 空运

马来西亚是东南亚重要的空中枢纽之一，目前共有 6 个国际机场，即吉隆坡国际机场、槟城国际机场、兰卡威国际机场、亚庇国际机场、古晋国际机场以及瓜拉登嘉楼国际机场。这些机场与其他国内航线机场构成了马来西亚空运的主干网络。2009 年共输送旅客 5 130 万人次,运载货物 80.4 万吨。

(4) 水运

马来西亚 95%的贸易是通过海运完成的,全国主要国际港口包括巴生港、槟城港、柔佛港、丹绒柏勒巴斯港、关丹港、甘马挽港以及民都鲁港 7 个港口。2009 年,马来西亚的水运达 3.86 亿吨,2010 年更是提高至 4.25 亿吨。巴生港濒临马六甲海峡,为马来西亚最大的港口,集装箱年处理能力约 500 万标准箱,是东南亚集装箱的重要转运中心,其西港有良好的深水码头,可以停靠世界最大吨位的货船。

(5) 通信

截至 2009 年底,马来西亚固定电话用户数为 273.4 万户,固定电话普及率为 44%,固定电话运营商是马来西亚电信公司。马来西亚移动电话网络覆盖全国大部分地区,2010 年上半年移动电话用户数达到 3 146 万户,超过马来西亚的总人口数。截至 2010 年上半年,马来西亚宽带互联网用户 323 万。其中,161 万用户利用电话拨号上网,143 万户通过卫星技术上网,19 万人通过其他方式上网。

截至 2010 年底,马来西亚共有 104 家邮政局,全部完成电脑化运营,包括 344 个小型邮政所和 702 个邮政局。

(6) 电力

马来西亚的电力由国家能源公司和独立的私人电厂共同组成。截至 2010 年底,国家能源公司提供了 56.7%的电力,私人电厂提供了 43.3%的电力。总发电量约为 2.4 万兆瓦。其中,燃气机组占发电量的 59.1%,燃煤机组占 34%,水电机组占 6.3%,柴油机组占 0.49%,其他 0.2%。

2. 人力资源素质

马来西亚实行 9 年义务教育制,所有国民学校采用统一的教学课程。2003 年起开始采用英语作为数理课程的教学语言。马来西亚高教部公布的数据显示,马来西亚共有公立大学 20 所,技校 27 所,社区学院 59 所。公立大学按种族的固定比例招生,土著与非土著的比例约为55∶45。这些制度保证了马来西亚拥有着受教育程度和生产技能较高的人力资源。

3. 经济增长状况

2004 年以来,如表 2.12 所示,马来西亚的经济基本保持了平稳增长。

2006 年 4 月，政府开始执行第九个五年计划（即从 2006 年至 2010 年），主题是“共同迈向卓越、辉煌和昌盛”。其施政重点在于降低财政赤字，加强人力资源开发，加大农业投入，扶持中小企业，推动旅游业发展。2010 年，随着全球经济的逐步复苏，马来西亚的出口同比增长了 7.29%。通货膨胀率仅为 1.7%，失业率为 3%。马来西亚的国内生产总值为 1 801 亿美元，人均国内生产总值高达 8 140 美元，全年批准的直接投资 152 亿美元。农业、矿业、制造业、建筑业和服务业在国内生产总值当中的比重分别为 7.3%、7.2%、27.7%、3.3%和 57.4%，服务业相当发达。

2011 年，马来西亚政府开始执行第十个五年计划，主题是“经济繁荣与社会公正”，拟将私营经济和创新行业作为推动经济发展的主要动力，进一步提升服务效率及透明度，进一步改善社会环境，继续加强人力资源开发，继续培养高素质人才，提高生产力和国家竞争力，以确保社会整体的可持续发展，从而实现 2020 年使马来西亚成为高收入国家的“2020 宏愿”。

表 2.12　2004 年至 2010 年马来西亚的经济增长情况

年　份	经济增长率(%)	人均国内生产总值(美元)
2004	7.1	4 372
2005	5.3	4 938
2006	5.9	5 826
2007	6.3	6 721
2008	4.6	7 738
2009	−1.7	6 634
2010	7.2	8 140

(五) 越南投资环境分析

1. 基础设施

(1) 公路

公路运输是越南最主要的运输方式。截至 2010 年，越南公路总里程约 22 万公里，当年共运送旅客 22.572 亿人次，运输货物 5.336 亿吨。目前，在建和拟建的高速公路 40 多条线，全长 6 313 公里，分为 5 个路网：一是南北高速路网，含 2 条线路，全长 3 621 公里；二是北部高速路网，含 6 条线路，与首都河内相连，全长 1 074 公里；三是中部和西原地区高速路网，含 4 条线路，全长 524 公里；四是南部高速路网，含 8 条线路，全长 1 094 公里；五是河内和胡志明市环城高速路网，含 3 条线路，其中河内三环线长 56 公里，四环线长 136 公里，胡志明市三环线长 83 公里。此外，河内五环线和胡志明市四环线建设在拟议中，其主要职能是连接两个城市的周边卫星城。根据规划，越南高速公路的建设共需资金 479 亿美元，将主要依靠国家财政投资、民间集资、国际组织和外国政府的贷款。

(2) 铁路

越南铁路的总里程约 2 600 公里，共有 7 条干线，其中河内至胡志明市的铁路全长 1 726 公里，经 3 次提速后行程全线约 29 小时。2010 年越南铁路共运送旅客 1 160 万人次，运输货物 800 万吨。根据《2020 年铁路发展规划》，今后越南将重点发展城市铁路交通以及连接城内与郊区的铁路运输，首先在河内和胡志明市进行建设。越南运输部提出拟对现有的南北铁路线进行升级改造，以缓解运输紧张的状况，同时拟于 2020 年新建时速 300 公里的南北高速铁路线。南北高速铁路项目总投资约 558 亿美元，平均造价 3 560万美元/公里。

(3) 空运

越南航空业拥有 74 架飞机，主要包括空客(320 型、321 型、330 型)34 架、波音 777 型 10 架，此外还有波音 737 和 767 等机型，平均机龄不足 10 年。预计 2015 年，越南民航飞机总数将达到 115 架，2020 年达到 165 架。越南已开通联接国内 20 个城市和国外城市 26 个城市的 70 条航线，并在各国设立 28 个办事处和 1 000 多个代理点。越南的航班延误率仅为 13%，远远低于全球平均水平，拥有很好的信誉。越南航空业共有员工 1.4 万人，其中飞行员 422 人(含 138 名国外飞行员)，机组服务人员 700 人，技术工程师 283 人，技术工人 590 人。2010 年越南航空业共运送旅客 1 410 万人次，运输货物 18.8 万吨。机场建设方面，越南共有 17 个达到一定规模的机场，但只有河内内排机场、胡志明市新山一机场、岘港机场、芹苴机场 4 个国际机场。目前已有 45 家国际航空公司开通了至越南的 55 条航线。

(4) 水运

越南内河运输的货运量与客运量仅次于公路运输，在全国运输部门中居第二位。越南有23个主要的内河装卸码头和若干小码头，年吞吐量约700万吨。其中主要的港口位于胡志明、河内、河北、越池、宁平、和平等地区。船队包括15至20吨级到1 000至2 000吨级的船只，船只的牵引力较低、速度较慢。内河运输是越南人普遍使用的运输方式，运输的货物主要包括粮食、煤炭、水泥、石头、沙子等大批量产品。2010年越南内河运输游客1.171亿人次，货物1.188亿吨。

近年来，越南的海洋运输发展较快。现有海港49个，其中一类港口17个、二类港口23个、三类港口9个。这些海港可以分为六大港口群，自北向南依次为：自广宁省至宁平省的北部港口群、自清化省至河静省的北中部港口群、自广平省至广义省的中中部港口群、自平定省至平顺省的南中部港口群、南部港口群和九龙江平原港口群，全国吞吐量主要集中在北部港口群和南部港口群，约占总吞吐量的80%。全国海港设计吞吐能力约4亿吨，2010年实际吞吐量为2.8亿吨。海港航道水深大多在10米以下，尚不具备通航5万吨级以上船舶的条件。越南远洋轮船公司为主要海运公司之一，拥有运输船只151艘，载重量268万吨，在世界上排名第87位。全国的海运船队主要由国内自产新船和国外进口二手船组成。越南目前共有海运船只1 600多艘，总载重量620万吨，在世界排名第31位。

(5) 通信

越南通讯业发展较快，2010年全行业营业额67.7亿美元，全年新增电话用户4 450万户。其中，固定电话用户79.3万户、移动电话用户4 370万户。目前，全国有电话用户1.701亿户。其中，固定电话用户1 640万户，移动电话用户1.537亿户。全国有因特网用户377万户，2010年使用因特网的人数达2 740万人。越南邮电通讯集团是该行业的龙头企业，约占70%的市场份额。

(6) 电力

2010年，越南的发电量及进口电量共计1 001亿千瓦时，其中水电占38%，火电占56%，柴油机和其他发电占2%，进口电量占4%。越南电网已覆盖96%的县和76%的村。随着越南经济持续较快发展，电力需求将越来越大，供给紧张的状况将会出现。今后几年，越南政府将继续加大对电力领域的投入，特别是加大对火电和核电的投入。越南拟在南部宁顺省的福营和永海两地各建一座核电站，每座电站拟拥有两台100万千瓦的核电机组。根据规划，首台机组将于2020年投入运行。

2. 人力资源素质

越南教育体系较为完善，教育制度分为5个阶段，即学龄前教育、初等教育、次等教育、中学教育和高等教育。截至2009年，越南共有149所大学和学院、227所高等学校。著名高等院校有河内国家大学、百科大学和胡志明市国家大学等。2000年，越南就宣布已经完成了扫盲和普及小学义务教育的目标。然而，越南目前大学以上学历的人数仅占劳动力总数的2.3%，总体教育水平很低、人力资源素质不高。

3. 经济增长状况

越南是传统的农业国家，工业基础非常薄弱。自1986年开始推行革新开放路线，成效显著。2002年，越南政府通过进一步强化各项革新开放政策、加快经济结构转变进程和提高生产效率等手段，实现了7%的经济增长。此后，越南国内生产总值保持了数年的较快增长。2003年的经济增长率为7.3%，2004年达到7.8%，2005年的增长速度提高至8.4%，2006年为8.2%，2007年更是达到8.5%的高增长，2008年和2009年受到金融危机的影响，经济增长率分别下滑至6.23%，和5.32%。

2010年，为了应对金融危机和全球经济衰退的负面影响，越南政府继续实施积极的财政政策和宽松的货币政府，加快了对经济结构的调整，同时加大了行政改革的力度，促使经济实现了较快的恢复性增长。与此同时，越南也面临着一些突出的问题，如持续的高通胀、汇率波动大、股市不景气、环境污染严重和电力供应紧张等等。受到上述正面和负面的双重影响，2010年越南的国内生产总值为1 060亿美元，同比增长了6.78%；人均国内生产总值创历史新高，达到1 160美元。全年社会总投资约435亿美元，为国内生产总值的41%。新增货币投放量增长了20%，贷款余额增长25%，银行不良贷款率约3%。全年商品零售和服务总额826亿美元，扣除物价因素实际增长了15%。

2011年以来，面对越来越大的通胀压力，越南政府紧急调整宏观政策，转而实施紧缩的财政政策和从紧、慎重的货币政策，随后出台了一系列配套措施。受宏观调控措施的影响，一季度越南的国内生产总值同比增长了5.83%，增幅下 降0.4个百分点。其中，农林渔业增长2.05%，下降1.7个百分点；工业和建筑业产值增长5.47%，下降0.13个百分点；服务业产值增长6.28%，下降0.38个百分点；全社会商品零售和服务总额增长了22.6%，下降1.5个百分点。

通过上述对比分析能够发现，中国、新加坡和马来西亚的基础设施相对完善，人力资源的素质相对较高、经济呈现出持续快速的发展，因而投资环境相对优越，对外国投资者的吸引力很大。印度和越南尽管保持着较快的经济发展速度，但是相对落后的基础设施和素质较低的人力资源成为其不可忽视的竞争劣势。

五、中国与周边国家外资吸引力的比较分析

(一) 中国外资吸引力分析

国际著名会计师事务所安永发布的《资本信心晴雨表》调查报告显示，2008年至2011年，中国连续4年蝉联全球“最具吸引力投资市场”。究其原因，主要在于中国的高增长潜力可使其减少受到当前成熟市场剧烈波动的影响。此外，开拓庞大的新市场、抢占市场份额亦是投资者考虑的重要原因。而此前科尔尼在其发布的《全球零售发展指数调查》和《全球最具吸引力的研发投资目的地》均显示，中国作为最为理想的零售市场和研发投资地之一，备受各国投资者的青睐。无独有偶，世界经济论坛发布的《2010～2011年全球竞争力报告》亦显示，中国的竞争力排名持续上升至第27位，比上一年上升了两个位次。

自20世纪70年代末中国面向世界打开国门开始，跨国企业纷纷进入中国投资兴业，中国吸引的外商直接投资数额亦逐年上升，从1985年的19.56亿美元飙升至2010年的1 057.35亿美元，增长了50倍之多(见表2.13)。

对中国投资处于前十位的国家(地区)依次为中国香港、中国台湾、日本、新加坡、美国、韩国、英国、德国、法国和荷兰。这些国家(地区)实际投入的外资金额占实际使用外资金额的90%以上。与此同时,以跨国公司为代表的广大外商投资企业也从中国的快速发展中获得了可观的利益。据测算,仅2010年外商投资企业在中国市场实现的销售额就超过了5万亿美元。在后金融危机时期,中国市场成为了众多跨国公司重要的避风港和利润源。根据商务部的最新统计,目前世界500强公司中已有490家在中国展开投资,跨国公司在华设立的研发中心、地区总部等功能性机构已经达到1 600余家。

表2.13　　1985年至2010年中国实际使用的外商直接投资额

年　份	实际使用的外商直接投资额(亿美元)
1985	19.56
1986	22.44
1987	23.14
1988	31.94
1989	33.92
1990	34.87
1991	43.66
1992	110.08
1993	275.15
1994	337.67
1995	375.21
1996	417.26
1997	452.57
1998	454.63
1999	403.19
2000	407.15

续　表

年　份	实际使用的外商直接投资额(亿美元)
2001	468.78
2002	527.43
2003	535.05
2004	606.30
2005	603.25
2006	630.21
2007	747.68
2008	923.95
2009	900.33
2010	1 057.35

资料来源：中国国家统计局。

然而，需要引起注意的是，从外资企业流动的实际情况来看，中国近年来外商直接投资的增速出现了放缓的趋势。联合国贸易发展会议定期发布的《全球投资趋势监测报告》显示，2009 年和 2010 年中国外商直接投资的增速开始慢于东亚地区的整体水平。2011 年，中国外商直接投资的流入量总额为 1 240 亿美元，虽然比上一年增长了 8.1%，但增速却慢于全球的整体水平。一些外资企业将生产基地转移出中国的报道亦日渐增多。阿迪达斯中国公司决定关闭其在华的最后一家直属工厂；福特汽车把 1.2 万个工作岗位从墨西哥和中国迁回美国；咖啡连锁企业星巴克也把其陶瓷杯的制造环节从中国转移回美国；日本的服装生产企业伊藤洋华堂亦将部分产能转移至东南亚国家。不少分析指出，外商直接投资增速的放缓主要与中国各项成本的大幅上升密切相关。

(二) 印度外资吸引力分析

印度的经济增长前景良好，资源价格普遍较低、劳动力成本低廉、生活成本亦具优势，超过 11 亿的人口蕴藏着巨大的市场潜力。这些优势吸引着世界各国投资者的目光。然而，相对落后的基础设施、素质较低的人力资源和较为严重的贸易壁垒亦阻挡了部分外资进入印度的脚步。达沃斯世界经济论坛《2010～2011 年全球竞争力报告》显示，印度在全球最具竞争力的 139 个国家和地区中，排名第 51 位，比上一年下降了两个位次。

自 1991 年实行经济改革以来，印度政府逐步放宽对外商直接投资领域的限制。这促使印度近年来利用的外资额实现了一定的增长。2000 年 4 月至 2010 年 12 月，外商直接投资累计达到 1 867.92 亿美元。印度的外国投资主要来自毛里求斯、美国、英国、新加坡等国；投资领域主要包括服务业、电脑软硬件、通信、基础设施、汽车等行业，其中服务业吸引外资总额占印度近 10 年吸引外资总量的 21%。目前，在印度投资的世界 500 强企业包括德国大众、福特汽车、本田汽车、丰田汽车、韩国现代、雀巢食品、宝洁等企业。受金融危机的影响，2010/2011 财年前 9 个月印度累计吸引外国直接投资 160.39 亿美元，同比下降 23%。相关统计数据显示，截至 2010 年末，印度吸收外资存量 1 911 亿美元。

(三) 新加坡外资吸引力分析

新加坡对外国投资者的吸引力主要在于其完善的基础设施、高素质的人力资源、透明自由的贸易规则、良好的投资环境、优越的地理位置和较为广阔的辐射市场。世界经济论坛《2010～2011 年全球竞争力报告》显示，新加坡在全球最具竞争力的 139 个国家和地区中，排名第 3 位。美国传统基金会评选的全球最自由经济体中，新加坡排名第 2 位。

新加坡经济发展局公布的最新数据显示，2009 年新加坡共吸引了 90.77 亿美元的制造业固定资产投资和 52.31 亿美元的服务业商业投资，新投资为新加坡提供了大约 1.52 万个就业机会和 96.15 亿美元的经济总增值。截至 2009 年，来自欧洲、美洲、亚洲的外国直接投资占据新加坡累计外国直接投资的比例分别为 40.4%、32.7%和 23.3%。新加坡的前十大直接投资来源地分别为英国、荷兰、美国、日本、瑞士、挪威、印度、马来西亚、德国和法国，少有来自国际避税天堂的投资，因而投资的质量和真实性能够得到保障。

新加坡吸收的直接投资主要集中在金融保险服务业、制造业、批发零售贸易和酒店餐饮业，上述三领域在新外国直接投资的存量中约占 87%。在制造业领域，石油化工、生物医药、电子元器件等行业的大型跨国企业均在新加坡有投资项目，如蚬壳东方石油公司投资数十亿美元的石油裂化厂与乙烯裂化厂，葛兰素史克投资1.8亿美元建设儿童疫苗生产基地，英特尔投资4.7亿美元的快闪记忆体生产厂等。

（四）马来西亚外资吸引力分析

马来西亚吸引外资的竞争优势体现在两个方面：首先，地理位置优越。马来西亚位于东南亚的核心地带，可成为进入东盟市场和前往中东、澳新的桥梁，因而辐射市场的范围较为广阔；第二，投资环境良好。马来西亚的基础设施相对完善，人力资源的素质较高，经济基础稳固、经济增长前景较好。然而，马来西亚在国内市场增长潜力、贸易壁垒和生产要素成本方面的优势并不显著。世界经济论坛《2010～2011年全球竞争力报告》显示，在全球最具竞争力的139个国家和地区中，马来西亚排名第26位。

马来西亚政府鼓励外商在工业领域的投资，目前外商投资已成为推动马来西亚经济发展的重要因素。外商投资主要集中在电子和电器、石化产品、金属制品、交通运输设备以及非金属制品等行业。目前，包括戴尔、英特尔、索尼、松下、三星在内的众多著名跨国公司均已在马来西亚投资建厂。2010年，经马来西亚国际贸易与工业部批准的直接投资总额为153亿美元，其中外资为94亿美元、内资达59亿美元。同年，马来西亚制造业前十大外资来源地分别是美国、日本、中国香港、新加坡、德国、中国台湾、荷兰、英属维京群岛、中国及瑞士。来自国际避税天堂英属维京群岛的投资额占到马来西亚外资总额的一定比重，意味着投资的质量不算上乘。

（五）越南外资吸引力分析

低廉的劳动力成本、资源成本和生活成本是越南最为突出的竞争优势。凭借这一核心优势，在达沃斯世界经济论坛《2010～2011年全球竞争力报告》139个国家和地区的排名当中，越南位列第59位，比上一年提高了16个位次。不过，越南相对落后的基础设施和素质较低的人力资源也使其吸引力大打折扣。

受国际金融危机的影响，越南近两年吸收的外资有所下降。2010年吸引外商直接投资总额 186 亿美元，同比下降 17.8%。其中，新批准项目 969 个，下降 16.1%，协议额 172 亿美元，增长 2.5%；实际利用外资 110 亿美元，增长 10%。迄今已有 91 个国家和地区在越投资，全球 500 强企业中已有 110 家在越落户。2010 年，越南吸收外国直接投资最多的领域是房地产业，协议金额达 68 亿美元，占外国直接投资协议总额的 36.6%；其次是加工和制造业，协议金额为 50 亿美元，占外国直接投资协议总额的 26.9%。第三是电、气、水的生产与输送产业，协议金额为 30 亿美元，占外国直接投资协议总额的 16.1%。

按照协议总额排序，2010 年对越南投资最多的国家和地区依次为：新加坡(43.5 亿美元)、荷兰(23.6 亿美元)、日本(20.4 亿美元)、韩国(20.4 亿美元)、美国(18.3 亿美元)、中国台湾(11.8 亿美元)、英属维尔京群岛(7.3 亿美元)。来自国际避税天堂英属维京群岛的投资额高达 7.3 亿美元，意味着投资的质量不算上乘。

本章主要从市场因素、贸易壁垒、成本因素和投资环境四个方面入手，对中国、印度、新加坡、马来西亚和越南外资吸引力的比较优势进行了定性分析。然而，上述各国的税收制度在激烈的外资竞争当中扮演着何种角色、到底是加分项还是减分项？这个问题将在后面的章节详细分析。

第三章 中国外资企业相关税制的比较分析

企业的有效税负不仅仅取决于企业所得税制度，还有赖于股东个人所得税制度。由于企业税制的类型影响着企业所得税和股东个人所得税之间的关系，因而也会对企业有效税负产生影响。

一、企业所得税制度的比较分析

（一）中国企业所得税制度的历史变革

中国企业所得税的历史不长。1937 年 1 月 1 日，所得税原则及所得税暂行草案正式实施，标志着中国企业所得税的产生。新中国成立以后，1950 年政务院发布《全国税政实施要则》，规定了属于所得税性质的工商业税中的所得税、存款利息所得税与薪金报酬所得税，标志着中国新的企业所得税体系的初步建立。在国民经济恢复和社会主义改造时期，所得税的征收对积累资金、稳定物价、促进国民经济恢复和发展等方面起了积极作用。1958 年实行工商税制改革时，所得税从工商业税中分离出来，定名为工商所得税。这是新中国建立后所得税成为一个独立税种的标志，为以后的所得税制建立打下了基础。

从中国企业所得税制度的历史沿革来看，可以分为内资企业所得税和外资企业所得税两条主线，特别是初步建立市场经济体制之后，两种所得税制度并存以及“两税合一”是中国企业所得税制度发展历史中的重要里程。

1. 内资企业所得税制度变革

工商所得税在中国税收发展史上占据着十分重要的地位。从 1958 年到 1985 年前后 27 年，不同历史时期起着不同的作用，其征税对象主要是集体企业，同时也对未纳入国家预算的国营企业、个体工商业户和外资企业征收。在社会主义改造完成后，对集体企业征收工商所得税，是国家从非国有经济中取得财政收入的主要手段之一。同时也可以合理调节收入水平、平衡集体企业之间及集体企业与其他各种经济成分的企业之间的税收负担，在加强国家对集体企业监督管理等方面起着重要作用。

1983 年对国营企业征收所得税，是中国税收理论与实践的重大突破。作为企业改革的一项重大措施，1983 年国务院在全国试行国营企业“利改税”，即将新中国成立后实行了 30 多年的国营企业向国家上缴利润的制度改为缴纳企业所得税的制度。在此前的 30 多年，受“非税论”的影响，国家对国营企业一直不征所得税，而采用利润上缴的办法。1984 年 9 月，国务院发布了《中华人民共和国国营企业所得税条例（草案）》和《国营企业调节税征收办法》。国营企业所得税的纳税人为实行独立经济核算的国营企业，大中型企业实行 55%的比例税率，小型企业等适用 10%至 55%的 8 级超额累进税率。国营企业调节税的纳税人为大中型国营企业，以纳税人年度应纳税所得额为计税依据，税率由财税部门商同工商企业主管部门核定。核定的具体办法是，以核定的基期利润扣除按照 55%的比例税率计算的所得税和 1983 年合理留利后余额占核定基期利润的比例作为调节税税率。国营企业所得税的开征，是中国所得税制度走向规范化的重要起点。

1985 年 4 月，国务院发布了《中华人民共和国集体企业所得税暂行条例》，实行 10%至 55%的 8 级超额累进税率，原来对集体企业征收的工商税（所得税部分）同时停止执行。1985 年统一集体企业所得税对于适当调节集体企业收入水平，正确处理国家、集体、个人三方面的利益，促进企业加强经济核算，改善经营管理都起过重要作用。1988 年 4 月《中华人民共和国宪法》肯定了私营经济的合法地位。为了引导私营经济的健康发展，根据宪法的规定，国务院于 1988 年 6 月 25 日发布了《中华人民共和国私营企业所得税暂行条例》，开征了私营企业所得税。私营企业所得税的纳税人为从事工业、建筑业、交通运输业、商业、饮食业和其他行业的城乡私营企业，税率为 35%的比例税率。至此，在中国形成了一个相对完整的国内企业所得税体系。

党的十四大提出了建立社会主义市场经济体制的目标，十四届三中全会作出了《中共中央关于建立社会主义市场经济体制若干问题的决定》，具体提出了财税体制改革的指导思想。建立市场经济体制，就必须建立一套符合市场经济客观要求的新税制，做到统一税法、公平税负、简化税制、合理分权。1994 年以前，中国的企业所得税制度，除了外商投资企业和外国企业所得税外，内资企业所得税有国营企业所得税、集体企业所得税和私营企业所得三个税种。这种三税并存的局面存在诸多问题：一是按经济性质分别设置多种所得税，税率悬殊大，税前列支的项目和标准不统一，税负不公平。国营大中型企业的税率为55%；国营小型企业和集体企业实行8级超额累进税率，最低10%，最高55%；私营企业所得税率为35%；外商投资企业和外国企业所得税为33%。且税前扣除的项目和标准不一样，造成各类纳税人的税收负担不平衡，不利于纳税人之间的公平竞争。二是税前还贷与过多的税前扣除侵蚀了所得税的税基，造成名义税率高，实际税负低。三是减税、免税的优惠过多过乱，并向集体企业与外资企业倾斜，造成利益分配不均。四是国营企业所得税的征管严重脱节，致使国营企业所得税似税非税，扭曲变形。由于第二步“利改税”的政策取向是维持企业原上缴利润的水准，按照不挤不让的原则，对大中型企业所得税税率定为55%，部分企业还按一厂一率再核定上缴调节税，小型企业实行8级超额累进税率，部分企业还要交纳承包费。税收征管分离，税款由税务部门征收，计划、财务、成本管理、减免税及税前还贷的批准权都归财政部门，致使国营企业所得税形同虚设，其对经济的调控功能亦被削弱。五是国有大中型企业的所得税、调节税加上税后上缴利润和征收“两金”，税收负担偏重，企业缺乏自我改造、自我发展的能力。

根据建立社会主义市场经济体制的要求，为贯彻“公平税负、促进竞争”的原则，1993年12月，国务院发布了《中华人民共和国企业所得税暂行条例》，将原来的国营企业所得税、集体企业所得税、私营企业所得税合并，统一了内资企业所得税制度，从1994年1月1日起施行。这次改革的主要内容包括：

① 统一了各类企业所得税的税率，实行33%的比例税率，与外商投资企业和外国企业所得税的税率一致，便于今后内、外资企业所得税统一，这个税率与国际上绝大多数国家基本接近。

② 用税法规范企业所得税的税前扣除标准，改变了应纳税所得额的确定从属于企业财务制度的状况，稳定和拓宽了税基，硬化了企业所得税。

③ 取消了国营企业调节税、能源交通重点建设基金和预算调节基金的征收。

④ 企业财会制度改革后，企业的贷款利息进入成本，加速折旧为企业还贷提供了相当一部分资金来源，使企业税后还贷能力大为增强。在统一税法的同时，取消了税前还贷，建立了新的企业还贷制度。

⑤ 税法中明确规定了确有必要继续执行的两项减免税收政策，其他减免税政策一律取消。

内资企业所得税制的统一，对完善社会主义市场经体制，促进国民经济全面健康发展具有以下重要意义：一是税制趋于规范，有利于内资企业之间的公平竞争；二是理顺了国家与企业的分配关系；三是增强了税收聚财功能；四是缩小了内、外资企业所得税制的差距；五是稳定了涉外税收政策，有利于进一步扩大对外开放。

2. 外资企业所得税制度变革

20 世纪 70 年代末是中国外资企业所得税制度创立的发端期。根据十一届三中全会确立的对外开放政策，从 1979 年开始，中国改变了过去基本不借外债的做法，开始引进来自国际金融组织、外国政府及金融机构的贷款，并通过举办中外合资经营企业、中外合作经营企业、外商独资经营企业等形式吸引外商直接投资。面对对外经济交往的迅速发展，在 1979 年召开的全国税务工作会议上提出了涉外税制建设先行一步的主张。于是，五届人大三次会议于 1980 年 9 月通过了适用于中外合资经营企业的《中华人民共和国中外合资经营企业所得税法》，次年 12 月又通过了适用于中外合作经营企业和外商独资经营企业的《中华人民共和国外国企业所得税法》。至此，外资企业所得税制度初步建立起来。

尽管《中外合资经营企业所得税法》和《外国企业所得税法》的实施，对维护国家税收权益，鼓励外商对华直接投资都起到了积极的促进作用。然而，由于社会形势的发展变化，“两法”存在的问题也逐渐暴露出来。首先，随着中国法律制度的逐步完善，“两法”中有关纳税人法律地位的规定已无法成立；此外，“两法”对外国企业存在着一定程度的歧视，而对中外合资经营企业给予了更多的优惠，这不利于多渠道、多方面地引进外资。介于此，1991 年 4 月召开的七届人大四次会议通过了将《中外合资经营企业所得税法》和《外国企业所得税法》“两法”合并的议案，并颁布了《中华人民共和国外商投资企业和外国企业所得税法》。

涉外所得税制的建立与完善对中国对外开放政策的深入贯彻起了重要的促进作用。从改革开放20多年的实践来看,在改革开放初期对外国投资者来中国投资制定单独的企业所得税法,对于中国吸引外资、引进先进技术、扩大出口、增加税收、推动中国国民经济快速发展,确实发挥了很大的作用。

一是吸引外资。截至2007年8月底,全国已累计批准外商投资企业61.9万户,实际使用外资7 338亿美元。截至2006年9月底,中国的外商投资来源地已经超过200个国家和地区,外商在华投资设立的研发中心已经超过800家,全球最大的500家跨国公司中目前已有480多家来华投资。中国自1993年成为吸收外资最多的发展中国家,2003年超过美国首次成为全球吸收外资最多的国家。

二是扩大出口。20世纪90年代以来,外资企业已经成为中国扩大出口的重要动力,1993年外资企业进出口额占中国外贸总额的34%,2006年外商投资企业进出口额已达中国外贸总额的58%,加工贸易进出口额占全国加工贸易总额的85%。

三是增加税收。1986年外商投资经济工商税收在工商税收总额中的比重仅为1.21%,1990年为2.22%,1998年上升到13.5%,2006年外资企业缴纳各类税款7 950亿元,占全国税收总量的21.12%。

四是促进经济增长。据测算,改革开放20年来中国GDP年均9.7%的增长速度中,大约有2.7个百分点来自利用外资的贡献。

3. 内、外资企业所得税制度合并的必要性日益突显

改革开放以来,企业所得税按企业性质分别立法对于维护国家权益、吸引外资、促进企业制度改革和经济发展,都起到了积极的作用。但是,随着中国社会主义市场经济体制的建立和完善,特别是中国加入世界贸易组织后,内、外资企业两套所得税制度并存的税制模式,无法适应社会主义市场经济发展的要求,统一内、外资企业所得税势在必行。

第一,建立统一、规范、透明的企业所得税新体系,是中国完善市场经济体制的新要求。

经过20多年的改革开放,中国的政治经济形势发生了巨大变化,国有经济、民营经济和外资经济三足鼎立、共同发展,特别是随着国有企业改制改

组和投融资体制改革的深入，企业资本融合速度加快，不同性质企业之间相互参股、控股情况十分普遍，企业经济呈现多元化和混合化发展，致使原先按照企业性质分别设置的企业所得税制度已不适应当前经济发展的客观要求。因此，按照党的十六届三中全会关于建设统一开放、竞争有序的现代市场体系的理念，建立统一公正的市场游戏规则，维护中国大市场的统一，合理有效地配置资源，为各类企业共同发展提供一个统一、规范、透明的税收政策平台，是中国进一步完善市场经济体制的新要求。

第二，为各类企业创造公平竞争的税收政策环境，是遵循世界贸易组织(WTO)公平竞争原则，促进国民经济更好更快发展的要求。

根据测算，全国内资企业的平均税负为24%左右，比外资企业的平均税负14%高出约10个百分点。税负上的差距使内、外资企业在市场竞争中不能处于公平地位，削弱了内资企业的竞争力。在中国加入世界贸易组织(WTO)之后，若干有利于内资企业的市场准入限制措施相继取消，因此，若继续保留对外资企业的特殊优惠政策，将进一步扩大内、外资企业之间的差距，加剧资源占用的不平衡。在世界经济一体化迅速加快的情况下，做大做强民族经济，鼓励内资企业"走出去"开拓海外市场，是国家提高民族经济竞争力和保障国家经济安全的重要战略。因此，应按照世界贸易组织(WTO)公平竞争的原则，积极为各类企业创造公平竞争的税收政策环境，以促进国民经济更好更快的发展。

第三，建立规范的企业所得税制度，有利于提高利用外资水平、堵塞税收漏洞，从而促进国民经济健康有序的发展。

中国改革开放以来实行的开放搞活、招商引资的政策，对国民经济稳定持续增长和各项社会经济事业健康发展发挥了巨大作用。其中，中国的涉外税收优惠体系是招商引资政策非常重要的组成部分。然而，招商引资时存在的虚假外资和引资质量不高等问题导致税收每年损失大约600亿元以上。按照十六届三中全会关于"抓住新一轮全球生产要素优化重组和产业转移的重大机遇，提高利用外资水平"的精神，必须在进一步清理涉外税收优惠政策的基础上，通过建立规范公平的企业所得税制度和产业税收优惠体系，取消低层次的税收优惠，将税收优惠重点放在鼓励高科技产业发展、提高产品技术含量等高层次引资上来，更好地发挥外资的作用，更多地引进先进技术和管理经验，从而促进国民经济有序健康的发展。

第四，合理调整原有税收优惠政策，是统筹区域发展，促进社会全面进步的必要措施。

中国吸收的外商直接投资中，东部沿海的11个省市占据了绝大部分，中部8个省市次之，西部地区的12个省市最少。由于投资主要集中在东部地区，导致了东、中、西部经济发展的差距越来越大，带来了经济发展严重失衡的问题，不利于国民经济的可持续发展。因此，从建立全国统一市场的思路出发，削减东部地区的优惠、增加中西部地区的优惠是新的经济形势发展的要求，是与十六届三中全会制定的“统筹区域发展、形成促进区域经济协调发展的机制”的政策目标和任务相一致的。同时，应当充分利用税收政策杠杆，适当加大支持社会公益事业和环保事业发展的政策力度，促进社会经济的可持续发展和全面进步。

第五，原有两套企业所得税制度固有的弊端比较明显，已经不能适应经济社会发展要求。

内、外资税制分设，不利于企业的公平竞争。按照原有企业所得税法规定，内资企业与外资企业适用的税率和优惠政策不同；经济特区、经济技术开发区、沿海开放区、开放城市、高新技术产业开发区、旅游度假区等区域内外的企业税负不同；上市公司与非上市公司之间、境内上市公司与境外上市公司之间税负不同。外资企业所得税法侧重于吸引投资和区域优惠；而内资企业的税收优惠相对较少。另外，内资企业所得税法规与企业财务会计制度的关系并未完全理顺，从而造成了不同企业费用扣除标准不统一。这种税制显然不符合统一、公平的原则。

税制不统一，不利于加强税收征管、堵塞税收漏洞。随着中国社会主义市场经济的发展和经济全球化，资金的国际流动日趋频繁。国外所得税的通行做法是一般以法人作为企业所得税的纳税人，不按资本来源划分企业并实行不同的税收待遇。中国目前不甚规范的税制给税收征管工作带来不少困难：一些企业应当如何适用税法难以认定；一些企业通过在境外设立“虚拟公司”，再回境内设立所谓的外资企业进行避税；过多的税收优惠致使税收征管中的漏洞越来越多。

税制不规范亦给企业制度改革带来不利的影响。由于原有内、外两套所得税法差别较大，企业在选择经营实体的组织形式时，更多地受到税收政策导向的左右，而不是根据经营管理的实际需要。这显然不符合税收中性的原则。在企业合并、分立、重组等活动日益频繁的情况下，这种税制不利于企业根据现代企业制度进行规范化改组。

两套税制法律效力级次不同、税法条款过于原则化，一定程度上削弱了税法的严肃性和刚性。中国原有内资企业所得税暂行条例是行政法规，外资企业所得税法是法律。内资企业所得税暂行条例只有20条，外资企业所得税法只有30条，税法内容过于简单，大量税收政策是以部门规范性文件的形式予以发布的。过于简单的税法和大量法律效力偏低的部门规定，削弱了企业所得税法的严肃性和刚性，且存在较多释义不清的问题，亦给税收征管工作带来困难、加大了征管成本。

因此，要彻底解决现行税制存在的问题，必须将《中华人民共和国企业所得税暂行条例》和《中华人民共和国外商投资企业和外国企业所得税法》合并为统一的企业所得税法。新企业所得税法的出台，必将更加有利于发挥企业所得税组织收入和宏观调控的作用，有利于企业的公平竞争，有利于社会主义市场经济的健康发展。

4. 新企业所得税制度的建立

介于内资企业和外资企业分设两套税法的做法已经很难适应世界形势和中国经济社会状况，2007年3月，第十届全国人民代表大会第五次会议审议通过了《中华人民共和国企业所得税法》，并于2008年1月1日正式生效。该法规定，在中华人民共和国境内，企业和其他取得收入的组织为企业所得税的纳税人。这意味着新税法适用于所有内资企业和外资企业，从而确立了统一的企业所得税制度。此外，关于纳税人的界定，新税法引入了“居民企业”和“非居民企业”的概念，并以“登记注册地标准”和“实际管理机构地标准”相结合的方法予以界定。

(1) 新企业所得税制度的改革原则

基于中国的社会经济发展状况，企业所得税改革主要体现以下基本原则：

第一，贯彻国民待遇原则，公平税负，解决内、外资企业税收待遇不同、税负差异较大的问题，使各类企业在税负公平的条件下进行平等竞争。

第二，兼顾社会进步和区域经济的协调发展，促进社会公益事业发展和环境保护，统筹经济社会的协调发展，税收优惠适当向西部地区倾斜，体现科学发展观，实现可持续发展战略。

第三，积极发挥企业所得税的调控作用，将税收优惠由原来以区域优惠为主转变为以产业优惠为主、区域优惠为辅的新格局，优化国民经济结构，推动产业升级和技术进步。

第四，参照国际通行做法，吸收世界各国税制改革的最新成果，进一步充实所得税制度，尽可能体现税法的科学性、完备性和前瞻性，建立一个具有现代税制特点的新企业所得税制度体系。

第五，进一步理顺分配关系，兼顾财政承受能力，尽量减轻纳税人负担和对财政收入的影响。

第六，有利于加强征管、组织收入。税收征管过程是个执法过程，它要求有一个完善规范的企业所得税法。在总结原有内、外资企业所得税制度和借鉴国外经验基础上起草的新税法，体现了税法的统一性、规范性、完整性和严密性，有利于依法治税、加强征管和组织收入。

(2) 新企业所得税制度的主要变化

从主要内容看，改革后的《企业所得税法》的主要特色可以概括为："五个统一、两个过渡"，即统一税法并适用于所有内、外资企业，统一并适当降低企业所得税税率，统 并规范税前扣除办法和标准，统一税收优惠政策，建立"产业优惠为主、区域优惠为辅"的新税收优惠体系，统一并规范征管办法；对部分特定区域实行过渡性优惠政策，对享受法定税收优惠的老企业实行过渡措施。

从税法体例上看，一是具体条款更加全面和详尽。原《中华人民共和国企业所得税暂行条例》只有 20 条内容，《中华人民共和国外商投资企业和外国企业所得税法》只有 30 条内容，过于简单化。企业所得税法属于确定纳税人权利和义务的基本法律。不论是实体性要件，还是必要的程序性要件，有关权利、义务创设的原则性条款规定均应在法文中有所体现，这是税收法律主义原则的必然要求。通过总结这些年立法和执法的经验，借鉴其他国家所得税法的一些通常做法，新税法共有 8 章 60 条，其具体条款比原有内、外资企业所得税法更为全面和详尽、增强了税法的可操作性。二是分章明确税法规定。为适应税法全面和详尽的需要，使结构更具严密性、逻辑性和系统性，企业所得税从收入总额、扣除费用到应纳税额确定的内在逻辑顺序，实行归类分章设条，企业所得税的法律结构更加规范化，其中收入总额、扣除和资产的税务处理等核心章节的内容更为规范和充实。

（二）企业所得税制度对企业有效税负的影响因素分析

在一个税制包含的众多因素之中，影响企业有效税负的主要制度因素是税率和税基，而不同国家的企业所得税制度会对税率和税基作出大相径庭的规定。在对各国企业所得税制度中税率和税基规定进行汇总整理的基础上，本书对各国税率和税基的相关规定加以下列归纳分析。

1. 税率因素

各国税法对于税率的不同规定主要体现在以下三个方面：

第一，比例税率和累进税率的选择。从世界范围来看，大部分国家采用的是比例税率，但也有部分国家实行累进的企业所得税税率。就亚洲地区而言，台湾省、日本和韩国采用的就是累进税率。

第二，留存利润和分配利润的差别税率。绝大多数国家对留存利润和分配利润一视同仁、采用了相同的税率，但也有个别国家实行差别税率。例如，台湾省就规定分配给股东的利润适用 25%的税率，而税后未分配的利润则还需缴纳 10%的“留存利润税”。这样一来，留存于企业的利润就要承担 32.5%的税率。

第三，附加税。一些国家除了对企业利润按照法定税率征税之外，还要征收附加税，从而导致综合税率的提高。比如，日本就对企业利润征收了数种附加税，包括居住税、特别企业税以及专门针对大型企业的规模税；韩国则在标准税率的基础上附加了 10%的居住税；在印度，企业不仅要负担 10%的附加税，还须缴纳 3%的教育附加费。

2. 税基因素

一国税法如若针对以下因素作出不同的规定将会造成税基上的较大差别：

(1) 资产折旧的方法

税法会对建筑、无形资产、机器设备等资产规定不同的折旧方法，例如直线法、余额法等。

直线法是将资产的折旧均衡地分摊到各期的一种方法。采用这种方法计算的各期折旧都是等额的。直线法的最大优点在于计算简便，其缺点是忽视了资产在不同使用年限所提供的经济效益不同这一事实。

余额法的特点是在资产有效使用年限的前期多提折旧、后期少提折旧，从而相对加快折旧的速度，以使资产成本在有效使用年限中加快得到补偿。较之于直线法，余额法更符合固定资产的物理特性，但其计算十分繁琐。采用不同的折旧方法会对企业所得税的税基造成影响。

(2) 存货计价的方法

税法会对存货采用不同的计价方法，如先进先出法、后进先出法或加权平均法等。

先进先出法是指根据先入库先发出的原则，对于发出的存货以先入库存货的单价计算发出存货成本的方法。这种方法的缺点在于工作量较大。

后进先出法对成本流转的假设与先进先出法相反，是根据后购进的存货先发出为假定前提，对发出存货按最近收进的单价进行计价的一种方法。这种方法的优点在于使现时成本与现时收入得到配比，从而较为合理地确认了当期收益。

加权平均法，是指以期初存货数量和本月购进存货数量作为权数去除本月全部收货成本加上月初存货成本，计算出存货的加权平均单位成本，来确定本期存货发出成本和期末存货成本。这种方法只需在月末计算一次，比较方便。不同的存货计价方法也会影响企业所得税的税基。

(3) 亏损的税务处理

税法会对企业弥补亏损的方式作出规定，包括前后结转和向后结转。

前后结转是指企业纳税年度发生的亏损用以前年度的利润弥补，并相应退还以前年度已缴纳的所得税税款；若以前年度的利润抵消不完，还可向后结转，用以后年度的利润继续弥补，并相应减少以后年度的应纳税所得额。

向后结转，即企业纳税年度发生的亏损用以后年度的利润予以弥补。这种方法的优点在于，既可以避免办理退税的繁琐手续，又有利于国家财政收入的稳定性。然而，该方法的缺点也是显而易见的：企业在亏损的情况下仍然承担着以前年度的税款，而且如果企业因亏损而倒闭就无法享受到亏损结转的好处。因此，相比之下，亏损的前后结转更具合理性。采用不同的方式弥补亏损会对企业所得税的税基产生较大的影响。

(4) 对坏账准备的设置

税法关于企业是否可以提取坏账准备以及坏账准备的提取标准等规定亦会影响企业所得税的税基。

(5) 利息扣除的税务规定

税法会规定对何种用途的利息准予扣除以及扣除的标准等，这些都会影响企业所得税的税基。

(三) 中国企业所得税制度要素的纵向分析

1. 税率因素

中国外资企业所得税制度的发展大致经历了三个阶段，外资企业适用的所得税税率也相应发生了两次变化：

第一，外资企业所得税制度的初步建立阶段(1979 年至 1990 年)：《中外合资经营企业所得税法》规定，在中华人民共和国境内的中外合资经营企业，从事生产、经营所得和其他所得，按照 30%的比例税率缴纳所得税。而对于外国企业，即外商独资企业和中外合作经营企业，《外国企业所得税法》则规定按照应纳税所得额实行五级超额累进计算，具体税率如下：全年所得额不超过 25 万元的，税率为 20%；全年所得额超过 25 万元至 50 万元的部分，税率为 25%；全年所得额超过 50 万元至 75 万元的部分，税率为 30%；全年所得额超过 75 万元至 100 万元的部分，税率为 35%；全年所得额超过 100 万元的部分，税率为 40%。

第二，外资企业所得税制度的整合阶段(1991 年至 2007 年)：《外商投资企业和外国企业所得税法》规定，在中华人民共和国境内的外商投资企业和外国企业生产、经营所得和其他所得，须缴纳所得税。其中，外商投资企业，是指在中国境内设立的中外合资经营企业、中外合作经营企业和外商独资企业；外国企业，是指在中国境内设立机构、场所，从事生产、经营和虽未设立机构、场所而有来源于中国境内所得的外国公司、企业和其他经济组织。《外商投资企业和外国企业所得税法》还规定，外商投资企业的企业所得税和外国企业就其在中国境内设立的从事生产、经营的机构、场所的所得应纳的企业所得税，按应纳税的所得额计算，税率为30%。

合并后的《外商投资企业和外国企业所得税法》对各类外资企业一律按照比例税率征税且税率统一，有利于外国投资者选择不同的投资方式，从而拓宽了外资进入的渠道。

第三，新企业所得税制度阶段(2008年至今)：《中华人民共和国企业所得税法》规定企业所得税税率为25%；同时规定非居民企业在中国境内未设立机构、场所的，或者虽设机构、场所但取得的所得与其机构场所没有实际联系的，就其来源于中国境内的所得缴纳企业所得税时，采用20%的特殊税率。这与《外商投资企业和外国企业所得税法》规定的30%的名义税率相比有了较大幅度的下降，而对享受优惠税率的部分外资企业而言税率则有所上升。

2. 税基因素

企业所得税法对于资产折旧扣除方法、存货计价方法、利息扣除、亏损结转、坏账准备等方面的规定极大地影响着企业所得税的税基。此外，税法在工资福利费、公益性捐赠、业务招待费、广告宣传费等方面的规定对税基也有较大程度的影响。表3.1就归纳总结了中国历部外资企业所得税法对上述税基因素的相关规定。

表3.1　　中国历部外资企业所得税法对税基影响最大的重要规定

历部税法 / 相关规定	《中外合资经营企业所得税法》和《外国企业所得税法》	《外商投资企业和外国企业所得税法》	《中华人民共和国企业所得税法》
关于工业建筑的折旧	直线法；5%折旧率	直线法；5%折旧率	直线法；5%折旧率
关于无形资产的折旧	直线法；10%折旧率	直线法；10%折旧率	直线法；10%折旧率
关于机器设备的折旧	直线法；10%折旧率	直线法；10%折旧率	直线法；10%折旧率
关于存货计价的规定	先进先出法、加权平均法	先进先出法、后进先出法、加权平均法、个别计价法	先进先出法、加权平均法、个别计价法

续 表

历部税法 相关规定	《中外合资经营企业所得税法》和《外国企业所得税法》	《外商投资企业和外国企业所得税法》	《中华人民共和国企业所得税法》
关于利息扣除的规定	《中外合资经营企业所得税法》规定： 除了资本的利息，准予全额扣除 《外国企业所得税法》规定： 除了资本的利息，应提供借款付息的证明，经审核属正常借款，准予按合理利率列支。	除了资本的利息，企业发生的与生产经营有关的合理的借款利息（即按不高于一般商业贷款利率计算的利息），准予列支。	企业在生产经营活动中合理的不需资本化的借款费用，准予扣除； 非金融企业向金融企业借款的利息支出、金融企业的各项存款利息支出、企业经批准发行债券的利息支出，准予扣除； 非金融企业向非金融企业借款利息支出，不超过按金融企业同期同类贷款利率计算数额部分，准予扣除。
关于坏账准备的规定	无相关规定	限于从事信贷、租赁等业务的企业	限于金融企业
关于亏损结转的规定	以后年度结转 不超过5年	以后年度结转 不超过5年	以后年度结转 不超过5年
关于工资福利费规定	无相关规定	报送其支付标准和所依据的文件及有关资料，经审核同意后准予列支。	合理的工资薪金支出和依照有关主管部门规定的标准为职工缴纳的社会保险费，准予扣除； 职工福利费支出，不超过工资薪金总额14%部分准予扣除； 工会经费，不超工资薪金总额2%部分准予扣除； 职工教育经费支出，不超过工资薪金总额2.5%的部分，准予扣除； 超过部分在以后年度结转扣除。

续　表

历部税法 / 相关规定	《中外合资经营企业所得税法》和《外国企业所得税法》	《外商投资企业和外国企业所得税法》	《中华人民共和国企业所得税法》
关于公益性捐赠规定	准予全额扣除	准予全额扣除	年度利润12%以内部分准予扣除
关于业务招待费规定	《中外合资经营企业所得税法》规定：与生产经营相关的，不超过全年销售收入总额3‰或者业务收入总额10‰的部分，准予扣除。《外国企业所得税法》规定：在下列限度内准予列支：全年销货净额在1 500万元以下的，不得超过销货净额的3‰；全年销货净额超过1 500万元的，其超过部分的交际应酬费，不得超过该部分销货净额的1‰。全年业务收入总额500万元以下的，交际应酬费不得超过业务收入总额的10‰；全年业务收入总额超过500万元，超过部分的交际应酬费，不得超过该部分业务收入总额3‰。	在下列限度内准予列支：全年销货净额在1 500万元以下的，不超过销货净额的5‰；超过1 500万元的部分，不得超过该部分销货净额的3‰。全年业务收入总额在500万元以下的，不超过业务收入总额的10‰；超过500万元的部分，不得超过该部分业务收入总额的5‰。	按发生额的60%扣除，最高不超过当年销售（营业）收入的5‰。
关于广告宣传费规定	准予全额扣除	准予全额扣除	不超过当年销售（营业）收入15%的部分，准予扣除；超过部分，准予在以后纳税年度结转扣除。

数据来源：国家税务总局税收法规库网站（http://202.108.90.178/guoshui/main.jsp）

(1) 关于资产折旧的规定

资产的折旧方法主要有以下两种：

直线法。直线法是将资产的折旧均衡地分摊到各期的一种方法。采用这种方法计算的各期折旧都是等额的。直线法的最大优点在于计算简便，其缺点是忽视了资产在不同使用年限所提供的经济效益不同这一事实。

余额法。余额法的特点是在资产有效使用年限的前期多提折旧、后期少提折旧，从而相对加快折旧的速度，以使资产成本在有效使用年限中加快得到补偿。较之于直线法，余额法更符合固定资产的物理特性，但是计算繁琐的缺点常常影响到它在实务中的运用。

《中外合资经营企业所得税法》和《外国企业所得税法》均规定，工业建筑和机器设备这两种固定资产通常情况下采用直线法计提折旧，适用的最低折旧年限分别是 20 年和 10 年，因而其折旧率分别为 5%和 10%。此外，企业还应估计工业建筑和机器设备的残值并从原价中减除，残值率原则上为 10%；无形资产亦使用直线法进行摊销，摊销期限不得少于 10 年，折旧率不高于 10%。

1991 年颁布实施的《外商投资企业和外国企业所得税法》在资产折旧方面沿用了之前的规定，只是对于建筑物和机器设备的范围进行了更为明确和详实的规定。

2008 年施行的《中华人民共和国企业所得税法》在资产折旧方法和折旧年限方面的规定并无变化，只是取消了关于固定资产残值率的规定，而改由企业根据工业建筑和机器设备的性质和使用情况来合理确定预计净残值。

(2) 关于存货计价的规定

20 世纪 80 年代的外资企业所得税法对于存货的计价提供了先进先出法和加权平均法。先进先出法，是指根据先入库先发出的原则，对于发出的存货以先入库存货的单价计算发出存货成本的方法。这种方法的缺点在于工作量较大；加权平均法，是指以期初存货数量和本月购进存货数量作为权数去除本月全部收货成本加上月初存货成本，计算出存货的加权平均单位成本，来确定本期存货发出成本和期末存货成本。这种方法只需在月末计算一次，比较方便。

到了 90 年代，随着外资企业生产经营范围的不断扩大，存货的种类和数量日益增多。因此，除了此前的先进先出法和加权平均法，《外商投资企业和外国企业所得税法》还允许企业采用后进先出法和个别计价法来衡量存货的实际成本。后进先出法对成本流转的假设与先进先出法相反，是根据后购进的存货先发出为假定前提，对发出存货按最近收进的单价进行计价的一种方法。这种方法的优点在于使现时成本与现时收入得到配比，从而较为合理地确认了当期收益；个别计价法假设存货的成本流转与实物流转相一致，按照各种存货，逐一辨认分批发出存货和期末存货所属的购进批别或生产批别，分别按其购入或生产时所确定的单位成本作为计算各批发出存货和期末存货成本的方法。采用这种方法计算的存货成本比较合理、准确。

2008 年生效的新企业所得税法出于反避税的目的取消了后进先出法这种存货计价方法，允许企业在先进先出法、加权平均法、个别计价法中任选一种。这是由于，后进先出法是以最近购入的存货先发出这一原则确定存货价值的。在物价持续上涨时期，本期发出的存货按照最近收货的单位成本计算，从而使当期成本升高，利润降低，因此可以有效地减少当期税负。

(3) 关于利息扣除的规定

对于借款利息，《中外合资经营企业所得税法》规定，除了资本的利息，其他与生产经营相关的利息支出准予全额扣除。而《外国企业所得税法》则作出了更为严苛的规定：除了资本的利息，外国企业应提供借款付息的证明文件，经当地税务机关审核属于正常借款的，准予按合理的利率列支。这在一定程度上体现出对外国企业的歧视。

到了 90 年代，随着经济和贸易的持续发展，企业的借贷活动越来越频繁。因此，《外商投资企业和外国企业所得税法》对于利息的扣除作出了相对严格、更为明确的规定：除了资本的利息，企业发生的与生产经营有关的合理的借款利息，即按不高于一般商业贷款利率计算的利息，准予列支。这实际上沿用了《外国企业所得税法》对于利息扣除的规定。

《中华人民共和国企业所得税法》有关利息扣除的规定更为科学，因为它对于非金融企业向金融企业借款的利息支出、非金融企业向非金融企业借款的利息支出、金融企业的各项存款利息支出、企业经批准发行债券的利息支出等不同情况分别作出了不同的规定。

(4) 关于坏账准备的规定

《中外合资经营企业所得税法》和《外国企业所得税法》没有关于坏账准备的规定。

《外商投资企业和外国企业所得税法》考虑到了坏账准备的问题，规定从事信贷、租赁等业务的企业，可以根据实际需要，报经当地税务机关批准，逐年按年末放款余额或者年末应收帐款、应收票据等应收款项的余额，计提不超过3%的坏帐准备，从该年度应纳税所得额中扣除。

《中华人民共和国企业所得税法》规定，不符合国务院财政、税务主管部门规定的各项资产减值准备、风险准备等准备金支出不得在税前扣除。然而，考虑到金融企业，特别是人寿保险、财产保险、风险投资和其他具有特殊风险的金融工具，经营风险高、发生损失的可能性较大，各国在所得税处理上一般都允许提取一定比例的坏账准备金。因此，国务院财政、税务主管部门在部门规章中对金融企业准备金的税前扣除问题作出了专门规定。而一般行业提取的坏账准备则不允许税前扣除。

(5) 关于亏损结转的规定

企业亏损的结转主要有以下两种方法：

前后结转。前后结转是指企业纳税年度发生的亏损用以前年度的利润弥补，并相应退还以前年度已缴纳的所得税税款；若以前年度的利润抵消不完，还可向后结转，用以后年度的利润继续弥补，并相应减少以后年度的应纳税所得额。

向后结转。向后结转即企业纳税年度发生的亏损用以后年度的利润予以弥补。这种方法的优点在于，既可以避免办理退税的繁琐手续，又有利于国家财政收入的稳定性。然而，该方法的缺点也是显而易见的：企业在亏损的情况下仍然承担着以前年度的税款，而且如果企业因亏损而倒闭就无法享受到亏损结转的好处。因此，相比之下，亏损的前后结转更具合理性。

中国历部外资企业所得税法均规定，企业纳税年度发生的亏损，只准向以后年度结转，用以后年度的所得弥补，结转年限最长不得超过5年。这就意味着，企业在亏损的情况下仍然承担着以前年度的税款，而且如果企业因亏损而倒闭就无法享受到亏损结转的好处。与前后结转相比，亏损的这种向后结转有失合理性。

(6) 关于工资福利费的规定

《中外合资经营企业所得税法》和《外国企业所得税法》均未对工资福利费作出规定。

1991颁布实施的《外商投资企业和外国企业所得税法》考虑到了工资福利费的问题,但制定的规定颇为慷慨:企业支付给职工的工资和福利费,应当报送其支付标准和所依据的文件及有关资料,经当地税务机关审核同意后,准予列支。

由于外资企业规模的不断扩大和中国社会保障制度的快速发展,90年代初期颁布的《外商投资企业和外国企业所得税法》关于工资福利费的规定已经显得过于简单。鉴于此,2008年实行的《中华人民共和国企业所得税法》分别对工资、社会保险费、职工福利费、工会经费、教育经费支出作出了详细明确且更为严苛的规定:

① 企业发生的合理的工资薪金支出,准予扣除;

② 企业依照国务院有关主管部门或者省级人民政府规定的范围和标准为职工缴纳的基本养老保险费、基本医疗保险费、失业保险费、工伤保险费、生育保险费等基本社会保险费和住房公积金,准予扣除;企业为投资者或者职工支付的补充养老保险费、补充医疗保险费,在国务院财政、税务主管部门规定的范围和标准内,准予扣除;

③ 企业发生的职工福利费支出,不超过工资薪金总额14%的部分,准予扣除;

④ 企业拨缴的工会经费,不超过工资薪金总额2%的部分,准予扣除;

⑤ 除国务院财政、税务主管部门另有规定外,企业发生的职工教育经费支出,不超过工资薪金总额2.5%的部分,准予扣除;超过部分,准予在以后纳税年度结转扣除。

与90年代实行的《外商投资企业和外国企业所得税法》相比,上述详细而严苛的规定会导致外资居民企业税前扣除额的下降和税基的增大。这实际上取消了此前外资企业在工资福利费扣除方面的优惠待遇,使得外资企业和内资企业处于相对公平的竞争环境。

(7) 关于公益性捐赠的规定

目前,在世界范围内对于公益性捐赠的税务处理有以下三种方法:

一是不予扣除。一些国家认为允许扣除捐赠容易引发避税，因而对企业的公益性、救助性捐赠选择了不予扣除的政策。这种方法实际上否定了企业在慈善方面的积极作用，限制了企业参与和支持社会公益事业。因此，目前只有意大利等极少数国家采用这种方法。

二是全额扣除。以新西兰为代表的少数几个国家允许企业在计缴所得税时，将公益性捐赠作为费用全额扣除。这种方法能够充分调动企业投身社会公益事业的热情，但也极易造成政策漏洞。

三是部分扣除。目前，绝大多数国家都对企业的公益性捐赠采取了部分扣除的方法。这主要是由于，部分扣除法较好地平衡了国家和实施捐赠行为的企业的利益。一方面，它允许企业在税前扣除一部分公益性捐赠，保证企业从公益捐赠中获得一定的经济利益，从而有效促进了企业对社会公益事业的支持和参与；另一方面，由于它只允许企业扣除一部分捐赠，国家的税收代价因而较小、财政压力得以减轻。

20 世纪 80 年代和 90 年代中国制定的外资企业所得税法对公益性捐赠均准予全额扣除。这尽管能够调动企业投身社会公益事业的热情，但也给企业利用捐赠政策进行偷税和逃税以可乘之机。因此，2008 年实行的《中华人民共和国企业所得税法》采用了部分扣除法，规定：企业发生的公益性捐赠支出，在年度利润总额 12%以内的部分，准予在计算应纳税所得额时扣除。这可谓是平衡国家利益与企业利益的一个理性选择：一方面保证了企业可以从公益性捐赠中得到一定的经济利益，从而可以有效促进企业对社会公益事业的支持和参与，使企业承担更多的社会责任；另一方面，国家对进行公益性捐款的企业给予税前扣除的优惠，其实是让渡了部分税收利益，以减少财政收入为代价激励企业进行公益性捐赠。由于部分扣除法只允许企业扣除一部分捐赠，国家的税收代价因而较小、财政压力得以减轻。

(8) 关于业务招待费的规定

80 年代制定的《中外合资经营企业所得税法》和《外国企业所得税法》对业务招待费的扣除作出了不同的规定。《中外合资经营企业所得税法》规定：与企业生产经营相关的，不超过全年销售收入总额 3‰或者业务收入总额 10‰的部分，准予扣除。而《外国企业所得税法》的有关规定则更为严苛。具体来讲，企业发生的与生产经营有关的交际应酬费，应当有确实的记录或者单据，分别在下列限度内准予作为费用列支：

① 全年销货净额在1 500万元以下的，不得超过销货净额的3‰；全年销货净额超过1 500万元的，其超过部分的交际应酬费，不得超过该部分销货净额的1‰。

② 全年业务收入总额在500万元以下的，其交际应酬费不得超过业务收入总额的10‰；全年业务收入总额超过500万元的，其超过部分的交际应酬费，不得超过该部分业务收入总额的3‰。

1991年颁布实施的《外商投资企业和外国企业所得税法》有关业务招待费的规定，基本上沿用了《外国企业所得税法》的思路，只是将扣除的比例略微提高。

2008年实行的《中华人民共和国企业所得税法》大大简化了关于业务招待费的规定，对各个行业采取了统一的扣除标准，使得实务操作更为简单。具体来讲，企业发生的与生产经营活动有关的业务招待费支出，按照发生额的60%扣除，但最高不得超过当年销售(营业)收入的5‰。

(9) 关于广告宣传费的规定

20世纪80年代初制定的《中外合资经营企业所得税法》、《外国企业所得税法》和90年代初施行的《外商投资企业和外国企业所得税法》均对外资企业的广告宣传费予以全额扣除。这容易造成企业虚报广告宣传费，从而给偷逃税以可乘之机。

2008年实行的新税法对广告宣传费的扣除作出了明确规定：企业发生的符合条件的广告费和业务宣传费支出，除国务院财政、税务主管部门另有规定外，不超过当年销售(营业)收入15%的部分，准予扣除；超过部分，准予在以后纳税年度结转扣除。这基本上参考了此前内资企业所得税法的相关规定。

(四) 中国与周边国家企业所得税制度要素的横向比较

总体而言，中国与周边国家的企业所得税制度基本上都遵循了同样的国际标准：各国的外资居民企业需就其世界范围内的收入缴纳企业所得税；而在居民企业的判定标准方面，新加坡和马来西亚依据的是“实际管理机构地标准”，中国和印度根据“登记注册地标准”或者“实际管理机构地标准”这两项标准，而越南税法目前还未对“居民企业”和“非居民企业”予以区分。企业所得税基本制度的一致构成了横向比较的前提，中国与周边国家企业所得税制度对外资企业有效税负的主要影响因素也就集中在税率和税基因素上。

1. 税率比较

图 3.1 呈现的是各国 2009 年的法定企业所得税税率。从中可以发现以下几个特点：

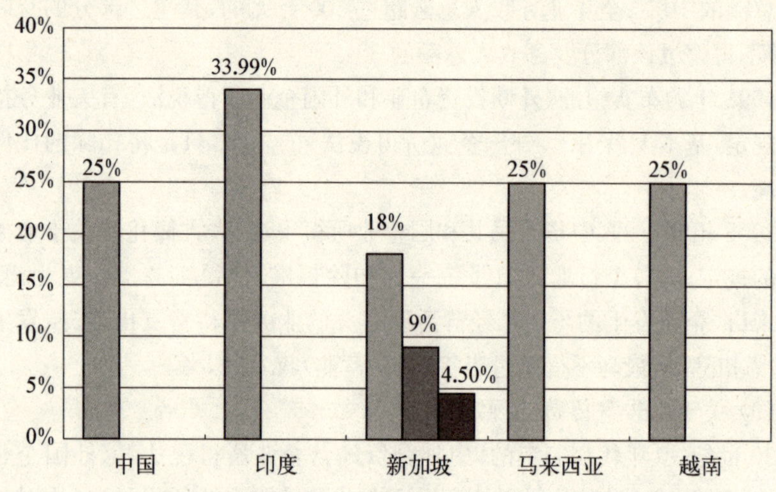

图 3.1 中国及周边国家的法定企业所得税税率

首先，绝大多数国家都采用了比例税率。只有新加坡实行的是累进税率。根据新加坡的相关税法，其企业所得税税率为 18%，但对于第一个 10 000新元予以 75%的免税，对于随后的 290 000 新元给予 50%的免税。这样一来，如表 3.2 所示，就形成了事实上的累进税率。

表 3.2 新加坡的企业所得税税率

应税所得(新元)	企业所得税税率
0～10 000	4.5% (=18%×0.25)
10 001～290 000	9% (=18%×0.5)
290 001 及以上	18%

数据来源：Asia-Pacific-Taxation & Investment data base of IBFD. (http://www.ibfd.org/portal/restricted? bookmarkablePage=myibfd)

其次，各国的企业所得税税率存在较大差距。印度以 33.99%的税率高居榜首，而新加坡的最低边际税率只有 4.5%，两者相差 29.5 个百分点；即使与新加坡的最高边际税率相比，印度的税率也超出了 16 个百分点，高出将近 1 倍。其他三国的税率水平相对适中，均为 25%。

此外，在五个国家中，只有印度征收了附加税和教育附加费。除了 30%的标准税率之外，印度对企业的应纳税额又征收了 10%的附加税，而且还以上述两税之和为基础再征收 3%的教育费附加，最终导致了 33.99%的高税率。

2. 税基比较

表 3.3 总结了 2009 年各国税法中对税基影响最大的相关规定，这也是计算各国外资居民企业有效税负所需的最重要的税收参数。

(1) 关于工业建筑折旧的规定

各国税法都允许对工业建筑计提折旧。除印度以外，其他各国税法均规定运用直线法计提折旧，而且折旧率非常接近。值得注意的是，新加坡和马来西亚为了鼓励企业对工业建筑的投资，还增设了特殊的“初期扣除”。以新加坡为例，工业建筑使用的第一年可将投资支出的 28%在税前予以抵扣，以后每年按照 3%的折旧率进行税前扣除，直至该建筑的折旧计提完毕。直线法的优点是简便明了、易于计算，因此为大多数国家所采用。但印度运用的余额法更符合固定资产的物理特性：根据余额法算得的折旧额初期最大，而后逐期递减；而建筑物也是在最初几年的物理损耗最为严重。

(2) 关于无形资折旧的规定

针对形成无形资产的相关支出，各国税法均要求进行资本化，并在无形资产的经济使用寿命期内予以摊销。绝大多数国家规定运用直线法对无形资产进行摊销，但各国的摊销率差距较大。越南的摊销率最低，仅有 3.3%；而新加坡和马来西亚高达到 20%，使得企业能够在短期内完成摊销，从而激励无形资产的快速更新。

(3) 关于机器设备折旧的规定

绝大多数国家仍采用了直线法计提机器设备的折旧。新加坡以

33.3%的折旧率位居榜首，这样一来，企业只需3年时间即可提完折旧，不仅有利于机器设备的更新，还可因机器设备快速折旧带来的大额税前扣除而降低企业的税负。马来西亚对于机器设备亦实行了“初期扣除”，以鼓励企业对机器设备的投资。相比之下，中国和越南对于机器设备的投资激励较小。印度依然采用了余额法，但是机器设备适用的折旧率大于工业建筑的折旧率，这是由于通常情况下建筑的物理使用年限相对更长。

(4) 关于存货计价的规定

存货按照生产成本计价。然而，存货作为税基的精确数值取决于不同的计价方法。除越南以外，各国出于反避税的目的均禁止使用后进先出法。这是由于，后进先出法是以最近购入的存货先发出这一原则确定存货价值的。在物价持续上涨时期，本期发出的存货按照最近收货的单位成本计算，从而使当期成本升高，利润降低，因此可以有效地减少当期税负。越南税法对存货的计价方法未予限制，而是遵循会计准则的有关处理。

(5) 关于坏账准备的规定

出于反避税的目的，大多数国家不允许企业提取坏账准备；而根据中国和印度的相关规定，允许税前扣除的坏账准备也仅限于金融企业。

(6) 关于亏损结转的规定

关于亏损的税务处理，所有国家都只允许向后结转。作为重要的激励措施，新加坡和马来西亚允许企业无限期结转损失；而中国和越南的外资居民企业如若发生亏损，只能在此后的5年之内结转；印度对于损失结转的规定年限为8年、相对适中。

通过上述比较可以发现，与周边国家相比，中国的企业所得税制度并非位于“慷慨”之列，其税率水平居中，税基相对较大。而新加坡的企业所得税制度凭借极低的税率和较小的税基成为最具吸引力的税制。然而，不同税率和税基水平对外资居民企业有效税负的影响会因投资类型和融资方式的差异而产生较大差别；此外，上述定性分析很难直观地表明其对有效税负的影响。因此，有必要定量研究税率因素和税基因素对企业有效税负的影响。

表 3.3　各国税法对税基影响最大的重要规定

国家 \ 相关规定	工业建筑折旧		无形资产摊销		机器设备折旧		存货计价	坏账准备	损失结转
	方法	折旧率	方法	摊销率	方法	折旧率			
中　国	直线法	5%	直线法	10%	直线法	10%	先进先出法 加权平均法 个别计价法	限于金融企业	以后年度结转不超过5年
印　度	余额法	10%	余额法	25%	余额法	15%	除后进先出法之外的其他方法	限于金融企业	以后年度结转不超过8年
新加坡	直线法	28%（第一年） 3%（以后年份）	直线法	20%	直线法	33.3%	除后进先出法外的其他方法	不允许	以后年度结转无期限
马来西亚	直线法	13%（第一年） 3%（以后年份）	直线法	20%	直线法	34%（第一年） 14%（以后年份）	除后进先出法外的其他方法	不允许	以后年度结转无期限
越　南	直线法	4%	直线法	5%	直线法	10%	遵循财务会计准则	不允许	以后年度结转不超过5年

数据来源：Asia-Pacific-Taxation & Investment data base of IBFD.（http://www.ibfd.org/portal/restricted? bookmarkablePage=myibfd）

二、股东个人所得税制度的比较分析

(一) 股东个人所得税制度对企业有效税负的影响

股东个人所得税是指，就股东身份而言，个人需要考虑的税种。主要包括个人股息所得税、个人利息所得税以及针对个人转让股票所得的资本利得税。

如果企业维护其股东利益且国际资本市场并非完全流动，那么企业必须要考虑其股东的纳税义务，因为选择不同的融资方式和投资类型很可能造成股东的税后收入出现显著差异；另一方面，股东个人所得税会在很大程度上影响企业的融资决策，即在股权融资和债权融资之间的选择，因而其对企业有效税负具有重要作用。

从图 3.2 可以发现，企业的融资方式主要包括通过留存利润融资、通过发行新股融资以及通过举债融资。

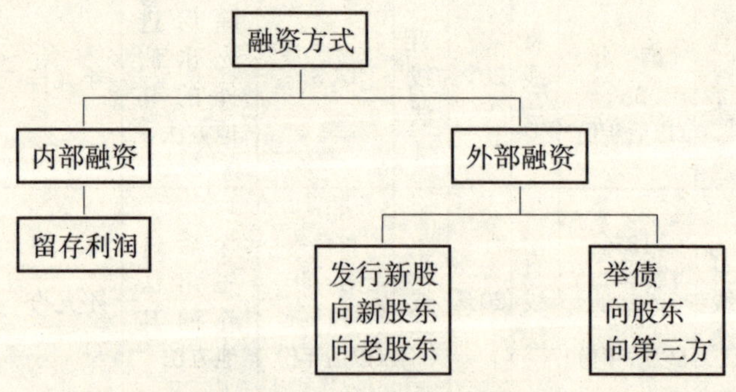

图 3.2　企业的主要融资方式

1. 采用留存利润融资时股东个人所得税对企业有效税负的影响

通过留存利润融资时，由于企业是以税后利润进行投资的，因此企业的有效税负会受到企业所得税税率的影响。此外，针对个人转让股票收益而征收的资本利得税也会影响留存利润这种融资方式。因为当企业把税后利润的大部分作为追加投资时，企业的资产总额会增加，在不增发股票的情况下，企业的股票就会升值，股东此时转让股票可以获得更大的收益。但若对此征收个人资本利得税，则股东获得的最终收益会大为缩水，这意味着通过留存利润融资时税负的加重。

2. 采用发行新股融资时股东个人所得税对企业有效税负的影响

采用发行新股融资时，由于企业要给股东分配相应的股息，因此企业所得税税率和股东个人股息所得税税率的差别以及企业税制的类型均会影响企业的有效税负。例如，在一国实行双重征税避免制的情况下，企业的有效税负只取决于个人股息所得税税率。如若股东个人股息所得税税率大大高于企业所得税税率，那么企业的有效税负实际上被大幅提高了。

3. 采用举债融资时股东个人所得税对企业有效税负的影响

个人利息所得税则会极大地削弱债权融资的优势。究其原因，从个人角度看，其投资大体有两个去向：债权投资（例如存入银行以获取利息）或者股权投资（例如购买企业股票以分得股息）。利息税的征收或提高降低了债权投资的税后收益，因此，个人纷纷转向股权投资。这就使得原本均衡的股票市场出现了供大于求的情况，致使股东的权益被“稀释”，每股分得的股息不断减少，个人股权投资的收益率持续下降。这样一来，个人负担的股息所得税就会减少，股权融资时的税负就会减轻。从企业角度看，每股应付股息的减少意味着能够以较低的成本筹集到同样数量的资金，而且通过股权融得的资金可以长期使用。这两方面原因都削弱了债权融资的优势。

（二）中国股东个人所得税制度的纵向分析

与企业相比，特别是与跨国公司相比，由于用脚投票的成本很高，公民个人的移动性较差，因此针对公民个人征收的个人所得税就成为发达国家最为重要的收入来源，在发展中国家也日益受到重视。

由于个人利息所得税会影响债权融资和股权融资之间的关系、个人股息所得税和针对转让股票所获收益征收的个人资本利得税分别会对发行新股和留存利润这两种股权融资方式产生影响，本书在分析股东个人所得税制度的改革发展时，将着重评述中国自改革开放以来对股东个人股息所得、利息所得及转让股票资本利得的征税情况。

1. 个人利息所得税

从整体上看,中国个人所得税的调整经历了三个阶段:

第一阶段(1981 年至 1985 年):个人所得税制度的初步建立

改革开放之初,为了在对外开放中维护国家主权和税收利益,《中华人民共和国个人所得税法》于 1980 年 9 月予以颁布,从次年 1 月 1 日开始实施。这是个人所得税首次以独立税种的身份出现。该税法规定,在中国境内居住满 1 年、从中国境内外取得收入以及在中国境内居住不满 1 年、从中国境内取得收入的个人,均需缴纳个人所得税。由于税法规定的费用扣除额相对较高,当时中国国内公民的收入水平能达到这一标准的只是极少数,该法因而主要是针对外籍人员和外商征收的。该税法规定,对于利息所得,就每次收入额按照 20%的比例税率征税。

第二阶段(1986 至 1993 年):个人所得税制度的健全

20 世纪 80 年代中期,为了解决个体工商业户迅速发展过程中税负不公的矛盾、合理调节收入差距,《中华人民共和国城乡个体工商业户所得税暂行条例》于 1986 年 1 月颁布实施。该条例规定,对城乡个体工商业户的利润所得以十级超额累进税率征税。与此同时,随着居民收入水平的显著提高和收入形式的日益多样化,收入差距越来越大。为了调节收入分配差距,国务院于 1986 年 9 月颁布了《中华人民共和国个人收入调节税暂行条例》。该条例针对的是在中国境内有住所且取得个人收入的中国公民。而 1980 年颁布的《中华人民共和国个人所得税法》只对在华的外籍人员和外商征收。至此,个人所得税的纳税主体趋于完整,个人所得税制度趋于健全。对于利息收入,《个人收入调节税暂行条例》规定就每次收入额按 20%的比例税率征税。

第三阶段(1994 年至今):个人所得税制度的统一

20 世纪 90 年代中期,中国经济生活发生了重大变化,按纳税人类型分别设立三部法律法规的个人所得税制度难以适应形势发展的需要,于是第八届全国人大常委会第四次会议修订了 1980 年颁布的个人所得税法,将原来的个人所得税、个体工商业户所得税和个人收入调节税合并为统一的个人所得税,形成了相对完善而统一的个人所得税制度。于 1994 年 1 月 1 日生效的新个人所得税法标志着中国个人所得税制度朝着科学化、规范化和国际化方向迈出了重要一步。该税法对利息所得沿用了之前的规定，就每次收入额按20%的比例税率征税。

2. 个人股息所得税

1980年9月颁布的《中华人民共和国个人所得税法》、1986年9月颁布的《中华人民共和国个人收入调节税暂行条例》以及1994年1月1日生效的新个人所得税法均规定，对于股息所得，就每次收入额按照20%的比例税率征税。

可以发现，历次税制调整均未改变对个人股息和利息所得的征税规定。这是因为对于绝大多数居民而言工资薪金在其收入结构中所占比重较大，而股息和利息所得相对较少。有关数据显示，2006年中国城镇居民工薪收入占其可支配收入的比重为74.55%，而财产性收入仅占2.07%①。所以个人股息和利息所得税对绝大多数居民影响不大，因此要求改革个人股息所得税和利息所得税的激励远不如改革工薪所得的动机来得强烈。然而，介于中国股息分配的双重征税问题以及外籍个人跨国收入的国际双重征税问题，一些补充规定相继出台。例如，对个人投资者从A股取得的股息所得暂减按50%计入个人应税所得；对外籍个人从中外合资经营企业分得的股息免征所得税；对持有B股或海外股的外籍个人，从发行该B股或海外股的中国境内企业取得的股息所得暂免征收个人所得税②。这些规定使得中国对于个人股息和利息所得的相关税收规定更为科学合理、更接近国际惯例。

3. 个人转让股票的资本利得税

由于当时尚未出现真正意义上的股票交易，1980年9月颁布的《中华人民共和国个人所得税法》并没有制定针对转让股票所得的相关规定。

到了1986年，除了“深圳宝安”和“上海飞乐音响”等极少数股票之外，交易的股票非常少、交易量非常低，因此《个人收入调节税暂行条例》中也没有针对股票转让所得的相应规定。

20世纪90年代中期，中国的经济生活发生了重大变化，财产转让日益频繁。介于此，1994年1月1日生效的新个人所得税法规定，财产转让所

① 资料源自国家统计局2007年统计年鉴，详见http://www.stats.gov.cn/tjsj/ndsj/2007/indexch.htm

② 资料源自湖北省老河口市地方税务局：《利息、股息、红利所得的免税规定》，2008.08.04。详见http://dsj.lhk.gov.cn/ViewInfo.asp?id=241

得，即个人转让有价证券、股权、建筑物、土地使用权、机器设备、车船以及其他财产取得的所得，以转让财产的收入额减除财产原值和合理费用后的余额作为应纳税所得额，适用20%的比例税率。但是，对于股票转让所得征收个人所得税的办法，本税法指出由财政部另行制定，这就是财税字[1994]040号《关于股票转让所得暂不征收个人所得税的通知》。此后，财政部和国税总局又分别于1996年和1998年下发了《关于股票转让所得1996年暂不征收个人所得税的通知》(财税字[1996]12号)和《关于个人转让股票所得继续暂免征收个人所得税的通知》(财税字[1998]61号)。而2005年新修订的个人所得税法实施条例中规定，年所得12万元以上的个人要自行向税务机关办理纳税申报，年所得中要包括个人的股票转让所得，但对该部分所得仍不征收个人所得税。经国务院批准，自2010年1月1日起开始对个人转让上市公司限售股取得的收入按照20%的税率征收个人所得税。但同时，对个人转让从上市公司公开发行和转让市场取得股票的所得继续免征个人所得税。

中国税法针对个人转让股票所获资本利得的相关规定从无到有，说明了中国股票市场在20世纪90年代蓬勃而快速的发展，亦反映出股票转让收益已成为一部分人收入中不可忽视的组成部分。然而，为了激励个人投资者的投资热情、促进股票市场的持续发展，中国对个人转让从上市公司公开发行和转让市场取得股票的资本利得一直实行暂免征税的规定。

(三) 中国与周边国家股东个人所得税制度的横向比较

由于股东身份的复杂性，企业不可能最大化所有股东的税后所得。基于此分析，本书假设企业仅追求大股东的财富最大化。此外，进一步假设所有大股东均为本国居民，且其应税所得属于个人所得税的最高级次，适用最高边际税率。表3.4总结了2009年各国大股东适用的个人所得税最高边际税率。

1. 个人利息所得税

研究涉及的各国都对个人利息所得予以课税。印度和新加坡的个人所得税均实行综合征收、超额累进的制度：股东将获得的利息等收入纳入个人全年总收入，并可根据相关规定进行税前扣除，然后按照应税所得所处级次

表 3.4　研究涉及各国个人所得税的最高边际税率

国家＼相关税率	个人利息所得税税率	个人股息所得税税率	个人转让股票的资本利得税税率
中　国	20%	20%	0
印　度	33.99%	33.99%	20%
新加坡	20%	0	0
马来西亚	5%	0	0
越　南	5%	5%	0.1%

数据来源：Asia-Pacific-Taxation & Investment data base of IBFD. (http://www.ibfd.org/portal/restricted? bookmarkablePage=myibfd)

缴纳个人所得税。两国的最高边际税率分别为30%和20%。在印度，居民个人还要负担10%的附加税，且还要以上述两税之和为基础再缴纳3%的教育费附加，最终导致了33.99%的高税率；中国对个人利息所得就每次收入额按20%的比例税率征税；马来西亚针对个人所得实行的也是综合课税，但对于利息所得则按照5%的特殊税率予以征税、不适用累进税率；越南将个人收入分为常规收入和非常规收入，前者适用7级累进税率、后者适用特殊的比例税率。个人利息所得被视为非常规收入，以5%的比例税率课税。

2. 个人股息所得税

新加坡和马来西亚均对个人股息所得予以免税；而印度的相关税法规定，除了企业所得税之外，还就企业分配的利润向企业征收股息分配税，如若企业缴纳了该项税款，则股东分得的股息无需再缴纳个人所得税，若企业未缴纳股息分配税，则股东需就获得的股息缴纳个人所得税，最高边际税率为30%，同时还需缴纳10%的附加税和3%的教育费附加；而中国对个人股息所得就每次收入额仍按20%的比例税率征税；越南税法将个人股息所得归入非常规收入，适用5%的比例税率。

3. 个人转让股票的资本利得税

除了印度和越南，所有国家均对个人转让股票的资本利得免于征税，以促进股票交易,进而促进股票市场的发展。越南以 0.1%的低税率象征性课税;而在印度,根据税法的相关规定,股东持有股票 1 年以上再出售所获取的收益为长期资本利得,适用 20%的比例税率。本书假设印度外资居民企业的大股东不进行短期套利,而是长期持有企业股票,因此其获取的资本利得均为长期资本利得。

通过上述对比不难发现,马来西亚的股东个人所得税制度最为慷慨,吸引力最大;从税基的角度看,由于没有税前扣除,中国的股东个人所得税税基较大;从税率的角度看,印度以 33.99%的高税率位居榜首。

然而,高税率、窄税基与低税率、宽税基这两种不同模式对有效税负的确切影响还需通过定量分析的方法进一步研究。

三、企业税制类型的比较分析

(一) 企业税制的类型

企业税制的类型之所以会对企业的有效税负产生影响主要是由于它影响着企业所得税和股东个人所得税之间的关系,决定了企业分配给股东的股息是否要予征税。根据股息是否征税,可以大致将企业税制分为三种类型:

1. 古典制

古典制(Classical System)的主要特征就是双重征税:利润首先在企业层面以企业所得税的形式进行征税,随后作为分配的股息又在股东层面以个人所得税的形式予以课税。

2. 双重征税缓解制

双重征税缓解制(Double taxation reducing system)通过降低个人股息所得的税率或缩减个人股息所得的税基来缓解对企业分配股息的双重征税。

3. 双重征税避免制

双重征税避免制(Double taxation avoiding system)允许按照股东的持

股比例将企业已经缴纳的企业所得税全部抵免股东的个人所得税，即以税收抵免的方式将企业所得税和个人所得税有机地结合起来，借以彻底消除对企业分配股息的双重征税。在这种情况下，有效税负只取决于个人股息所得税税率。

(二) 中国企业税制类型的纵向分析

长期以来，中国实行的都是古典制，其主要特征就是股息的经济性双重征税：一方面，企业在取得利润时要交纳企业所得税；另一方面，如果企业将利润分配给股东，股东个人针对其获得的股息要交纳个人所得税。这是由于古典制以"法人实在说"为基础，认为企业和股东是两个不同的经济利益主体。从征税对象看，企业的征税对象是利润，股东的征税对象是股息，因而无论是纳税主体还是纳税客体都不存在双重征税问题。

然而，对股息的双重征税实际上可能产生一系列扭曲：

其一，影响经营方式的选择。公司分配的利润要被两次征税，而个人独资企业或合伙企业只需由独立经营者或合伙人交纳一次个人所得税，因此，前者的税后净收益少于后者。这可能影响经营者的选择，导致公司与非公司经营方式的扭曲。

其二，影响公司利润分配的决策。公司的留存利润只需交税一次，而分配利润则要两次交税，前者税负显然轻于后者，因此从股东(特别是大股东)立场出发，企业不愿分配利润。这会导致分配股息与保留利润之间的扭曲。

其三，影响企业的融资决策。由于利息可以作为费用在税前扣除，而股息没有这样的税收待遇。这会造成企业通过举债而非发行股票来筹措资金，从而导致债权与股权融资方式的扭曲。

近年来，中国逐渐意识到对于股息的双重征税有悖于税收公平原则和经济效率原则。为此，2005 年 6 月 13 日，财政部联手国税总局发布财税[2005]102 号通知，规定"对个人投资者从上市公司取得的股息红利所得，暂减按 50%计入个人应纳税所得额，依照现行税法规定计征个人所得税。"这一政策减轻了股东个人的税收负担，一定程度上缓解了股息的双重征税问题。然而，由于该举措只是暂时性的"通知"，没有上升到税法的高度，因此中国并未实行真正意义上的双重征税缓解制。

(三)中国与周边国家企业税制类型的横向比较

图 3.3 呈现了中国及其周边各国的企业税制类型。不难发现,各国的企业税制类型集中于古典制和双重征税避免制。前者对股息实行双重征税,一方面,对股息所得形成了税收歧视,有违税收公平原则;另一方面,扭曲了投资、分配和融资决策,也有悖经济效率原则。后者则只对股息征税一次,或者在股东层面或者在企业层面,因而完全避免了双重征税问题。

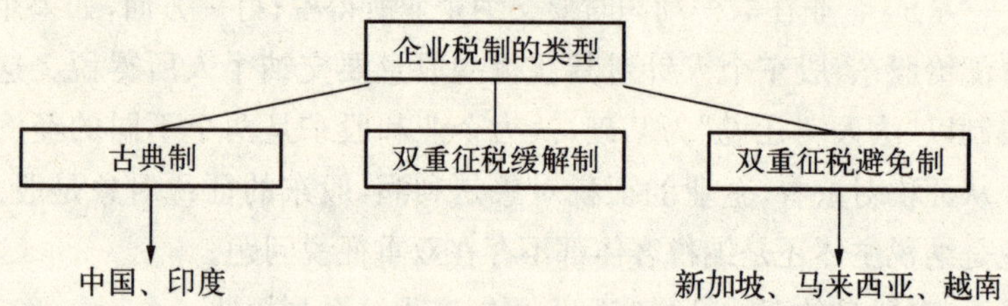

图 3.3 各国企业税制的类型

中国实行的是典型的古典制。依据相关规定,先就企业利润征收 25%的企业所得税,而当企业将利润分配给股东时,股东还需就其股息所得按 20%的比例税率缴纳个人所得税。

印度与此颇为类似,先在企业层面征收 33.99%的企业所得税,而后在股东层面就其个人全年所得之和课征综合所得税,税率亦为 33.99%。中印之间的差别在于:除了企业所得税之外,印度还就企业分配的利润向企业征收 16.995%的股息分配税,如若企业缴纳了该项税款,则股东分得的股息无需再缴纳个人所得税。不难看出,印度对于股息也实行了双重征税,要么企业和股东分别缴纳各自的所得税、要么企业承担所得税和股息分配税这两种税,因此印度的企业税制也属于古典制。

新加坡和马来西亚均从 2008 年 1 月 1 日起施行"一层制"的企业税制(one-tier corporate tax system)。在这种企业税制下,居民企业分配给股东的股息,只在企业层面交纳一次企业所得税,在股东层面免交个人所得税。这样就完全避免了股息的双重征税问题。因此,新加坡和马来西亚的企业税制属于双重征税避免制。

越南税法规定,企业分配给股东的股息只须交纳企业所得税。但当利润分配给外籍居民个人时，则企业还需交纳利润遣返税。由于本书只考虑国内股东的情况，因此不涉及利润遣返税。在这种情况下，股息只在企业层面征税一次，国内股东不需缴纳个人所得税，因此越南的企业税制属于双重征税避免制。

四、其他重要税种的比较分析

地方政府对企业利润的征税毫无疑问会加重企业的税收负担；此外，当企业拥有或投资于工业建筑时，不动产税和净财产税就成为不可忽视的重要税种。因此，有必要对外资居民企业承担的地方性利润税以及不动产税、净财产税等非利润税进行考察和比较。

（一）中国其他重要税种的纵向分析

1. 地方利润税

20 世纪 80 年代制定的《中外合资经营企业所得税法》和《外国企业所得税法》均规定，按照应纳所得税额附征 10％的地方所得税。

《中华人民共和国外商投资企业和外国企业所得税法》明确规定，地方所得税按照应纳税所得额计算，税率为 3％。由于中央政府层面的法定企业所得税税率为 30％，因而地方所得税实际上仍是对企业应纳所得税额 10％的附征。

2008 年开始实行的《中华人民共和国企业所得税法》没有关于地方性利润税的规定。之所以取消地方所得税，主要是由于此前绝大多数地方政府出于吸引外资的考虑在实践中并未征收该税，地方所得税因而形同虚设。

2. 不动产税

中国不动产税制度的发展大致经历了以下三个阶段：

第一阶段（1949 年至 1985 年）：不动产税制的初步建立。

新中国成立以后，中央人民政府政务院于 1950 年 1 月颁布了《全国税政实施要则》，其中涉及不动产的税种主要有房产税、地产税和工商业税。

1951 年 8 月政务院颁发的《中华人民共和国城市房地产税暂行条例》将

房产税和地产税合并为城市房地产税。该条例规定，城市房地产税由产权所有人或者承典人、代管人、使用人缴纳；房产税依标准房价的1%按年计征、地产税依标准地价的1.5%按年计征、标准房价与标准地价不易划分之城市暂依标准房地价合并的1.5%按年计征、标准房地价不易求得之城市暂依标准房地租价的15%按年计征。

1973年，出于简化税制的目的，工商企业缴纳的城市房地产税被并入工商业税，而对个人、外国侨民和房产管理部门征收城市房地产税。

第二阶段(1985年至2008年)：内外有别的不动产税制。

随着中国改革开放政策的实施，对外经济合作快速发展，外国企业和外商投资企业日益增多，不动产税相应出现了内资、外资分设两套税制的情形。

内资企业和中国居民适用《中华人民共和国房产税暂行条例》。1984年10月，国务院对国有企业进一步推行利改税政策，将房地产税从城市房地产税中独立出来，更名为房产税和城镇土地使用税。1986年9月，国务院正式颁布了《中华人民共和国房产税暂行条例》，并于当年10月1日起施行。该暂行条例规定：房产税在城市、县城和建制镇征收，由产权所有人或者承典人、代管人、使用人缴纳，以房产原值减除一定比例以后的余值或者房产租金收入为计税依据，适用的税率分别为1.2%和12%。该条例仅适用于国内单位和个人。

外国企业、外商投资企业和外国居民适用《城市房地产税暂行条例》。财政部决定对外国企业和外商投资企业的自有房产，按照《城市房地产税暂行条例》规定征收房产税；对于外国企业和外商投资企业使用的土地，由于中国宪法规定城市土地属于国家所有，因而由有关部门征收土地使用费，不再征收地产税。

第三阶段(2009年至今)：不动产税制的内外统一。

随着中国改革开放的不断深入，特别是在中国加入WTO以后，内外有别的不动产税制与市场经济要求的公平、一致的税收环境已经不相适应；此外，由于城市房地产税和房产税性质相同、课税对象都是保有环节的房产、纳税人同为产权所有人、征收机关也一致、并且都是地方政府财政收入的组成部分，内外分设两套税制显然不利于中国税制的简化和规范。介于此，国务院第546号令决定，自2009年1月1日起废止《城市房地产税暂行条例》，外商投资企业、外国企业和组织以及外籍个人均依照《中华人民共和国房产税暂行条例》缴纳房产税。这标志着中国的不动产税制实现了内外统一。

3. 净财产税

某些国家要求企业定期申报其资产负债表，并以资产负债表上部分资产的净额之和征收净财产税。这些资产通常包括自住住房、现金、银行存款、养老金、证券投资和不动产投资。中国一直以来都未开征过此种类型的税种。

（二）中国与周边国家其他重要税种的横向比较

1. 地方利润税

本书涉及的五个国家目前均未开征地方利润税，企业的利润只在中央政府层面征税。

2. 不动产税

表3.5总结了2009年各国不动产税的税率①。

表3.5　各国不动产税税率

不动产税税率 / 国家	税法规定的不动产税税率	实际不动产税税率
中　国	1.2%	0.72%
印　度	31%	2.05%
新加坡	10%	0.41%
马来西亚	—	—
越　南	—	—

在中国，根据国务院第546号令，自2009年1月1日起，外商投资企业依照《中华人民共和国房产税暂行条例》缴纳房产税。根据相关规定，对于经营自用的房屋按照房产原值一次性扣除10%至30%的损耗价值以后的余

① 本书假设所有工业建筑均为经营自用，不涉及出租。

额作为计税依据。本书假设将房产原值一次性扣除 20%后的余值作为税基，因此中国不动产税的税基即为建筑物获取成本的 80%，而税法规定的平均税率为 1.2%，因而中国的名义不动产税率就为 80%×1.2%=0.96%。由于不动产税可以从企业所得税的税基中扣除，因此中国目前的实际不动产税税率为 0.96%×(1−25%)=0.72%。

由于印度各邦可以自行制定不动产税税法，因而各邦对于税率和税基的规定都不尽相同。本书以堪称印度金融中心的卡纳塔克邦为例。根据相关规定，除了 25%的标准税率，企业还需缴纳 24%的附加税，最终导致了 31%的高税率。根据税务部门对建筑物的估值与该建筑物市值的比值，假设建筑物的税基为获得成本的 10%①，则名义不动产税税率为 10%×31%=3.1%。由于不动产税可以从企业所得税的税基中扣除，因此印度卡纳塔克邦的实际不动产税税率为 3.1%×(1−33.99%)=2.05%。

根据新加坡税法的有关规定，不动产税如若依租金收入按年计征，税率为 10%。假设建筑物的年租金为获得成本的 5%②，则名义不动产税税率为 5%×10%=0.5%。由于新加坡亦规定不动产税可以从企业所得税的税基中扣除，因此其实际不动产税税率为 0.5%×(1−18%)=0.41%。

马来西亚和越南目前均未针对工业建筑开征不动产税，这成为企业投资于工业建筑的一大激励。

3. *净财产税*

除了印度，其他四国目前均未开征净财产税。印度税法规定，对总额超过 150 万比索的某些特定资产征收 1%的净财产税。这些特定资产主要包括用于商业目的的船只游艇和飞机、非交易用途的珠宝黄金及其他贵金属、非自用的摩托车、公司拥有的建筑物等。然而，用于生产经营的工业建筑则免于征税。

通过上述定性分析可以发现，新加坡的企业所得税制度较为慷慨；马来

---

① 参见：Spengel, C., Endres, D., Fuest, C., Elschner, C., Voget, J., Bartholmess, A., Finke, K., Li, W., and Lohse, T., 2009, Company Taxation in the Asia-Pacific region, India and Russia, Springer.

② 参见：Elschner, C., Ernst, C., Heckemeyer, J., 2007, Effective Tax Burden of Companies and on Highly Qualified Manpower, BAK Taxation Index, PP73.

西亚的股东个人所得税政策最具吸引力；新加坡、越南、马来西亚实行的双重征税避免制彻底解决了股息在企业层面和股东层面的双重征税问题，从而可以降低企业的有效税负。

然而，上述税收制度对外资居民企业有效税负的综合影响究竟如何，各国外资居民企业有效税负的差异到底有多大，这些问题还需要进行更为直观和科学的定量分析。

第四章 有效税负的估测方法

在对各国外资居民企业相关所得税制度有了较为清晰的了解之后，就需要考虑运用什么方法来估测和比较各国外资居民企业的有效税负。本章将详细研究 K/F 模型、D/G 模型和“欧洲税收分析器”这三种前瞻性的估测方法及其演进，并就其适用性进行分析。

一、有效税负估测的最初模型

1984，伦敦商学院的默文·金(Mervyn King)教授和任教于普林斯顿大学的唐富勒顿(Don Fullerton)通过考察各国企业承担的有效边际税率的大小对追加投资的影响来研究税收制度对储蓄和投资的激励作用。他们所构建的估测企业有效税负的模型被称为 King/ Fullerton 模型，简称 K/F 模型。本节将说明该模型的构建思路，并对其运用加以评论。

(一) K/F 模型的构建思路

金和富勒顿假设所有市场都是完全竞争的；生产函数具有一般的性质，且规模报酬不变。在这种情况下，资金拥有者将其储蓄投资于某企业，且该投资的税后回报为零，即该项投资是边际收益等于边际成本的"边际投资"。基于均衡资本市场和最优投资行为的假定，他们计算了投资的税前最小回报率与用以投资的那笔储蓄的税后回报率之间的差距，即税收差距 w。在不考虑税收的情况下，资金拥有者的储蓄回报率等于投资回报率。而在税收的扭曲作用下，上述两个回报率不尽相同，即：

$$w = p - s \tag{1}$$

其中，p 表示扣除折旧后某项边际投资的税前最小回报率(也称为资本成本)；s 则表示资金拥有者倘若不投资而进行储蓄的税后真实回报率。

金和富勒顿将有效边际税率 t 定义为：

$$t = \frac{p - s}{p} \tag{2}$$

1. s 的计算

金和富勒顿将资金拥有者面临的实际利率以 r 表示，相应的名义利率以 i 表示，通货膨胀率以 π 表示，三者间的关系为：

$$r = i - \pi \tag{3}$$

根据定义，1 单位资金储蓄时可获得的税后真实回报率 s 被表示为：

$$s = (1 - m^i)(r + \pi) - \pi - w_p \tag{4}$$

其中，m^i 是利息收入的边际个人所得税率，w_p 是财产的边际个人税率。

2. p 的计算

金和富勒顿假设企业所得税税率和通货膨胀率均保持不变。令 MRR 表示 1 单位投资的边际收益率，且进一步假设资产的经济折旧率为 δ 且保持不变。那么扣除折旧后的投资税前最小回报率为：

$$p = MRR - \delta \tag{5}$$

在不考虑企业财产税和存货税务处理的情况下，若企业所得税税率以 τ 表示，企业现金流的名义折现率以 ρ 表示，则投资的税后利润净现值为：

$$V = \frac{(1-\tau)MRR}{\rho + \delta - \pi} \tag{6}$$

另一方面，投资成本可以表示为：

$$C = 1 - A \tag{7}$$

其中，A 表示资产的税收抵免和税收扣除的现值，其表达式为：

$$A = f_1 A_d + f_2 \tau + f_3 g \tag{8}$$

其中，A_d 表示 1 单位投资中因标准折旧扣除（即以直线法、余额递减法等方法计算得出的扣除额）所减少的税收的现值，f_1 表示有资格享受标准折旧扣除的资产占总资产的比重。f_2 表示可以记入当期费用的资产占总资产的比重，由此导致的节税为 $f_2\tau$。f_3 表示的是符合税收抵免的资产占总资产的比重，g 为抵免率。

令(6) =(7) 并结合(5) 式，可以得到：

$$p=\frac{(1-A)}{(1-\pi)}(\rho+\delta-\pi)-\delta \tag{9}$$

也就是说，投资的税后利润取决于通货膨胀率、资产的经济折旧率、现金流的名义折现率以及资产税收抵免和税收扣除的大小。

(二) 对 K/F 模型的运用及评价

由于 s、p 的大小取决于各国的通货膨胀水平、企业所得税制度、个人所得税制度、财产税制度等因素，因而 t 的大小也会受到上述因素的影响。金和富勒顿根据英国、美国、西德、瑞典这四个国家的税法、1970 年至 1979 年间各国的实际平均通货膨胀率以及各国资产的经济折旧率，估算了资金拥有者处于不同身份（家庭、保险公司、免税机构）、投资于不同资产（机器设备、存货、建筑物）、采取不同融资渠道（留存利润、发行新股或举债融资）、被投资企业处于不同行业（制造业、商业、其他行业）的 81 种情况下的有效边际税率。然后，将 81 种情况进行加权平均，计算出各国的有效边际税率：

$$\bar{t}=\frac{\bar{w}}{\bar{p}}=\frac{\sum_{k=1}^{81}(p_k-s_k)\alpha_k}{\sum p_k\alpha_k} \tag{10}$$

其中，k 表示 81 种情况中的一种，α_k 表示第 k 种情况的权数，p_k、s_k 分别表示第 k 种情况下边际投资的税前最小回报率和储蓄的税后真实回报率。

K/F 模型在国际上曾受到高度认可，因为以前的研究仅着眼于企业利润的税收负担，而忽视了个人税和企业税之间的关系。金和富勒顿首次在模型中考虑了企业税和个人税对投资的双重影响。

然而，该模型却并非最适于本书的研究工具。究其原因，主要有以下两点：

其一，K/F 模型的假设条件过于严格。该模型假设所有市场都是完全竞争的、生产函数具有一般的性质且规模报酬不变、资本市场保持均衡、投资行为最优等，这与处于经济转型的中国、越南等国的实际状况相去甚远，因此如果依据该模型来计算外资居民企业的有效边际税率，其结果的准确性将会大打折扣。

其二,K/F 模型的考察对象是税后收益为零的边际投资,这种投资往往出现在既有投资者追加投资的情况下。因为在追加投资时,投资者往往会投资至税后回报为零的那一点,即盈亏平衡点,如若继续投资,就会出现亏损。然而,在现实中,投资者往往更关注能够带来利润的盈利性投资,因而该模型的适用范围比较有限。

二、有效税负估测模型的扩展

针对 K/F 模型的不足,牛津大学的迈克尔德弗罗(Michael Devereux)教授和伦敦财政研究院的瑞秋格瑞菲斯(Rachel Griffith)教授于 1999 年共同建立了可以兼顾分析有效边际税率和有效平均税率的 Devereux/Griffith 模型,简称 D/G 模型。

(一) 初始 D/G 模型的构建思路

德弗罗和格瑞菲斯认为,当投资者选择投资项目时主要考虑一国的有效平均税率是否具有吸引力。而在投资项目选定之后,他们才根据该国的有效边际税率是否具有激励性而考虑是否追加投资。因此,有效平均税率和有效边际税率对投资都有重要的激励作用。

1. 计算投资的税前净现值

德弗罗和格瑞菲斯假设,某一制造业企业在 t 期增加了 1 单位的投资。新增投资可以通过留存利润、发行新股和向第三方举债这三种方式进行融资。从股东的角度看,前两种股权融资方式的成本为 1,而债务融资的成本为 0[①]。进一步假设 t+1 期这 1 单位投资的价值为$(1-\delta)(1+\pi)$,其中 δ 为资产的经济折旧率,π 为通货膨胀率。而其在 t+1 期产生的回报为$(p+\delta)(1+\pi)$,其中 p 是投资的税前真实回报率。同时,在 t+1 期企业需偿还 t 期所借债务的利息,在不考虑税收的情况下,意味着需要支付 $1+i$,i 表示名义利率。不考虑风险的情况下,股东的折现率就等于名义利率 i。i 与

① 因为在以留存利润融资的情况下,股东放弃了 1 单位的股息。

实际利率 r 的关系为 $(1+r)(1+\pi)=(1+i)$。

通过留存利润融资时，股东投资的税前净现值 R_1^* 是①：

$$R_1^* = -1+\frac{(1-\delta)(1+\pi)+(p+\delta)(1+\pi)}{1+i} = -1+\frac{1+p}{1+r} = \frac{p-r}{1+r} \tag{11}$$

通过发行新股融资时，股东投资的税前净现值 R_2^* 是：

$$R_2^* = -1+\frac{(1-\delta)(1+\pi)+(p+\delta)(1+\pi)}{1+i} = -1+\frac{1+p}{1+r} = \frac{p-r}{1+r} \tag{12}$$

在举债融资的情况下，股东投资的税前净现值 R_3^* 是：

$$R_3^* = 0+\frac{(1-\delta)(1+\pi)+(p+\delta)(1+\pi)-(1+i)}{1+i} = \frac{p-r}{1+r} \tag{13}$$

显然，投资的税前净现值与融资方式无关。

2. 计算投资的税后净现值

随后，德弗罗和格瑞菲斯将企业所得税和个人所得税同时引入模型，并在此基础上估算企业和股东缴纳了上述两种税后的投资净现值。

(1) 引入企业所得税和个人所得税

在企业层面，他们假设企业的利润以税率 τ 征税，τ 是中央和地方政府对企业利润征税的总税率；此外，依据税法有关规定，企业的资产会得到相应的税收扣除，他们假设 t 期的税收扣除率为 ϕ，因此企业在 t 期可少纳税 $\tau\phi$，这意味着通过上述三种融资渠道只需筹集 $(1-\tau\phi)$ 即可。将以后各期税收扣除的现值定义为 A，且假设各期的扣除率均为 ϕ。那么在以余额递减法计算折旧的情况下，A 表示为：

$$A=\frac{\tau\phi(1+\rho)}{\phi+\rho} \tag{14}$$

---

① 上标 * 号表明不考虑税收的情况；下标 1、2、3 分别表示留存利润、发行新股、举债三种融资方式。

而在以直线法计算折旧的情况下，A 表示为：

$$A=\tau\phi\left\{1+\left(\frac{1}{1+\rho}\right)+\left(\frac{1}{1+\rho}\right)^{2}+\cdots+\left(\frac{1}{1+\rho}\right)^{T-1}\right\} \tag{15}$$

在股东层面，个人所得税主要会影响股东的折现率及其所分得股息的净值。德弗罗和格瑞菲斯假设企业在 t 期的价值为 V_t，对于追求价值最大化的企业而言，在均衡的资本市场下必然会出现：

$$V_t+(1-m^i)iV_t=\frac{(1-m^d)}{1-c}D_t+[V_{t+1}-N_t-z(V_{t+1}-V_t-N_t)] \tag{16}$$

其中，m^i 是利息收入的边际个人所得税率，m^d 是股息收入的边际个人所得税率，c 是股东适用的现金股息的税收抵扣率（表示为现金股息的百分比），z 是边际个人实际资本利得税率，D_t 是 t 期分得的股息，N_t 是 t 期发行的新股。值得注意的是，此处的资本利得专指个人因转让国内股票而获得的收益，因而是已实现的资本利得。假设投资者每期已实现的那部分资本利得为 λ（即第 1 期 1 单位的资本利得仅变现 λ，第 2 期变现的是 $\lambda(1-\lambda)$，第 3 期为 $\lambda(1-\lambda)^2$，依此类推），则每期变现部分所征税款的净现值为 $z=\lambda z^*\sum_{j=0}^{\infty}\left[\frac{1-\lambda}{1+(1-m^i)i}\right]^j=\frac{\lambda z^*}{\lambda+(1-m^i)i}$。其中，$z^*$ 为法定资本利得税率，$(1-m^i)i$ 为投资者的折现率。那么，实际资本利得税率 z=z'/(1 单位的资本利得)。

(16)式的左边表示将 V_t 数量的资金存入银行的税后本息，右边表示股东的税后股息收入和所购企业股票的税后净价值。将(16)式进行整理可以得到：

$$V_t=\frac{(\gamma D_t-N_t+V_{t+1})}{1+\rho} \tag{17}$$

其中，$\rho=\left(\frac{1-m^i}{1-z}\right)i$ 表示股东的名义折现率；$\gamma=\frac{(1-m^d)}{(1-z)(1-c)}$ 表示若企业分配的股息增加 1 单位时股东可以得到的净值。

(2) 估测三种融资方式下投资的税后净现值

① 估算以留存利润投资的税后净现值 R_1

企业以留存利润进行融资会相应减少当期的股息，而以投资收益作为股息分配给股东。从股东的角度看，投资涉及的所有现金流都要乘以 γ 以反映股东个人所得税；考虑到税收扣除的现值 A，t 期投资成本的净现值则为 $(1-A)$；t+1 期的名义回报 $(p+\delta)(1+\pi)$ 要以税率 τ 征税；t+1 期的投资成本变为 $(1-\delta)(1+\pi)(1-A)$。

结合上述因素，通过留存利润投资的税后净现值 R_1 为：

$$R_1 = \gamma\left\{-(1-A) + \frac{(1-\delta)(1+\pi)(1-A)+(p+\delta)(1+\pi)(1-\tau)}{1+\rho}\right\} \tag{18}$$

② 估测以发行新股投资的税后净现值 R_2

首先，由于企业在 t 期因资产的税收扣除可以减少投资净成本 $\tau\varphi$，从而只需发行数量为 $(1-\tau\phi)$ 的新股。同通过留存利润融资的情形相比，股东在 t 期需要多支付 $(1-\tau\phi)$ 来购买新股，由于其股份增加同时可以多分得 $\gamma(1-\tau\phi)$ 的股息。

其次，假设企业在 t+1 期以相同数量的金额回购上期发行的新股，那么同留存利润融资的情形相比，在 t+1 期股东将会多收到现金 $(1-\tau\phi)$，但因股份减少其分得的股息也减少了 $\gamma(1-\tau\phi)$。

因此，通过发行新股投资的税后净现值 R_2 为：

$$R_2 = R_1 + F_2 \tag{19}$$

其中，$F_2 = [-(1-\tau\phi)+\gamma(1-\tau\phi)] + \frac{1\cdot(1-\tau\phi)-\gamma(1-\tau\phi)}{1+\rho} = -\frac{\rho(1-\gamma)(1-\tau\phi)}{1+\rho}$，表示同通过留存利润融资的情形相比，通过发行新股融资所产生的额外现金流的净现值。

③ 估测以举债投资的税后净现值 R_3

首先，在 t 期由于企业通过举债进行融资，股东不需放弃 $\gamma(1-\tau\phi)$ 的股息。而到了 t+1 期企业必须支付总额为 $(1-\tau\phi)(1+i)$ 的本息。由于利息可以在税前扣除，因此可以减少净成本 $(1-\tau\phi)i\tau$。企业由于偿还债务势必会减少分配给股东的股息，因此与通过留存利润融资的情形相比，股东在t+1期的净收入将减少 $\gamma(1-\tau\phi)[1+i(1-\tau)]$。

结合上述因素，通过举债投资的税后净现值 R_3 为：

$$R_3 = R_1 + F_3 \tag{20}$$

其中，$F_3 = \gamma(1-\tau\phi) - \frac{\gamma(1-\tau\phi)[1+i(1-\pi)]}{1+\rho} = \frac{\gamma(1-\tau\phi)[\rho-i(1-\tau)]}{1+\rho}$ 表示与留存利润融资的情形相比，通过举债进行融资所产生的额外现金流的净现值。

(3) 投资税后净现值的总结

将不同融资方式下的表达式进行合并，可以得到投资的税后净现值为：

$$R = R_1 + F \tag{21}$$

其中，$F=\begin{cases} F_1=0, & \text{通过留存利润融资；} \\ F_2, & \text{通过发行新股融资；} \\ F_3, & \text{通过举债融资。} \end{cases}$

3. 估测有效边际税率和有效平均税率

(1) 有效边际税率的估测

德弗罗和格瑞菲斯将有效边际税率定义为：

$$EMTR = \frac{\tilde{p} - s}{\tilde{p}} \tag{22}$$

其中，$s = \frac{(1-m^i)i-\pi}{1+\pi}$ 表示股东的税后真实回报率；$\tilde{p}$ 表示投资的税前真实回报率（即资本成本）①。由于边际投资的税后回报为零，运用公式(18)和(21)并令 $R=0$，则可得到：

$$\tilde{p} = \frac{(1-A)}{(1+\pi)(1-\tau)}\{\rho + \delta(1+\pi) - \pi\} - \frac{F(1+\rho)}{\gamma(1+\pi)(1-\tau)} - \delta \tag{23}$$

---

① 通过公式 $s = \frac{(1-m^i)i-\pi}{1+\pi}$ 可以发现，不考虑个人所得税的情况下，s 就等于实际利率 r。

(2) 有效平均税率的估测

以 $\dfrac{R^{*}-R}{R^{*}}$ 来衡量有效平均税率是最自然的想法,然而德弗罗和格瑞菲斯认为该方法在 $R^{*}=0$ 时没有意义,因此将 EATR 定义为:

$$EATR=\frac{R^{*}-R}{\dfrac{p}{(1+r)}} \tag{24}$$

其中,$\dfrac{p}{1+r}$ 为税前收入流的净现值。

(3) 有效边际税率和有效平均税率的关系

经过一系列的数学推导,德弗罗和格瑞菲斯将有效平均税率表示为有效边际税率和法定企业所得税税率 τ 的加权平均,其权数分别为资本成本 $\tilde{p}$ 占投资税前真实回报率 p 的比重以及投资税前回报率 p 超过资本成本 $\tilde{p}$ 的百分比,即:

$$EATR=\frac{\tilde{p}}{p}\cdot EMTR+\frac{p-\tilde{p}}{p}\cdot\tau \tag{25}$$

从公式(25)可以看出,当投资的税前回报率 p 等于资本成本 $\tilde{p}$ 时,EATR 等于 EMTR,在这种情况下,企业进行的实际上是一种边际投资,其有效税负在很大程度上受到税基及非利润税的影响;投资的税前回报率超过资本成本越多,也就是说盈利越多,EATR 就越接近法定企业所得税税率 τ。这是由于,在盈利性投资和边际投资的支出水平相同的情况下,两者的回报水平不同,前者获得的收入更多。这些增加的收入均依法定企业所得税税率缴税,而相应的税收补贴却并未比边际投资时有所增加。因此,随着利润水平的上升,税基对有效税率的影响越来越小。类似的,对于盈利能力强的投资而言,非利润税占其收益的比重很小,影响相当有限。因此,税基和非利润税会对边际投资产生重要影响,而法定企业所得税税率对盈利性投资的有效税负起着主导作用。

(4) 对 D/G 模型的运用

德弗罗和格瑞菲斯在对模型中的经济数据进行假设的基础上,根据德、日、英、美四国的税法分别估算了企业采用三种融资方式投资于机器设备、建筑、存货这三种资产时的有效边际税率和有效平均税率。而后，将上述诸种情况进行加权平均，计算出各国的 EMTR 和 EATR。此外，在保持其他经济数据不变的情况下，他们仅变动模型中的 p，也就是改变企业的利润，以验证公式(25)揭示的性质。四个国家的实证结果均表明，随着盈利水平从 10％上升至 100％，有效平均税率的确逐渐趋近于法定企业所得税率。

(二) D/G 模型的修正

由于初始模型仅涉及了机器设备、建筑和存货这三种资产，而忽视了对企业生产经营活动具有重要影响的无形资产和金融资产。因此，欧洲委员会税收和海关联盟①的学者们在对欧盟各国企业有效平均税负加以计算和比较时(2001)，对 D/G 模型进行了修正。

他们假设，企业仍通过留存利润、发行新股、举债这三种方式融资，所不同的是：

第一，假设企业可以投资于无形资产、工业建筑、机器设备、金融资产以及存货这五种资产，并考虑到了通货膨胀所导致的非折旧资产(金融资产和存货)应缴税款的增加。相对于工业建筑、机器设备和专利，通货膨胀对于非折旧资产的影响要大得多。例如，通胀会导致企业金融资产价值的上升，也会导致以先进先出法、加权平均法计价的存货售价的上升，而其购进成本相对较低，因而利润上升，应缴税款增加；

第二，在计算企业投资于工业建筑所承担的有效平均税率时，还将不动产税纳入到模型中。因此，修正后的公式变为：

$$R_1 = \gamma\left\{-(1-A)+\frac{(1-\delta)(1+\pi)(1-A)+(p+\delta)(1+\pi)(1-\tau)-v\tau\pi}{1+\rho}-e\right\} \tag{26}$$

$$F_2 = -\frac{\rho(1-\gamma)(1-\tau\phi+e)}{1+\rho} \tag{27}$$

① 欧洲委员会税务和海关联盟(Taxation and Customs Union of European Commission)是欧洲委员会最为重要的机构之一，旨在协调各成员国的税收和海关政策、消除阻碍人力和资本在各成员国之间自由流动的税制障碍、加强各成员国在打击偷税和防范走私方面的合作。

$$F_3 = \frac{\gamma(1-\tau\phi+e)[\rho-i(1-\tau)]}{1+\rho} \tag{28}$$

其中，e 表示实际不动产税的税率；$\frac{v\tau\pi}{1+\rho}$ 用以表示因通货膨胀所导致的非折旧资产应缴税款的增加，其中 v 为哑变量：

$$\begin{cases} v=1，企业投资于金融资产或所投资存货以先进先出法或加权平均法计价； \\ v=0，企业所投资的存货以后进先出法计价。 \end{cases}$$

（三）对 D/G 模型的评价

作为目前国际上估测企业有效税负最常用的方法[①]，D/G 模型主要有以下三个优点：

其一，假设条件非常简单，只需满足资本市场处于均衡状态这一核心假设。众所周知，实际情况与假设条件的相似程度越高，估算的结果就越准确。较之于 K/F 模型诸多严苛的假设条件，D/G 模型的假设条件更接近现实状况，因此运用该方法估算的企业有效税负的准确性相对更高。

其二，不仅能够通过有效边际税率评估税收制度对边际投资的影响，还可以通过有效平均税率估算税收制度对盈利性投资的影响，因而更具实际意义。初始投资和追加投资是两种不同性质的投资，前者大多是边际内的盈利性投资，后者往往是边际投资。这是由于投资者在选择投资地址从而进行一项新投资时总是期望税后回报为正；而在投资地址选定之后，投资者进行追加投资时，往往会投资至盈亏平衡点，也就是说进行的是税后回报为零的边际投资。在现实中，尤其对于经济快速发展的国家而言，初始投资或者说盈利性投资更为人们所关注。以中国为例，近十几年来，初始投资额总是高于追加投资额，并且这种差距在加速扩大。2006 年，中国的初始投资额为 41 514.2 亿元，而追加投资额仅为 16 761.3 亿元，前者是后者的 2.48 倍。

① 该方法曾被欧洲委员会（2001）用于分析欧盟内部市场的企业税问题；被欧洲经济研究中心和安永会计师事务所（2004）用于研究欧盟新成员国的企业有效税负；被 IBC BAK 国际基准联合会（2005）用于考察企业有效税负；还被欧洲委员会税收和海关联盟（2004）用于分析欧盟各个新成员国企业税负的实际水平，从而研究各国税制对外国直接投资的相对吸引力的影响。

而这一数字在 1995 年仅为 1.04 倍。这说明盈利性投资是更需要关注的研究对象，而 D/G 模型这种定量分析工具恰恰可以满足我们的研究需要。

其三，揭示出有效平均税率与有效边际税率和法定企业所得税税率的关系，从而反映出不同盈利水平下影响企业税负的主导因素。

然而，D/G 模型也存在一定的缺陷。该方法仅考虑了企业某一期资本存量的变动，未能对连续的若干期资本存量的变动进行研究，因而只是一种静态分析。

三、有效税负估测方法的数字化程序

鉴于 D/G 模型的不足，欧洲经济研究中心和德国曼海姆大学于 2000 年共同研发了可以动态分析企业有效平均税率的计算机程序——“欧洲税收分析器(European Tax Analyzer)”。

(一) 计算分析的原理及过程

运用欧洲税收分析器估算有效平均税率一般有两个阶段：

1. 模型企业的创建阶段

在这个阶段，以德国一个中等规模的生产性企业作为“模型企业”，并以其 2000 年的资产负债表和利润表作为第一期期初的数据①。此后，按照该企业前几年的发展状况，估计其未来十年各期的现金收入和相应支出，从而估测未来各期的税前利润。随后，将该企业置于不同国家的税法环境中，分别计算该企业依据各国税法在各期应缴纳的税款。由于模型企业在税前的各种数据或是给定的或是依同一方法预测得出的，因而是完全相同的，这就确保了税前和税后的任何差异均归因于各国的税制差别。

在这个阶段，欧洲税收分析器的具体分析步骤如下：

---

① 该模型企业的所有财务数据均从 Deutsche Bundesbank、Industriekreditbank 和 Statistisches Bundesamt 的官方统计资料中获得。

(1) 计算企业在模拟期末的税前价值

如表 4.1 所示，企业的税前价值可以通过估测模拟期末的税前现金流和资产净现值而求得。税前现金流能够通过企业预期的现金收入（销售收入、资产处置收益、利息和股息收入等）和支出（工资和养老金支出、原材料和能源支出、再投资、利息支出以及利润分配等）得出。由于每一期都要计算现金流，因此假设每一期末的现金盈余都能以既定的利率进行投资，而任何亏损都能以既定的贷款利率通过贷款来弥补。因此，在计算下一期的现金流时，既要考虑投资额或借款额，也要考虑利息收入或利息支出。模拟期末的资产额减去负债额即为企业的净资产价值。

表 4.1　　企业模拟期末税前价值的计算过程

模拟期末的税前现金流 ＋模拟期末的净资产价值（＝以重置价格计算的资产－以名义价值计算的负债）
＝企业模拟期末的税前价值

(2) 计算企业在模拟期末的税后价值

如表 4.2 所示，影响企业税后价值的因素主要是现金流，每一期的税前现金流减去应付税款即为税后现金流。

表 4.2　　总平均税负的计算过程

模拟期末的税前现金流 －每期的应付税款 ＝模拟期末的税后现金流 ＋模拟期末的净资产价值（以重置价格计算的资产－以名义价值计算的负债）
＝企业在模拟期末的税后价值
企业在模拟期末的税前价值 －企业在模拟期末的税后价值
＝以通货表示的总平均税负

(3) 税前收益和税后收益的转换

将企业在模拟期末的税前价值和税后价值分别变为税前收益和税后收益：

$$r=\left[\frac{V_f(T)}{V_i(0)}\right]^{\frac{1}{T}}-1 \tag{29}$$

$$r_s = \left[\frac{V_{fs}(T)}{V_i(0)}\right]^{\frac{1}{T}} - 1 \tag{30}$$

其中，r 表示税前收益，r_s 表示税后收益，V_i 表示企业在模拟期初的价值，V_f 为企业在模拟期末的税前价值，V_{fs} 为企业在模拟期末的税后价值，T 为模拟期。

第四，计算有效平均税率

税前收益与税后收益之差同税前收益的比值即为有效平均税率EATR：

$$EATR = \frac{r - r_s}{r} \tag{31}$$

2. 敏感性分析阶段

在这个阶段，运用“what-if”敏感性分析法，欧洲税收分析器考察企业税前数据（例如税前收入和支出、所投资产的种类、折旧方法和折旧年限、融资方式、模型企业所处行业等）的变化对有效平均税率的影响，从而对有效平均税率的影响因素及程度进行全面而直观的分析。

（二）对“欧洲税收分析器”的评价

欧洲税收分析器具有 K/F 模型和 D/G 模型无法比拟的优点：

其一，估测时间跨度大。该程序可以模拟模型企业连续十年的发展过程，从而动态地分析企业的有效平均税率。

其二，包含税法规定广。就税基而言，将税法中针对税基的绝大多数规定纳入了计算程序，除了 K/F 模型和 D/G 模型涉及到的关于折旧、存货计价等的税务处理规定，还考虑了亏损弥补、坏账准备、雇员养老金计划等；就税率而言，不仅涉及比例税率，还将累进税率或收入级次纳入到研究之中。就股东层面的分析而言，欧洲税收分析器可以包括持股比例各异的 10 组股东，其身份可以是自然人或法人、国内股东或国外股东、纳税实体或免税实体。

其三，计算便利。基于计算机强大的计算功能，该方法不仅可以方便地估算出模型企业在不同国家承担的有效平均税率以研究各国税制的差异，还能轻而易举地改变税前数据，从而分析不同环境下的有效平均税率。

然而，欧洲税收分析器的缺点也是显而易见的。由于编程上的原因，该方法只能用来衡量有效平均税率，而无法估测有效边际税率；此外，由于在计算前需要详细掌握待研究国家的有关经济数据和税法的相关规定（例如养老金制度及相应的税收扣除规定），并将其转化为数字形式输入计算机，该方法涉及到的国家很少，因而其使用范围受到很大限制。

由于欧洲税收分析器的核心程序尚未向外界公布，因此我们目前还无法利用该方法估测中国及其周边国家外资居民企业的有效平均税率。

第五章　有效税负的纵向比较

中国于2008年1月实行的新企业所得税制度，不仅取消了此前给予外资居民企业的大量税收优惠政策，还提高了很多外资居民企业适用的法定所得税税率。因此，分析新旧企业所得税制度下中国外资居民企业有效税负的变化，从而直观地反映此次企业所得税制度改革对外商初始投资和追加投资的影响，是非常有意义的。

一、研究设计

(一) 估测模型的选择

1. K/F 模型的适用性分析

K/F 模型在国际上曾受到高度认可，因为以前的研究仅着眼于企业利润的税收负担，而忽视了个人税和企业税之间的关系。金和富勒顿首次在模型中考虑了企业税和个人税对投资的双重影响。

然而，该模型却并非最适于本书的研究工具。究其原因，主要有以下两点：

其一，K/F 模型的假设条件过于严格。该模型假设所有市场都是完全竞争的、生产函数具有一般的性质且规模报酬不变、资本市场保持均衡、投资行为最优等，这与处于经济转型的中国、越南等国的实际状况相去甚远，因此如果依据该模型来计算外资居民企业的有效边际税率，其结果的准确性将会大打折扣。

其二，K/F 模型的考察对象是税后收益为零的边际投资，这种投资往往出现在既有投资者追加投资的情况下。因为在追加投资时，投资者往往会投资至税后回报为零的那一点，即盈亏平衡点，如若继续投资，就会出现亏损。然而，在现实中，投资者往往更关注能够带来利润的盈利性投资，因而该模型的适用范围比较有限。

2. D/G 模型的适用性分析

作为目前国际上估测企业有效税负最常用的方法，D/G 模型是最适于本书的研究工具，其主要原因在于：

其一,假设条件非常简单,只需满足资本市场处于均衡状态这一核心假设。众所周知,实际情况与假设条件的相似程度越高,估算的结果就越准确。较之于K/F模型诸多严苛的假设条件,D/G模型的假设条件更接近现实状况,因此运用该方法估算的企业有效税负的准确性相对更高。

其二,不仅能够通过有效边际税率评估税收制度对边际投资的影响,还可以通过有效平均税率估算税收制度对盈利性投资的影响,因而更具实际意义。初始投资和追加投资是两种不同性质的投资,前者大多是边际内的盈利性投资,后者往往是边际投资。这是由于投资者在选择投资地址从而进行一项新投资时总是期望税后回报为正;而在投资地址选定之后,投资者进行追加投资时,往往会投资至盈亏平衡点,也就是说进行的是税后回报为零的边际投资。在现实中,尤其对于经济快速发展的国家而言,初始投资或者说盈利性投资更为人们所关注,而D/G模型这种定量分析工具恰恰可以满足我们的研究需要。

3. "欧洲税收分析器"的适用性分析

由于编程上的原因,欧洲税收分析器只能用来衡量有效平均税率,而无法估测有效边际税率。此外,由于在计算前需要详细掌握待研究国家的有关经济数据和税法的相关规定,并将其转化为数字形式输入计算机,该方法涉及到的国家很少,因而其使用范围受到很大限制。

由于欧洲税收分析器的核心程序尚未向外界公布,因此我们目前还无法利用该方法估测中国及其周边国家外资居民企业的有效平均税率。

基于上述分析,D/G模型从假设条件、研究对象及方法的可利用性等方面都是最适于本书的研究工具。

(二)基本假设

为了确保估测出的企业有效税率能够充分体现新旧企业所得税制度的差别,而排除实际利率、通货膨胀率等宏观经济因素的差别对它的影响,必须将二者置于相同的研究环境之中,因此必须对各种经济参数予以设定。由于宏观经济状况处于不断变化之中,本书的基本假设并非完全基于中国的经济现状,而是更多参考了目前国际上运用D/G模型进行相关研究时的通用假设,以便今后将本书的估测结果与此前的相关研究进行比较分析。

1. 企业及其股东

根据D/G模型的假设，本书假设中国外资居民企业为制造业企业，企业股东均为中国居民。

2. 税制

本书以2009年1月1日的税制作为新税制。之所以选择2009年1月1日而非2008年1月1日的税制作为新税制，其原因在于，除了企业所得税制的变化，外资居民企业自2009年1月1日起依照《中华人民共和国房产税暂行条例》缴纳房产税，此前适用的《城市房地产税暂行条例》被废止，这样一来，就可以考察企业所得税和不动产税的双重变化对企业有效税负的影响。本书以2007年12月31日的税制作为旧税制。值得注意的是，出于突出重点、简化研究的考虑，本书不涉及针对部分外资企业实行5年过渡期的相关规定。

3. 融资方式和所投资的资产类型

根据D/G模型的假设，本书假设企业分别投资于五种资产并采用三种融资渠道，从而形成15种不同类型的投融资组合。这五种资产分别是专利、工业建筑、机器设备、金融资产和存货。在计算不同形式投资的平均数时，假设这些资产的权数相同。三种融资渠道分别是留存利润、发行新股和举债。在计算不同融资形式的平均数时，亦假设其权数相同。

4. 资产的经济折旧率

克拉森和弗兰克(Claassen & Frank 1994)在其著作《税收和国际投资》中曾指出，运用下列公式可以计算出资产的经济折旧率(δ)：

$$\delta = \frac{2}{\text{资产的经济寿命}} - 0.0065 \tag{32}$$

其中，经济寿命是指资产从开始使用到由于发生有形损耗和无形损耗从而导致继续使用在经济上已不合理为止的全部时间。根据欧盟的相关统计资料，专利、工业建筑、机器设备的经济寿命分别为12.5年、53.3年、11.0年。因此，根据公式(32)算得的上述各资产的经济折旧率分别为：专利15.35%、工业建筑3.1%、机器设备17.5%；由于金融资产和存货为非折旧资产，其经济折旧率为0。

5. 实际利率

为便于将研究结果与欧盟各国的情况进行比较分析，本书参考欧洲委员会的相关研究①，将实际利率(r)设为5%。

6. 通货膨胀率

本书的通货膨胀率(π)设为2%，这一数字是欧盟确定的目标通胀率，也是国际上普遍接受的通胀水平。

7. 资产税前真实回报率

资产税前真实回报率(p)设为20%。这一方面参考了欧洲委员会的相关研究；另一方面与中国的税前真实回报率也较为接近②。

(二) 税收参数

除了设定基本假设，还必须将企业所得税法中的相关规定转变为模型中使用的税收参数。表5.1呈现了新旧企业所得税制度下外资居民企业的税收参数。

关于税收参数的赋值，有以下几点需要说明：

第一，旧税制下外资企业适用的法定税率为15%。制造业企业属于生产性企业，根据《外商投资企业和外国企业所得税法》第七条，设在经济技术开发区的生产性外商投资企业，减按15%的税率征收企业所得税。本书假设该企业设在经济技术开发区，因而适用15%的法定税率。

第二，新旧税制下哑变量v的值均为1。自2007年1月1日起施行的《新会计准则》取消了后进先出法这种存货计价方法，因此旧税制下的哑变量为1；而新企业所得税法实施条例亦明确规定，企业使用或者销售的存货的成本计算方法可以在先进先出法、加权平均法、个别计价法中选用一种，因此新税制下哑变量v的值也为1。

第三，旧税制下的实际不动产税税率。外资企业在旧税制下适用城市房

① 相关研究详见：Andersson, K., Cacheux, J., Devereux, M., Giannini, S., Spengel, C., Vanistendael, F. et al,(2001), PP476. Jacobs, O. H., Spengel, C., Finkenzeller, M. and Roche, M., (2004), PP18,46.

② 中国的税前真实投资回报率详见：宋国青等，2007：《我国资本回报率估测：1978—2006即新一轮投资增长和经济景气微观基础》，北京大学中国经济研究中心讨论稿系列C2007002，P33～35.

地产税。根据相关规定，若城市房地产税依租金收入按年计征的话，税率为18%。假设建筑的年租金为获得成本的4%，则名义不动产税税率为4%×18%=0.72%。由于不动产税可以从企业所得税的税基中扣除，因此旧税制下中国外资企业的实际不动产税税率为0.72%×（1−15%）=0.61%。

第四，新旧税制下现金股息的税收抵扣率均为0。由于新旧税制下中国的企业税制类型均为古典制，即利润首先在企业层面以企业所得税的形式进行征税，随后作为分配的股息又在股东层面以个人所得税的形式予以课税，不存在对股息双重征税的抵减或免除。因此，股东分得的股息不存在税收抵扣率。

表5.1　研究所涉及的中国外资居民企业的税收参数

税收参数 \ 税制		旧税制	新税制
企业所得税税率（%）	τ	15	25
资产的税收扣除率（%） —无形资产 —工业建筑 —机器设备	ϕ	10（直线法） 5（直线法） 10（直线法）	10（直线法） 5（直线法） 10（直线法）
存货的税务处理	v	1	1
个人所得税税率（%） —利息所得 —股息所得 —资本利得	m^i m^d z	20 20 0	20 20 0
实际不动产税税率（%）	e	0.61	0.72
现金股息的税收抵扣率（%）	c	0	0

二、旧企业所得税制下有效税负的估测及分析

本书首先从企业层面分析在不考虑个人所得税时，企业所得税制度对

企业有效税负的影响。在这种情况下，企业税负的任何变化纯粹是由企业所得税的变化(以及由此导致的实际不动产税的变化)所引起的；随后，假设企业旨在最大化其大股东的财富，从股东层面估测在考虑个人取得利息、股息及针对转让股票所得征收个人资本利得税的情况下企业所承担的整体税负。

(一) 仅考虑企业所得税的估测与分析

1. 有效边际税率的估测与分析

表 5.2 可以说明制造业外资居民企业在旧税制下采用不同投融资组合时的有效边际税率，能够反映外商进行边际投资或者追加投资时所承担的税负水平。

表 5.2　旧税制下不同投融资组合的有效边际税率-仅考虑企业所得税①

融资方式 \ 资产类型 EMTR(%)	专　利	工业建筑	机器设备	金融资产	存　货	平均数
留存利润	17.77	22.26	19.28	19.72	19.72	19.78
发行新股	17.77	22.26	19.28	19.72	19.72	19.78
举　债	−3.05	3.77	−0.68	0	0	0.06
平 均 数	11.83	16.94	13.57	14.07	14.07	14.13

从表 5.2 不难发现，仅从企业层面考虑，外资企业在中国原有税制下的有效边际税率具有以下特征：

(1) 举债融资是最为有利的融资方式

这是由于举债融资具有税盾效应——支付的利息大多可以在税前扣除，而以发行新股和留存利润筹集资金就没有类似的待遇。值得注意

① 由于 $R_2 = R_1 - \frac{\rho(1-\gamma)(1-\tau\phi+e)}{1+\rho}$，且不考虑个人所得税时 $\gamma=1$，所以最后一项总为0，因此以留存利润融资和以发行新股融资的有效税率相同。

的是，当企业投资于专利或者机器设备的情况下，有效边际税率出现了负值，这是由于投资于这两种资产所需的资本成本小于5%的实际利率。这意味着旧企业所得税制度补贴了举债融资时的这两种边际投资行为。

(2) 留存利润和发行新股这两种融资方式几乎没有差别

这是由于，在其他基本假设一定的情况下，原有企业所得税制度规定，留存于企业的利润和分配给股东的利润适用相同的税率。

(3) 就所投资的资产而言，其有效边际税负也存在较大差异

无形资产是最好的投资选择。究其原因，从税法角度看，在五种资产中，无形资产和机器设备的折旧摊销年限相对较短，因而其每年计提的折旧相对较高，税负相对较轻；而另一方面，税法规定的折旧率和资产的真实经济折旧率是不同的，若前者等于后者说明税法是中性的，若前者大于后者则意味着税法给予该资产税收补贴，若前者小于后者则表明税法对于该资产多征了税。中国原企业所得税税法规定，机器设备和无形资产的折旧均采用直线法，且折旧率均为10%，而机器设备和无形资产的真实经济折旧率分别为17.5%和15.35%，可见无形资产的税法折旧率与真实经济折旧率的差距更小，说明税法对其超额征税相对较少，因而其有效边际税负较之于机器设备更轻。这一结果反映出中国对企业技术创新的激励。

工业建筑承担的边际税率最高。这是由于，较之于其他资产，投资于工业建筑还须缴纳不动产税。

(4) 有效边际税率低于法定企业所得税税率

有效边际税率低于法定企业所得税税率，主要是由于原有税法对举债融资给予了慷慨补贴，使得企业举债融资时的有效边际税率出现了负值，从而导致有效边际税率的总平均数较低。

2. 有效平均税率的估测与分析

表5.3显示的是，当投资的税前真实回报率为20%，且其他经济条件一定的情况下，制造业外资居民企业在旧税制下采用不同投融资组合时的有效平均税率，能够反映出外商在整个投资期内所承担的税负水平。

表 5.3　　旧税制下不同投融资组合的有效平均税率-仅考虑企业所得税①

资产类型 / 融资方式 / EATR(%)	专　利	工业建筑	机器设备	金融资产	存　货	平均数
留存利润	15.84	17.33	16.33	16.47	16.47	16.49
发行新股	15.84	17.33	16.33	16.47	16.47	16.49
举　　债	10.62	12.08	11.11	11.25	11.25	11.26
平 均 数	14.10	15.58	14.59	14.73	14.73	14.75

从表 5.3 可以发现，表 5.2 的基本特征依然存在，但与边际投资的情形相比，外资企业承担的有效平均税负呈现出一些新的特点：

(1) 举债融资的优势大大减弱

在边际投资的情况下，举债融资的税负比其他两种融资方式低了 19.7 个百分点，而在盈利性投资的情况下，该数字仅为 5.2 个百分点。这是由于，盈利性投资的利润额较大，可扣减利息占利润总额的比重较之于边际投资时相对较低，也就是说税盾效应较小。

(2) 各种资产之间的税负差距有所缩小

在边际投资的情况下，税负最重的工业建筑和税负最轻的专利间相差 5.1 个百分点。而在盈利性投资的情况下，这一差距下降为 1.5 个百分点。盈利性投资产生的较高利润仍是导致这一现象的主要原因。随着利润额的不断增加，资产折旧的税前扣除等税基因素对有效税负的影响越来越小。

(3) 有效平均税率大于有效边际税率，且趋近于法定企业所得税税率

究其原因，在盈利性投资和边际投资的支出水平相同的情况下，两者的回报水平不同，前者获得的收入更多。这些增加的收入均依法定企业所得税税率缴税，而相应的税收补贴却并未比边际投资时有所增加。因此，随着利润水平的上升，资产的折旧扣除、利息扣除等税基因素对有效税率的影响

① 由于 $R_2=R_1-\frac{\rho(1-\gamma)(1-\tau\phi+e)}{1+\rho}$，且不考虑个人所得税时 $\gamma=1$，所以最后一项总为 0，因此以留存利润融资和以发行新股融资的有效税率相同。

越来越小，而法定企业所得税税率逐渐发挥了主导作用。

(二) 考虑股东个人所得税的估测与分析

1. 有效边际税率的估测与分析

表 5.4 呈现出旧税制下外资企业在考虑股东个人所得税时进行不同投融资组合的有效边际税率。

表 5.4 旧税制下不同投融资组合的有效边际税率-考虑个人所得税

资产类型 / 融资方式 EATR(%)	专 利	工业建筑	机器设备	金融资产	存 货	平均数
留存利润	18.98	25.43	20.69	21.41	21.41	21.64
发行新股	40.77	44.38	41.69	42.07	42.07	42.22
举债	25.81	31.28	27.24	27.84	27.84	28.05
平均数	29.75	34.70	31.04	31.58	31.58	31.77

在考虑股东个人所得税的情况下，表 5.2 的基本特征依然存在，但与仅考虑企业所得税的情形相比，表 5.4 呈现出一些新的特点：

(1) 股东个人所得税极大地提高了外资企业的有效边际税率

与仅考虑企业所得税的情形相比，外资企业的有效边际税率从 14.13%增至 31.77%，增幅高达 124.8%。究其原因，由于原有税制下外资企业适用的企业所得税税率较低、税基较小、税负较轻，而股东个人所得税的税率相对较高，因此个人所得税在整体税负中所占比重较大，从而导致了三位数的增幅。

(2) 通过发行新股融资时，外资企业的有效边际税率最高

这是由于股东在 t 期需要多支付$(1-\tau\phi)$来购买新股，导致其股份增加，因此可以多分得 $\gamma(1-\tau\phi)$的股息，从而其负担的个人股息所得税相对更高。

(3) 举债融资的优势地位被留存利润融资所取代

其原因在于，一方面，股东个人利息所得税极大地削弱了债权融资的优势；另一方面，中国针对个人转让上市公司股票的所得免征资本利得税，这在很大程度上增强了留存利润融资的吸引力。

2. 有效平均税率的估测与分析

表 5.5 显示的是，当投资的税前真实回报率为 20%，且其他经济条件一定的情况下，旧税制下外资企业在考虑股东个人所得税时进行不同投融资组合的有效平均税率。图 5.1 反映了旧税制下采用不同融资方式所承担的有效税率。图 5.2 则呈现了投资于不同资产承担的有效税率。

表 5.5　旧税制下不同投融资组合的有效平均税率-考虑个人所得税

融资方式 \ 资产类型 EATR(%)	专　利	工业建筑	机器设备	金融资产	存　货	平均数
留存利润	21.43	22.76	21.76	21.90	21.90	21.95
发行新股	27.07	28.43	27.40	27.55	27.55	27.60
举　　债	22.84	24.18	23.17	23.31	23.31	23.36
平 均 数	23.78	25.12	24.11	24.25	24.25	24.30

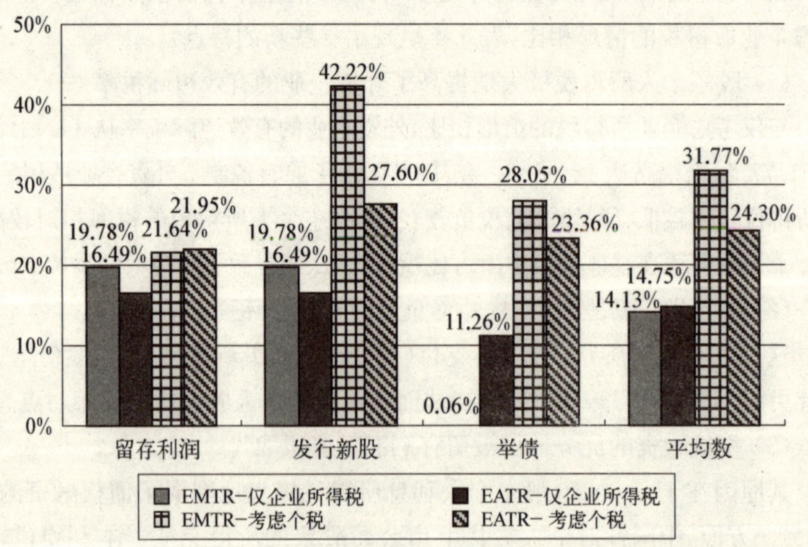

图 5.1　旧税制下采用不同融资方式承担的有效税率的比较

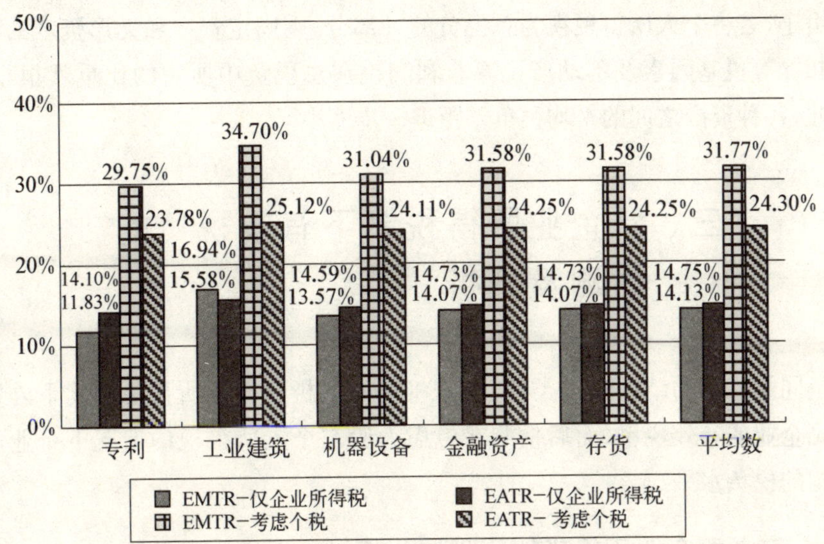

图 5.2 旧税制下投资于不同资产承担的有效税率的比较

与仅考虑企业所得税的表 5.3 相比，表 5.5 呈现出以下特征：

(1) 外资企业的有效平均税率小于有效边际税率

考虑股东个人所得税时，外资企业在原有税制下承担的有效平均税率为 24.30%，小于 31.77%的有效边际税率，这意味着其进行盈利性投资的税负更低。原因在于个人所得税的征收对边际投资的影响更大。由于边际投资的税后回报为零，个人所得税会导致资本成本较大幅度地增加，也就是说为达到盈亏平衡所需的税前最小回报率会上升，在实际市场利率不变的情况下，这意味着有效边际税率较大幅度地提高。通过图 5.1 对不同融资方式承担的有效税率的比较可以发现，个人股息所得税和利息所得税的征收分别致使发行新股和举债融资的有效边际税率上升了 22.4 和 28.0 个百分点，而有效平均税率的增加仅为 11.1 和 12.1 个百分点。

(2) 各种资产之间的有效平均税率的差距相对更小

从图 5.2 对不同资产承担的有效税率的比较可以看出，仅考虑企业所得税的情况下，有效平均税负最重的工业建筑和税负最轻的专利之间的差距为 1.5 个百分点；而考虑个人所得税时，这一差距下降为 1.3 个百分点。这是由于，若将个人所得税视为总税负的一部分，则固定资产和无形资产的税前扣除等税基因素及不动产税等非利润税在总税负中所占的比重就很小，因此，各种资产之间的平均税负差距进一步缩小了。

三、新企业所得税制下有效税负的估测及分析

同第二节的结构安排类似，本节将首先分析新企业所得税制度下外资居民企业的有效税率，而后估测在考虑大股东个人所得税的情况下企业所承担的税负水平。

（一）仅考虑企业所得税的估测与分析

1. 有效边际税率的估测与分析

表 5.6 显示出制造业外资居民企业在新税制下进行不同投融资组合的有效边际税率。图 5.3 和图 5.4 分别反映了新旧税制下投资于不同资产和采用不同融资方式所承担的有效边际税率。

表 5.6　新税制下不同投融资组合的有效边际税率-仅考虑企业所得税①

资产类型 / 融资方式 / EMTR(%)	专　利	工业建筑	机器设备	金融资产	存　货	平均数
留存利润	31.40	28.99	31.10	31.70	31.70	30.99
发行新股	31.40	28.99	31.10	31.70	31.70	30.99
举　债	−0.97	−5.92	−1.29	0	0	−1.59
平 均 数	20.22	23.19	22.88	23.63	23.63	22.73

① 由于 $R_2=R_1-\frac{\rho(1-\gamma)(1-\tau\phi+e)}{1+\rho}$，且不考虑个人所得税时 $\gamma=1$，所以最后一项总为 0，因此以留存利润融资和以发行新股融资的有效税率相同。

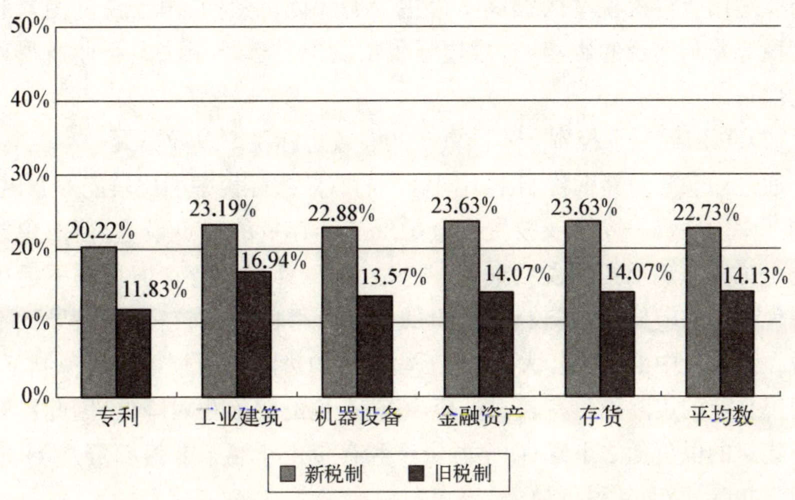

图 5.3　新旧税制下投资于不同资产承担的有效边际税率-仅考虑企业所得税

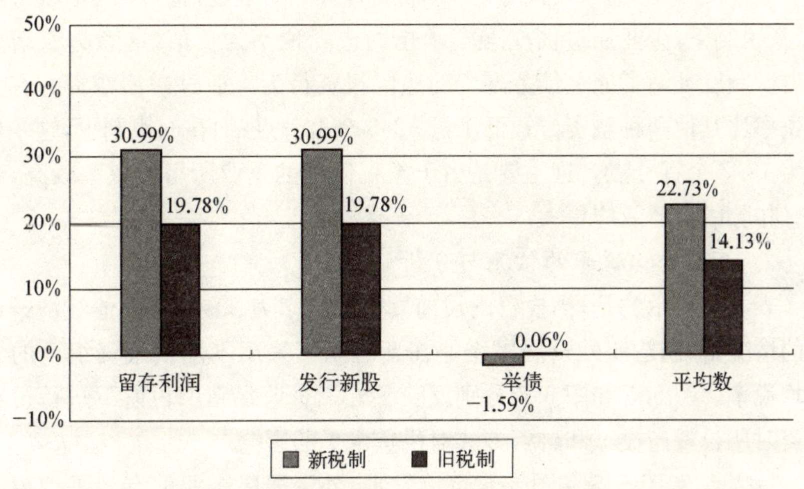

图 5.4　新旧税制下运用不同融资方式承担的有效边际税率-仅考虑企业所得税

仅从企业层面考虑，新税制下外资居民企业的有效边际税率具有显著特点：

(1) 总体而言，新税制下中国外资居民企业的有效边际税负更重

从表 5.6 和表 5.2 的对比不难发现，新税制下中国外资居民企业的有效边际税率高达 22.73％，比旧税制下的这一数字高出 8.6 个百分点。外资居

民企业适用所得税税率的提高是最主要的原因。然而,由于税基因素和不动产税等非利润税的影响,有效边际税负的上升远小于法定企业所得税税率的增长。

(2) 新旧税制下投资于不同资产的有效边际税率差异很大

通过图 5.3 对新旧税制下不同资产的有效边际税率的比较能够看出,新税制下中国外资居民企业投资于金融资产和存货的税负最重,而旧税制下投资于工业建筑承担的税率最高。这是由于,外资企业在旧税制下适用的所得税税率的较低、税基较小、承担的企业所得税税负较轻,这就导致不动产税在总税负中的比重较大,因而工业建筑的边际税负较重。新税制下,外资居民企业的边际税负有较大提高,不动产税的比重相对降低,因此投资于工业建筑的税负随之下降;而金融资产和存货由于属于非折旧资产,不能享受税收扣除,因而其税负最重。

(3) 举债融资方式在新税制下的优势更为明显

通过图 5.4 对新旧税制下不同融资方式的有效边际税率的比较可以发现,新税制下,企业通过债权融资承担的边际税率为负值,这意味着新企业所得税制度补贴了通过债务融资的边际投资行为。通过举债融资的有效边际税率比其他两种融资方式低了近 32.6 个百分点;而在旧税制下,这一数字仅为 19.7 个百分点。这主要是由于新税制下的企业所得税税率较高,因此利息扣除的税盾效应更大。

2. 有效平均税率的估测与分析

表 5.7 显示的是,当投资的税前真实回报率为 20%,且其他经济条件一定的情况下,制造业外资居民企业在新税制下采用不同投融资组合的有效平均税率。图 5.5 和图 5.6 分别反映了外资企业在新旧税制下进行盈利性投资时所投资产类型和融资方式对税负水平的影响。

从表 5.7、图 5.5 和图 5.6 可以发现,外资居民企业的有效平均税负在新旧两种税制下的差异与边际投资的情况非常类似:首先,总体而言,新税制下外资居民企业的有效平均税负比旧税制下的更重;其二,就所投资的资产而言,新税制下外资居民企业投资于金融资产和存货的税负最重,而旧税制下投资于工业建筑承担的税率最高;其三,就融资方式而言,举债融资方式在新税制下的优势更为明显。

表 5.7 新税制下不同投融资组合的有效平均税率-仅考虑企业所得税①

融资方式 \ 资产类型 EATR(%)	专　利	工业建筑	机器设备	金融资产	存　货	平均数
留存利润	26.40	27.33	27.21	27.45	27.45	27.17
发行新股	26.40	27.33	27.21	27.45	27.45	27.17
举债	17.70	18.57	18.51	18.75	18.75	18.46
平均数	23.50	24.41	24.31	24.55	24.55	24.27

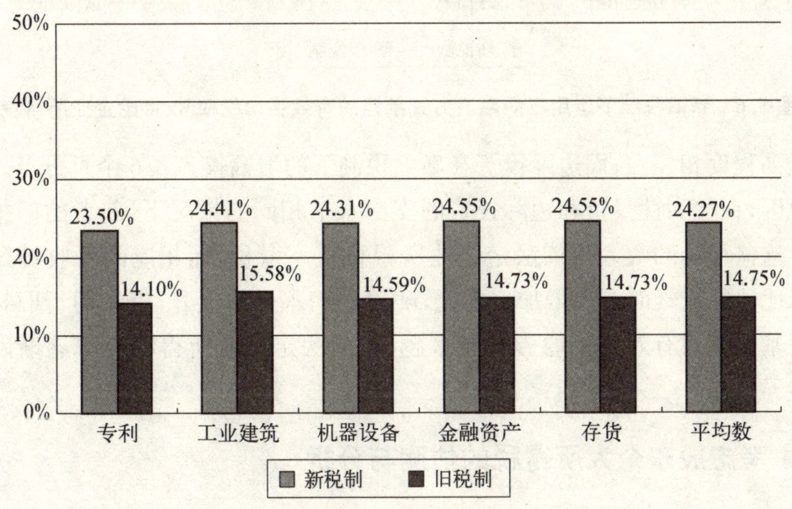

图 5.5 新旧税制下投资于不同资产承担的有效平均税率-仅考虑企业所得税

与边际投资的不同之处在于，外资居民企业的有效平均税率在新旧两种税制下的增幅更大。从图 5.6 对新旧税制下不同融资方式的有效平均税率的对比能够发现，外资居民企业在新税制下进行盈利性投资承担的税负为 24.27%，较之于旧税制高出 9.5 个百分点，几乎与法定企业所得税税率

① 由于 $R_2 = R_1 - \frac{\rho(1-\gamma)(1-\tau\phi+e)}{1+\rho}$，且不考虑个人所得税时 $\gamma=1$，所以最后一项总为 0，因此以留存利润融资和以发行新股融资的有效税率相同。

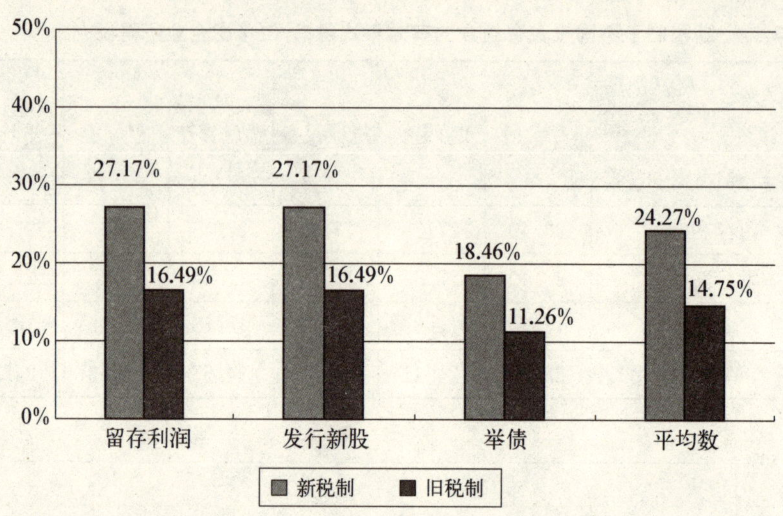

图 5.6　新旧税制下运用不同融资方式承担的有效平均税率-仅考虑企业所得税

的提高程度相一致；而边际投资在新旧税制下的增幅仅为 8.6 个百分点。究其原因，在盈利性投资和边际投资的支出水平相同的情况下，前者的回报更多。这些增加的收入均依法定企业所得税税率缴税，而相应的税收补贴却并未比边际投资时有所增加。因此，随着利润水平的上升，资产的折旧扣除等税基因素对有效税率的影响越来越小，而法定企业所得税税率逐渐发挥了主导作用。

（二）考虑股东个人所得税的估测与分析

1. *有效边际税率的估测与分析*

表 5.8 呈现出新税制下外资居民企业考虑股东个人所得税时进行不同投融资组合的有效边际税率。

图 5.7 直观地反映了新旧两种税制下运用不同融资方式时有效边际税率的变化。从中不难看出，考虑股东个人所得税时，举债融资是外资居民企业在新税制下最好的选择，而旧税制下通过留存利润融资的税负最轻。

图 5.8 说明了新税制下外资居民企业进行边际投资时股东个人所得税对融资方式选择的影响。可以看出，与仅考虑企业所得税的情况相

比，举债融资的税收优势相对减弱。举债与发行新股两种方式之间的差距由32.6个百分点变为23.3个百分点，与留存利润融资的差距更是缩小为6.3个百分点。个人利息所得税是造成这一情况的主要原因。利息税的征收或提高降低了债权投资的税后收益，因此，个人纷纷转向股权投资。这就使原本均衡的股票市场出现了供大于求的情况，致使股东的权益被“稀释”，每股分得的股息不断减少，个人股权投资的收益率持续下降。这样一来，个人负担的股息所得税就会减少，股权融资的税负就会减轻。

表5.8　　新税制下不同投融资组合的有效边际税率-考虑个人所得税

资产类型 融资方式　EMTR(%)	专　利	工业建筑	机器设备	金融资产	存　货	平均数
留存利润	30.68	34.67	33.01	33.97	33.97	33.29
发行新股	48.90	51.19	50.18	50.71	50.71	50.35
举　　债	23.90	28.62	26.70	27.84	27.84	27.02
平 均 数	36.36	39.76	38.33	39.14	39.14	38.57

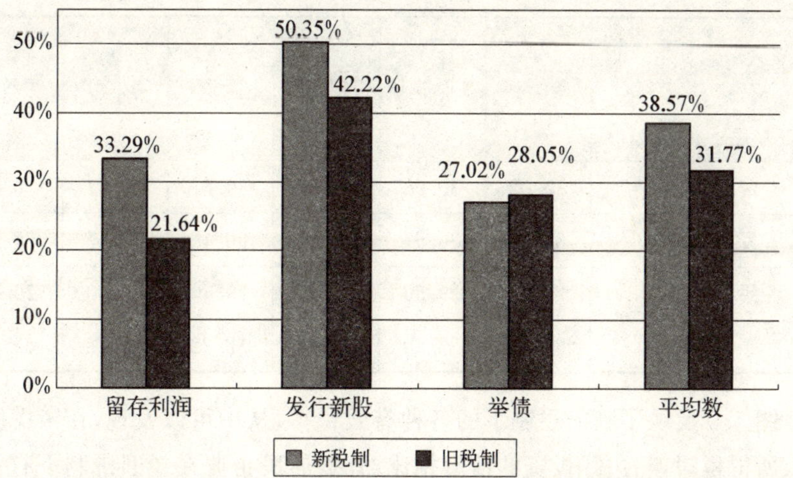

图5.7　新旧税制下运用不同融资方式承担的有效边际税率-考虑个人所得税

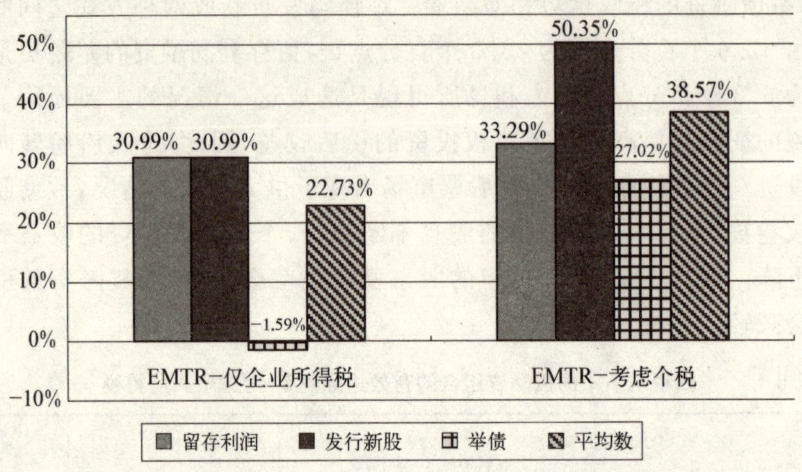

图 5.8　新税制下采用不同融资方式承担的有效边际税率

2. 有效平均税率的估测与分析

表 5.9 显示的是，当投资的税前真实回报率为 20%，且其他经济条件一定的情况下，新税制下外资居民企业在考虑股东个人所得税时进行不同投融资组合的有效平均税率。

表 5.9　　新税制下不同投融资组合的有效平均税率-考虑个人所得税

资产类型 / 融资方式 / EATR(%)	专　利	工业建筑	机器设备	金融资产	存　货	平均数
留存利润	30.02	30.98	30.57	30.81	30.81	30.64
发行新股	35.66	36.67	36.21	36.45	36.45	36.29
举　　债	28.61	29.56	29.16	29.40	29.40	29.22
平 均 数	31.43	32.40	31.98	32.22	32.22	32.05

图 5.9 反映了新旧税制下的各种有效税率，从中可以发现，在考虑股东个人所得税时，与边际投资的情形相比，外资居民企业在新旧税制下有效平均税率的增幅更大。外资居民企业在新税制下进行初始投资或盈利性投资

承担的税负为 32.05%，较之于旧税制下 24.30%的水平，高出了 7.75 个百分点；而进行边际投资时，新旧税制下有效边际税率仅增加了 6.8 个百分点。有效平均税率比有效边际税率的增长高出 0.95 个百分点。这仍然是由于盈利性投资的利润较高，随着利润水平的上升，税基对有效税率的影响越来越小，而法定税率的主导作用日益明显。

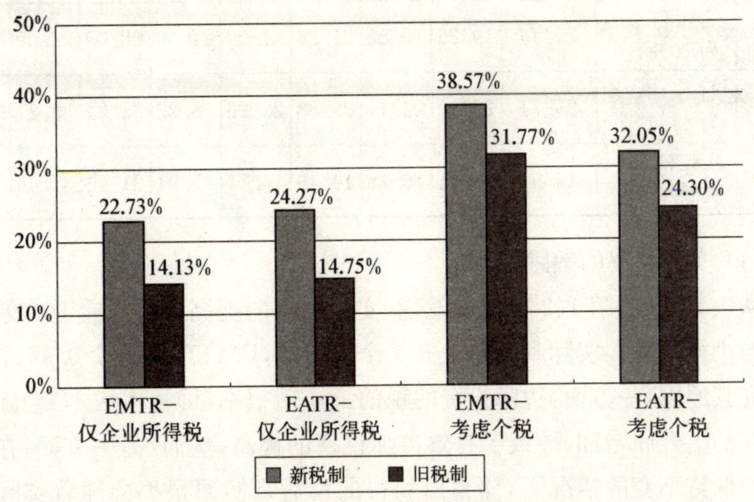

图 5.9 新旧税制下各种有效税率的比较

（三）敏感性分析

此前的分析及其结果基于一定的假设条件，本部分①将改变上述主要假设并重新计算新税制下中国外资居民企业承担的有效边际税率和有效平均税率，以检验此前的分析结果对各种假设条件的敏感性。

1. 对有效边际税率的敏感性分析

表 5.10 列出了基本假设改变后中国外资居民企业在不同投资类型和融资方式下的有效边际税率。第一行总结了基本情况下的实证结果。其他行则显示了实际利率、通货膨胀率等经济变量以及投资资产和融资方式的权重发生变化后的结果。

① 此处仅分析考虑企业所得税的情况，考虑股东个人所得税时，分析过程类似。

表 5.10 改变假设条件后中国外资居民企业的有效边际税率-仅考虑企业所得税

行数	EMTR(%)	总平均数	资产类型					融资方式		
			专利	工业建筑	机器设备	金融资产	存货	留存利润	发行新股	举债
1	基本情况	22.73	20.22	23.19	22.88	23.63	23.63	30.99	30.99	−1.59
2	实际利率 r 为 10%	20.48	19.26	19.83	21.26	21.00	21.00	28.09	28.09	−0.87
3	通胀率 π 为 4%	25.74	22.90	23.11	25.88	28.22	28.22	35.21	35.21	−4.94
4	BACH 权重	16.98	13.34	16.78	16.46	17.34	17.34	31.46	31.46	−0.55

(1) 实际利率的敏感性分析

从表 5.10 的第 1、2 行不难发现，实际利率的提高将导致企业有效边际税率的小幅下降。实际利率每上升 1 个百分点，EMTR 就减少 0.45 个百分点。究其原因，一方面，边际投资的税前最小回报率(即资本成本)会随着实际利率的上升而增加，导致了有效边际税率的提高；然而，另一方面，在利息所得税保持不变的情况下，储蓄所获得的税后真实回报率会随着实际利率的上升相应增大，从而致使有效边际税率下降。而后者的增幅要大于资本成本的变动，因此实际利率上升的最终结果是有效边际税率的降低。

(2) 通胀率的敏感性分析

从表 5.10 的第 1、3 行可以发现，在其他条件不变的情况下，首先，通货膨胀率的上升将导致企业有效边际税率较大幅度的增加。通胀率每上升 1 个百分点，外资居民企业的有效边际税率提高约 1.50 个百分点；其次，通胀的加剧将极大地扩大债权融资和股权融资的差距。这是由于名义利率会随着通胀率的上升而增加，而且举债融资的借款利息可以扣除，这样，企业举债融资时的税前扣除就会相应增加，其承担的有效边际税率随之下降，举债融资的优势更为突出。通胀率从 2 %上升至 4%的过程中，外资居民企业债权融资和股权融资的差距从 32.6 个百分点增至 40.1 个百分点。

(3) 权重的敏感性分析

表 5.10 的第 4 行使用的权数源于 BACH(Bank for the Accounts of

Companies Harmonised)数据库。表 5.11 呈现了该数据库统计的五种资产和三种融资方式的权重,这些数字是通过对上百万个公司真实财务数据的加权平均得到的。从表 5.10 的第 1、4 行不难发现,改变投资资产和融资方式的权重致使外资居民企业的有效边际税率出现了大幅下降、减少了 5.75 个百分点。这主要是因为举债融资的权数大幅上升,而外资居民企业进行边际投资时,如图 5.4 所示,税法实际上对债权融资进行了补贴。

表 5.11　　制造业的 BACH 权重

权重(%)	无形资产	工业建筑	机器设备	金融资产	存　货	留存利润	发行新股	举　债
制造业	2.9	14.3	19.3	45.6	17.9	24.7	20.5	54.8

2. 对有效平均税率的敏感性分析

表 5.12 列出了基本假设改变后中国外资居民企业在不同投资类型和融资方式下的有效平均税率。由于有效平均税率针对的是盈利性投资,而盈利性投资就会涉及盈利能力的变化,因此,较之于边际投资,表 5.12 还显示了盈利能力发生变化后的结果。

表 5.12　改变假设条件后中国外资居民企业的有效平均税率-仅考虑企业所得税

行数	EATR(%)	总平均数	资产类型					融资方式		
			专利	工业建筑	机器设备	金融资产	存货	留存利润	发行新股	举债
1	基本情况	24.27	23.50	24.41	24.31	24.55	24.55	27.17	27.17	18.46
2	实际利率 r 为 10%	22.16	21.44	21.78	22.63	22.47	22.47	27.15	27.15	12.17
3	通胀率 π 为 4%	25.25	24.32	24.39	25.30	26.12	26.12	28.94	28.94	17.87
4	BACH 权重	22.58	21.63	22.53	22.44	22.68	22.68	27.36	27.36	18.65
5	税前真实回报率 p(盈利能力)为 40%	24.63	24.25	24.71	24.66	24.77	24.77	26.08	26.08	21.73

(1) 实际利率的敏感性分析

从表5.12的第1、2行可以看出,实际利率的提高降低了外资居民企业的有效平均税率。这是由于不断上升的名义利率和仍旧固定在20%的税前回报率致使投资的盈利能力降低了。而根据投资盈利水平和有效平均税率之间的关系,能够推测出较低的盈利能力会导致较小的有效平均税率。从表5.12可以算出,实际利率每增加1个百分点,外资居民企业的有效平均税负下降约0.42个百分点。这个数字小于有效边际税率的降幅,也就是说外资居民企业进行边际投资时对实际利率更为敏感。

(2) 通胀率的敏感性分析

从表5.12的第1、3行不难发现,通胀率的上升将造成企业有效平均税负的加重,但增加幅度远小于有效边际税率的变化。通胀率每上升1个百分点,有效平均税率增加约0.49个百分点;而进行边际投资时,这一数字高达1.50个百分点。这主要是由于盈利性投资的利润相对较大,因举债融资可予抵扣的利息支出所占比重较小,也就是说债权融资的税盾效应对有效平均税率的影响相对较弱。

(3) 权重的敏感性分析

从表5.12的第1、4行可以发现,改变投资资产和融资方式的权重致使外资居民企业的有效平均税率出现了小幅下降,这是举债融资的权数上升所导致的。外资居民企业的有效平均税负仅仅减少了1.69个百分点,说明初始投资或者盈利性投资对于权重并不敏感。

(4) 盈利能力的敏感性分析

从表5.12的第1、5行能够看出,首先,投资的盈利水平越高,有效平均税率就越大且越接近法定的企业所得税税率。究其原因,随着利润的增加,资产的税收扣除额、因举债融资增加而增加的利息支出等税基因素以及不动产税等非利润税对有效平均税率的影响越来越小,而法定企业所得税税率对有效税负的主导作用越来越明显。其次,盈利能力的提高缩小了债权融资和股权融资间的差距。这是因为可扣除的利息额是有限的,这种税前扣除的作用随着利润的不断增加逐渐变小,因而债权融资的优势相应削弱。当投资的盈利水平从20 %上升至40%时,外资居民企业债权融资和股权融资的差距从8.7个百分点缩小到4.35个百分点,降幅为50%,这说明盈利能力的变化对融资方式的影响是极其直接的。

通过上述对中国外资居民企业有效税负的纵向比较分析，可以得出以下四点结论：

第一，新税制和旧税制都是非中性的。新旧税制都会对外资居民企业的投资类型及融资方式产生不同的激励，从而扭曲企业的投资和融资决策，影响资源的配置效率。从投资类型看，新税制下外资居民企业投资于金融资产和存货的税负最重；而旧税制下投资于工业建筑承担的税率最高。从融资方式看，新税制下举债融资的税收优势最为明显；而旧税制下，仅从企业层面分析时举债仍是最好的选择，若从股东层面分析则其优势地位就被留存利润融资所取代。

第二，新税制和旧税制下外资居民企业承担的有效税率呈现出类似的特征。仅考虑企业所得税时，有效平均税率大于有效边际税率，这意味着进行边际投资是较为有利的选择；而考虑股东个人所得税的情况下，有效平均税率则小于有效边际税率，这表明从税收角度讲盈利性投资更为有利。

第三，税制变化对盈利性投资的影响更大。较之于有效边际税率，外资居民企业承担的有效平均税率在新旧税制下的增幅更为显著。

第四，研究结果对各个经济假设具有不同的敏感性。就边际投资而言，实际利率的提高会导致企业有效边际税率的减少；改变投资资产和融资方式的权重也会降低外资居民企业的有效边际税率，且降幅很大；而通货膨胀率的上升会造成有效边际税负的大幅增加。就盈利性投资而言，投资的盈利水平越高，企业的有效平均税率就越大且越接近于法定的企业所得税税率；通货膨胀率的上升也会导致有效平均税率的增加；而实际利率的提高将导致企业有效平均税负的小幅下降；改变投资资产和融资方式的权重对有效平均税率的影响则非常小。

第六章 有效税负的横向比较

在中国实施新企业所得税制度的背景下，将中国同印度、越南、新加坡、马来西亚等周边国家外资居民企业的有效税负加以估测和比较，能够揭示出中国及周边国家在吸引外国直接投资方面的比较税收优势，反映出上述各国的税收制度对本国投资吸引力的影响。

一、研究设计

(一) 基本假设

为了确保估测出的企业有效税率能够充分体现中国与周边各国在税收制度方面的差别，必须将各国置于相同的宏观经济环境之中，因此必须对各种经济参数予以设定。由于上述五国的经济发展状况存在诸多差异，很难根据各国现状将经济参数合理地设定为某个统一的值，因此本书的基本假设并非完全基于各个国家的经济现状，而是更多参考了目前国际上运用 D/G 模型进行相关研究时的通用假设，以便今后将本书的估测结果与此前的相关研究进行比较分析。表 6.1 列出了本章研究涉及的基本假设。

表 6.1　　研究所涉及的基本假设

项　　目	基　本　假　设
外资居民企业	制造业企业
企业大股东	本国居民且其应税所得属于个人所得税的最高级次、适用最高边际税率
融资方式	留存利润、发行新股、举债(权数相同)
资产类型	专利、工业建筑、机器设备、金融资产、存货(权数相同)

续 表

项　　目	基 本 假 设
资产的经济折旧率(δ)	专　　利　15.35% 工业建筑　3.1% 机器设备　17.5% 金融资产　0 存　　货　0
实际利率(r)	5%
通货膨胀率(π)	2%
资产税前真实回报率(p)	20%

(二) 税收参数

表 6.2 呈现了中国及周边国家外资居民企业的税收参数，其具体解释可参见第三章对各国外资居民企业相关税制的比较分析。

关于参数的赋值，有以下几点需要说明：

1. 新加坡外资居民企业适用的企业所得税税率

根据新加坡的相关税法，其企业所得税税率为 18%，但对于第一个 10 000新元予以 75%的免税，对于随后的 290 000 新元给予 50%的免税。这样一来，就形成了事实上的累进税率。然而，由于 D/G 模型计算器只能模拟线性税率，本书选择 18%的最高边际税率作为新加坡外资居民企业适用的企业所得税税率。

2. 各国哑变量 v 的赋值

由于中国、印度、新加坡和马来西亚的税法均规定，企业不许使用后进先出法作为存货的计价方法，因此，哑变量 v 的值均为 1。而越南对于存货的估价遵循会计准则，在企业追求缴税最小化的假设下，企业会选择后进先出法，因此哑变量的值为 0。

3. 各国现金股息的税收抵扣率

由于研究涉及的五个国家要么实行古典制，要么实行双重征税避免制，因此股东分得的股息不涉及税收抵扣的问题，即税收抵扣率为 0。

表 6.2　　**研究所涉及的各个国家的税收参数**

税收参数 \ 国家		中国	印度①	新加坡	马来西亚	越南
企业所得税税率(%)	τ	25	33.99	18	25	25
资产的税收扣除率②(%)	ϕ					
——无形资产		10 (SL)	25 (DB)	20(SL)	20(SL)	5(SL)
——工业建筑		5 (SL)	10 (DB)	28(SL)(第1年) 3(SL)(以后)	13(SL)(第1年) 3(SL)(以后)	6.67 (SL)
——机器设备		10 (SL)	15 (DB)	33.33 (SL)	34(SL)(第1年) 14(SL)(以后)	10 (SL)
存货的税务处理	v	1	1	1	1	0
个人所得税税率(%)						
——利息所得	m^i	20	33.99	20	5	5
——股息所得	m^d	20	33.99	0	0	5
——资本利得	z	0	20	0	0	0.1
实际不动产税税率(%)	e	0.72	2.05	0.41	0	0
现金股息税收抵扣率(%)	c	0	0	0	0	0

① 假设企业在分配股息时未缴纳股息分配税，因而股东将其分得的股息纳入个人所得税的税基。

② SL 表示直线法，DB 表示余额法。

二、周边国家外资居民企业有效税负的估测及分析

与中国外资居民企业有效税负的纵向分析相类似，本章在进行横向比较时亦首先从企业层面分析在不考虑股东个人所得税时各国企业所得税制度对其外资居民企业有效税率的影响；而后，假设企业旨在最大化其大股东的财富，从股东层面估测在考虑个人取得利息、股息及针对转让股票所得征收个人资本利得税的情况下各国外资居民企业承担的税负水平。

（一）仅考虑企业所得税的估测与比较

1. 有效边际税率的比较

表 6.3 呈现的是各国制造业外资居民企业运用不同融资方式投资于不同资产的有效边际税率，能够反映外商进行边际投资或者追加投资时所承担的税负水平。图 6.1 显示了采用不同融资方式的税负水平，并按照各国外资居民企业有效边际税率的高低进行了排序。图 6.2 呈现了各国外资居民企业投资于不同资产所承担的有效边际税负。

表 6.3　各国外资居民企业承担的有效边际税率(EMTR)-仅考虑企业所得税①

国家	总平均数	排名	融资方式			资产类型				
			留存利润	发行新股	举债	专利	工业建筑	机器设备	金融资产	存货
中　国	22.73%	4	30.99%	30.99%	−1.59%	20.22%	23.19%	22.88%	23.63%	23.63%
印　度	32.80%	5	42.13%	42.13%	0.82%	18.34%	43.01%	33.58%	32.34%	32.34%

① 由于$R_2=R_1-\dfrac{\rho(1-\gamma)(1-\tau\phi+e)}{1+\rho}$，且不考虑个人所得税时$\gamma=1$，所以最后一项总为0，因此以留存利润融资和以发行新股融资的有效税率相同。

续 表

国家	总平均数	排名	融资方式			资产类型				
			留存利润	发行新股	举债	专利	工业建筑	机器设备	金融资产	存货
新加坡	11.26%	1	18.55%	18.55%	−8.10%	5.74%	12.48%	2.29%	16.92%	16.92%
马来西亚	14.77%	2	24.49%	24.49%	−14.78%	8.46%	10.97%	3.13%	23.63%	23.63%
越 南	21.05%	3	29.64%	29.64%	−4.47%	32.84%	5.61%	22.88%	23.63%	15.16%

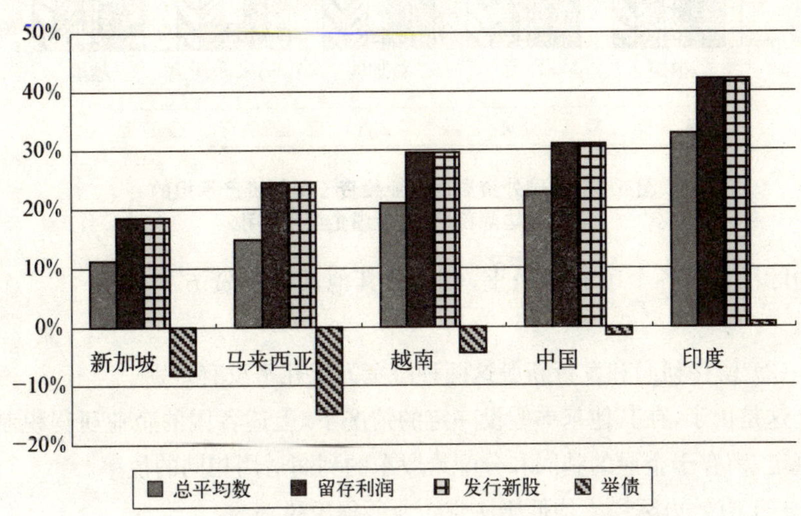

图 6.1 各国外资居民企业运用不同融资方式承担的有效边际税率-仅考虑企业所得税

从表 6.3 和图 6.1 不难发现,仅从企业层面考虑,各国外资居民企业的有效边际税率存在着相似的特征:

(1) 举债融资是最为有利的融资方式

这是由于各国均规定,支付的利息大多可以在税前扣除。如表 6.3 所示,除了印度,其他四国外资居民企业举债融资时承担的有效边际税率均为负值,马来西亚的这一数字低达−14.78%,这说明这些国家的税收制度补贴了通过债务融资的边际投资行为。尽管印度外资居民企业债权融资的有

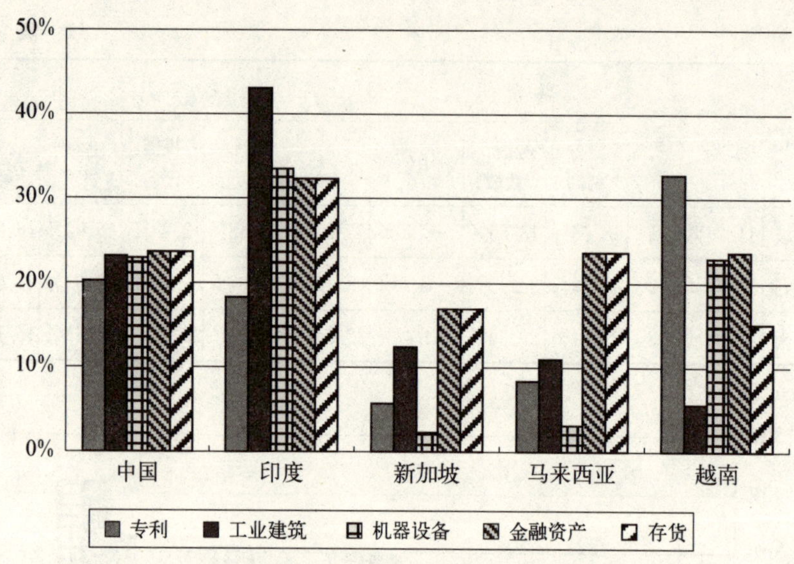

图 6.2　各国外资居民企业投资于不同资产承担的有效边际税率-仅考虑企业所得税

效边际税负在各个国家中最重，但仍比其他两种融资方式低了 41.3 个百分点。

(2) 留存利润和发行新股这两种融资方式几乎没有差别

这是由于，在其他基本假设一定的情况下，上述各国的企业所得税制度均规定，留存于企业的利润和分配给股东的利润适用相同的税率。

(3) 有效边际税率均低于法定企业所得税税率

对比表 6.2 和表 6.3 可以发现这一现象。这是由于各国税法不仅均对举债融资给予了补贴，还规定了可对所投资的资产进行税收扣除。

然而，各国外资居民企业有效边际税率的差异在图 6.1 和图 6.2 中亦得到了充分的体现：

(1) 各国外资居民企业有效边际税负的总体水平差距很大，中国并不具有税收优势

从图 6.1 对各国外资居民企业不同融资方式的有效边际税率的对比可以看出，税负水平最高的是印度，高达 32.80%，而新加坡的这一数字仅为 11.26%，二者相差 21.5 个百分点。这是因为印度的法定企业所得税税率较

高，除了30%的标准税率之外，还有相应的附加税和教育附加费，从而导致了33.99%的高税率；而其他国家的法定企业所得税税率相对较低，且未征收附加税。

尽管中国、越南、马来西亚的法定企业所得税税率相同，但三者的有效边际税负差别却较大。这很大程度上是由于各国税法对于资产税收扣除额的计算方法和资产的折旧年限分别作出了不同的规定，导致同类资产得到了不同数额的税收补贴。除了上述税基因素，各国征收的不动产税等非利润税也是影响有效税负的一个原因。

如图6.1所示，在五个国家中，中国位列第四，其税负水平仅低于印度，并不具有税收优势。

(2) 就所投资的资产而言，其有效边际税率在各个国家也存在很大差异

就边际税负最重的资产而言，从图6.2对各国外资居民企业投资于不同资产的有效边际税率的比较不难发现，中国、新加坡和马来西亚的外资居民企业投资于金融资产和存货的税负都是最重的；而印度外资居民企业投资于工业建筑所承担的有效边际税率最高。这是由于，较之于其他资产，投资于工业建筑还须缴纳不动产税，而各个国家中印度的不动产税最高，因此其外资居民企业投资于工业建筑时的边际税负较重；在越南，投资于专利的有效边际税率最高。这是由于越南税法规定的专利折旧年限远长于其经济使用寿命，因而税法折旧率远小于真实经济折旧率，这意味着税法是非中性的——对于专利多征了税，因此其税负很重。

就有效边际税率最低的资产而言，中国和印度的外资居民企业投资于专利的税负最轻；而新加坡和马来西亚的外资居民企业最好的投资选择是机器设备，因为两国税法对此提供了非常慷慨的扣除政策；在越南，税收待遇最为优厚的是工业建筑。究其原因，一方面，根据有关的税收扣除规定，工业建筑在越南只需15年就可提足折旧，而在中国和新加坡分别需要20年和25年，在马来西亚和印度的时间则更长。另一方面，越南目前还未针对工业建筑开征不动产税。

越南外资居民企业投资于金融资产和存货时的有效边际税负差异较大，而其他四国几乎没有差别。这是由于，在考虑通货膨胀对非折旧资产(金融资产和存货)的影响时，会出现两种情况：其一，通胀不仅会导致企业

金融资产价值的上升,也会导致以先进先出法、加权平均法计价的存货售价的上升,而这两种资产的购进成本相对较低,因而致使利润上升,应缴税款增加;其二,通货膨胀对以后进先出法计价的存货则几乎没有影响。因此,需要一个哑变量来分别表示通胀对非折旧资产的不同影响,即:

$$\begin{cases}\text{哑变量为 1,企业投资于金融资产或企业存货以先进先出或加权平均法计价;}\\ \text{哑变量为 0,企业所投资的存货以后进先出法计价。}\end{cases}$$

由于除越南以外的其他国家均规定,存货计价不能采用后进先出法,因而金融资产和存货适用的哑变量均为 1,因此其边际税率没有差异。而越南税法对于存货的估价遵循会计准则,那么在企业追求缴税最小化的假设下,企业会选择后进先出法,所以存货适用的哑变量为 0,也就是说通胀不会影响企业利润、进而影响应缴税款;而金融资产的哑变量为 1,即表明通货膨胀会导致其应缴税款增加,因而投资于金融资产承担的有效边际税负更重。

中国外资居民企业投资于各种资产的边际税负差异较小。从图 6.2 可以看出,较之于其他四国,在中国,外资居民企业投资于各种资产的有效边际税率相差不大,这说明中国的现行税制相对而言是趋近中性的,不会严重影响企业的投资决策。

2. 有效平均税率的比较

通过有效平均税率的比较,能够反映出外商在整个投资期内所承担的税负水平。表 6.4、图 6.3 和图 6.4 显示的是,当投资的税前真实回报率为 20%,且其他经济条件一定的情况下,各国制造业外资居民企业进行不同投融资组合的有效平均税率。与边际投资的情形相比,各国外资居民企业的有效平均税负均呈现出以下一些新特点:

表 6.4　各国外资居民企业承担的有效平均税率(EATR)-仅考虑企业所得税

国家	总平均数	排名	融资方式			资产类型				
			留存利润	发行新股	举债	专利	工业建筑	机器设备	金融资产	存货
中国	24.27%	4	27.17%	27.17%	18.46%	23.50%	24.41%	24.31%	24.55%	24.55%
印度	33.55%	5	37.51%	37.51%	25.63%	29.20%	37.95%	33.83%	33.38%	33.38%

续　表

国家	总平均数	排名	融资方式			资产类型				
			留存利润	发行新股	举债	专利	工业建筑	机器设备	金融资产	存货
新加坡	16.10%	1	18.17%	18.17%	11.96%	14.75%	16.42%	13.98%	17.68%	17.68%
马来西亚	22.00%	2	24.83%	24.83%	16.34%	20.48%	21.06%	19.36%	24.55%	24.55%
越　南	23.75%	3	26.65%	26.65%	17.95%	27.92%	19.86%	24.31%	24.55%	22.10%

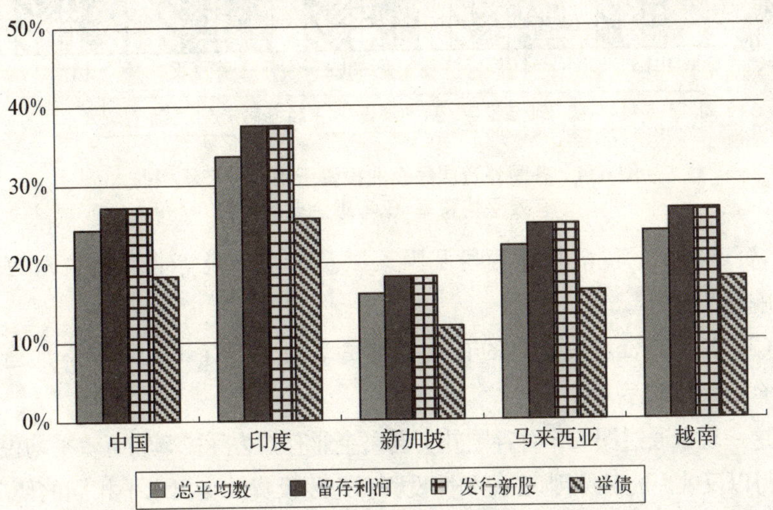

图 6.3　各国外资居民企业运用不同融资方式承担的有效平均税率-仅考虑企业所得税

(1) 举债融资的优势大大减弱

通过对图 6.3 和图 6.1 的比较可以看出，各国外资居民企业债权融资的有效平均税率均为一个较大正值，而且与其他两种融资方式的差距明显缩小。这是由于，盈利性投资的利润额较大，可扣减利息占利润总额的比重较之于边际投资时相对较低，也就是说税盾效应较小。

(2) 各种资产之间的税负差距有所缩小

对比图 6.4 和图 6.2，不难发现这一现象在各个国家都较为显著。盈利性投资产生的较高利润仍是导致这一现象的主要原因。随着利润额的不断

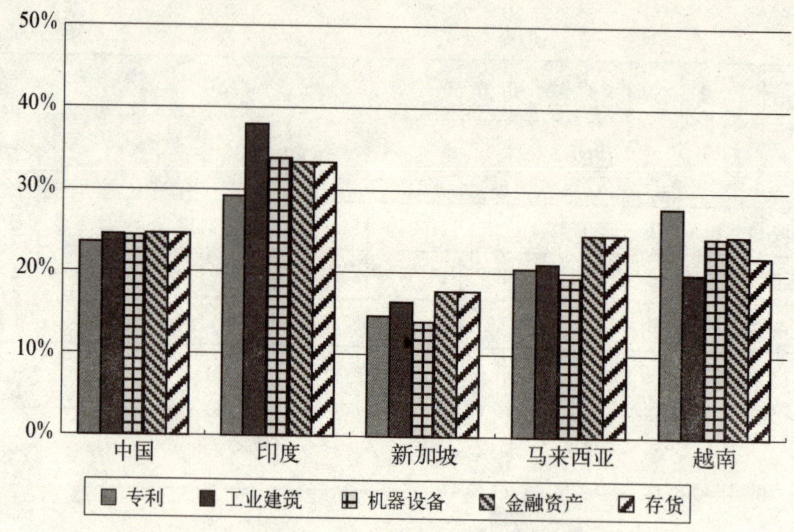

图 6.4 各国外资居民企业投资于不同资产承担的有效平均税率-仅考虑企业所得税

增加，资产折旧的税前扣除等税基因素以及不动产税等非利润税对有效税负影响越来越小。

(3) 各国外资居民企业的有效平均税率均大于有效边际税率且趋近于法定企业所得税税率

这一现象通过图 6.5 对各国外资居民企业有效边际税率和有效平均税率的比较得以反映。究其原因，在盈利性投资和边际投资的支出水平相同的情况下，前者获得的收入更多。这些增加的收入均依法定企业所得税税率缴税，而相应的税收补贴却并未比边际投资时有所增加。因此，随着利润水平的上升，税基对有效税率的影响越来越小，而法定企业所得税税率逐渐发挥了主导作用。

然而，各国外资居民企业进行盈利性投资的税负差异也是明显的：

(1) 各国外资居民企业有效平均税负的总体水平仍存在较大差距，其高低排序同边际投资的情形完全相同

从图 6.5 对各国外资居民企业有效边际税率和有效平均税率的比较可以看出，印度的有效平均税负仍旧最重，而新加坡以 16.1%的有效平均税率保持着其优势地位，不过二者的差距从边际投资时的 21.5 个百分点缩小为约 17.5 个百分点。盈利性投资产生的较高利润仍是导致这一现象的主要原

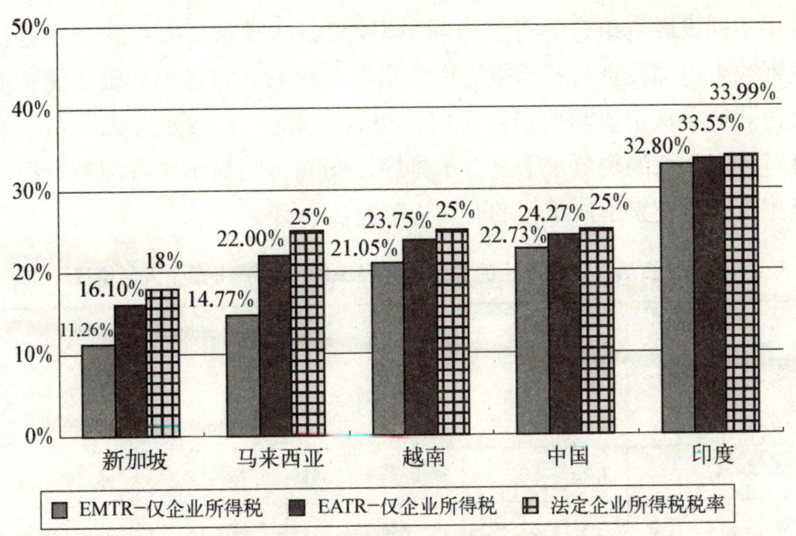

图 6.5　各国外资居民企业有效税率和法定企业所得税税率的比较-仅考虑企业所得税

因。随着利润额的不断增加，资产折旧的税收扣除、举债融资的利息扣除等税基因素和非利润税对有效税负的影响越来越小。中国的排名没有变化，仍然处于第 4 位，仅低于印度的有效平均税负。

(2) 各国外资居民企业采用不同融资方式间的差距亦不尽相同

从图 6.4 对各国外资居民企业投资于不同资产的有效平均税率的对比能够发现，新加坡的外资居民企业运用债权融资和股权融资时承担的有效平均税率分别为 11.96%和 18.17%，相差 6.2 个百分点，差异最小；而印度的这一差距最大，高达 11.9 个百分点。究其原因，这一方面是由于印度没有任何"资本弱化"规定，因此利息扣除数额不受债权股权比例的限制；另一方面因为印度的企业所得税税率较高，因此利息扣除对于平均税负的减轻效应更大。在中国，举债融资时承担的平均税率比其他两种融资方式低了 8.7 个百分点，这一差距仅小于印度的水平。

(二) 考虑股东个人所得税的估测与比较

1. 有效边际税率的比较

表 6.5 呈现的是各个国家制造业外资居民企业在考虑股东个人所得税

时采用不同投融资组合的有效边际税率，能够从股东层面反映外商进行边际投资或者追加投资时所承担的税负水平。图 6.6 将各国外资居民企业的有效边际税率从企业和股东两个层面进行了对比，并按照考虑股东个人所得税时各国企业的税负水平进行了排序。图 6.7 则显示了各国外资居民企业运用不同融资渠道所承担的有效边际税负。

表 6.5　各国外资居民企业承担的有效边际税率(EMTR)-考虑个人所得税

国家	总平均数	排名	融资方式			资产类型				
			留存利润	发行新股	举债	专利	工业建筑	机器设备	金融资产	存货
中国	38.57%	4	33.29%	50.35%	27.02%	36.36%	39.76%	38.33%	39.14%	39.14%
印度	60.74%	5	57.81%	69.87%	48.78%	52.45%	67.92%	60.54%	59.85%	59.85%
新加坡	21.15%	2	20.17%	20.17%	23.03%	15.89%	22.72%	12.96%	26.17%	26.17%
马来西亚	16.63%	1	24.78%	24.78%	-6.41%	10.46%	12.64%	5.15%	25.42%	25.42%
越南	24.71%	3	30.01%	34.53%	2.77%	35.88%	10.17%	26.46%	27.24%	18.96%

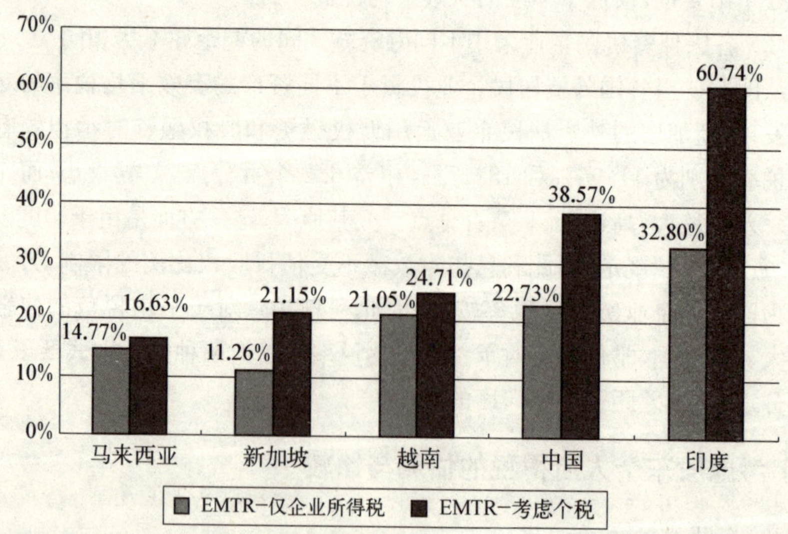

图 6.6　各国外资居民企业有效边际税率的比较

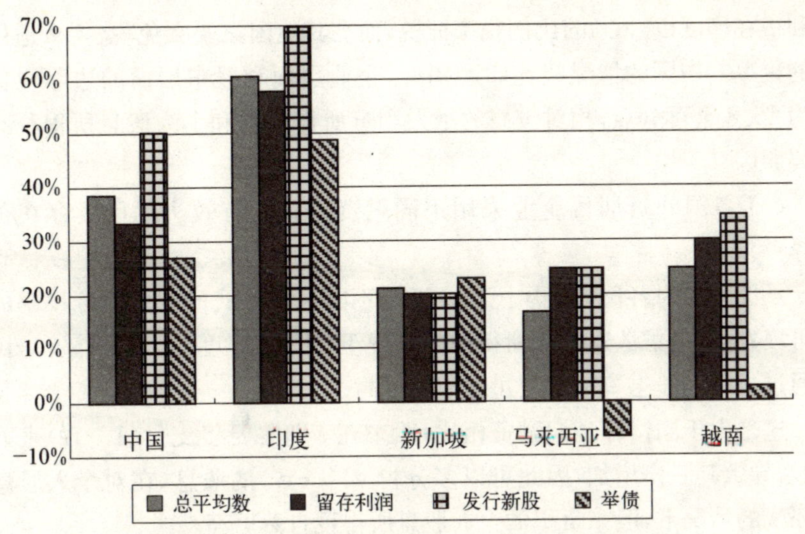

图 6.7　各国外资居民企业运用不同融资方式承担的有效边际税率-考虑个人所得税

在考虑股东个人所得税的情况下，各国外资居民企业的有效边际税率呈现出以下一些新的特点：

(1) 各国外资居民企业有效边际税率的高低排序发生了变化

从图 6.6 对各国外资居民企业的有效边际税率的对比不难发现，在考虑股东个人所得税的情况下，马来西亚以 16.63%的低税率成为最具税收优势的国家，新加坡降至第二位，其他三国的排序则没有改变。这主要是由于，较之于其他国家，马来西亚的个人所得税制度最为慷慨，仅对个人利息收入征收 5%的比例税，而对个人股息收入和转让股票的资本利得均予免税。

(2) 股东个人所得税不同程度地提高了各国外资居民企业的有效边际税率

如图 6.6 所示，股东个人所得税对印度外资居民企业的影响最大，其边际税负从 32.80%猛增至 60.74%，上升了 27.9 个百分点，增幅高达 85.18%。而在马来西亚，这一差距仅为 1.86 个百分点。印度严苛的个人所得税制度是造成这一状况的原因。在印度，个人利息和股息收入均纳入综合收入，适用三级超额累进税率，最高税率高达 33.99%。而在其他国家，个人利息和股息收入或适用较低的比例税率，或予以免税；个人转让股票的资本利得在印度以20%的比例税率征税，而在其他国家要么免税、要么适用极低的税率。中国的情况只比印度稍好，企业层面和股东层面的边际税负差距为15.8个百分点，相对较高的个人利息所得税率和个人股息所得税率是主要原因。

(3) 各国外资居民企业采用不同融资方式的有效边际税负存在很大差异

从图6.7对各国外资居民企业运用不同融资方式的有效边际税率的比较可以发现，考虑股东个人所得税的情况下，中国、印度、越南的外资居民企业通过发行新股融资的有效边际税率最高。

这是由于同留存利润融资相比，股东在 t 期需要多支付 $(1-\tau\phi)$ 来购买新股，导致其股份增加，因此可以多分得 $\gamma(1-\tau\phi)$ 的股息，在对个人股息收入征税的情况下，股东负担的个人股息所得税自然更高。

在新加坡和马来西亚，如图6.7所示，发行新股和留存利润这两种融资方式承担的税负相同。

因为这两个国家对于个人股息所得和个人转让股票的资本所得均予免税，因此，从税收角度讲，股东无论采取哪种股权融资方式都没有差别。

在新加坡，举债融资丧失了其优势地位，通过留存利润和发行新股融资的有效边际税率更低。

其原因在于，首先，针对个人转让上市公司股票的所得免征资本利得税，这极大地增强了留存利润融资的吸引力；其二，对个人股息所得予以免税，对于发行新股融资是一大激励；其三，由于新加坡外资居民企业适用的企业所得税税率很低，利息扣除对于税负的减轻效应很小，因此税盾效应并不突出。

(4) 在除新加坡以外其他四国，举债融资仍是最好的选择，但其税收优势相对减弱

以举债融资最具优势的马来西亚为例，仅考虑企业所得税的情况下，如图6.1所示，举债与发行新股两种方式之间的差距为39.3个百分点；而考虑股东个人所得税之后，如图6.7所示，这一差距缩小为31.2个百分点。个人利息所得税是造成这一情况的主要原因。利息税的征收或提高降低了债权投资的税后收益，因此，个人纷纷转向股权投资。这就使原本均衡的股票市

场出现了供大于求的情况，造成每股分得的股息不断减少，进而导致个人负担的股息所得税的减少。

然而，举债仍是税负最低的融资方式，特别是在马来西亚。如图 6.7 所示，该国外资居民企业债权融资时的有效边际税负仍是一个负值，说明其个人所得税制度亦补贴着通过债务融资的边际投资行为。这一方面归因于马来西亚较低的个人利息所得税税率，另一方面由于马来西亚外资居民企业适用的企业所得税税率相对较高，因而利息扣除对于税负的减轻效应相应较大。

(5) 尽管越南和马来西亚的法定企业所得税税率、个人利息所得税率均一致，但二者的有效边际税率相差却达 8.1 个百分点

两国税法对于资产税收扣除额的计算方法和资产折旧年限的不同规定，也就说税基因素，是导致这一现象的主要原因。

2. 有效平均税率的比较

表 6.6 显示的是，当投资的税前真实回报率为 20%，且其他经济条件一定的情况下，各国外资居民企业在考虑股东个人所得税时运用不同融资方式投资于不同资产的有效平均税率。图 6.8 将各国外资居民企业的有效平均税率从企业和股东两个层面进行了对比，并按照考虑个人所得税时各国企业的税负水平进行了排序。图 6.9 则显示了考虑股东个人所得税时各国外资居民企业的有效边际税率和有效平均税率，且按照有效平均税率进行了排序。

表 6.6　各国外资居民企业承担的有效平均税率(EATR)-考虑个人所得税

国家	总平均数	排名	融资方式			资产类型				
			留存利润	发行新股	举债	专利	工业建筑	机器设备	金融资产	存货
中国	32.05%	4	30.64%	36.29%	29.22%	31.43%	32.40%	31.98%	32.22%	32.22%
印度	45.58%	5	44.55%	50.08%	42.12%	42.99%	48.91%	45.51%	45.25%	45.25%
新加坡	16.51%	1	15.97%	15.97%	17.60%	15.20%	16.83%	14.48%	18.01%	18.01%
马来西亚	22.31%	2	24.75%	24.75%	17.43%	20.86%	21.37%	19.78%	24.76%	24.76%
越南	25.60%	3	27.27%	28.91%	20.62%	29.44%	22.02%	26.13%	26.37%	24.03%

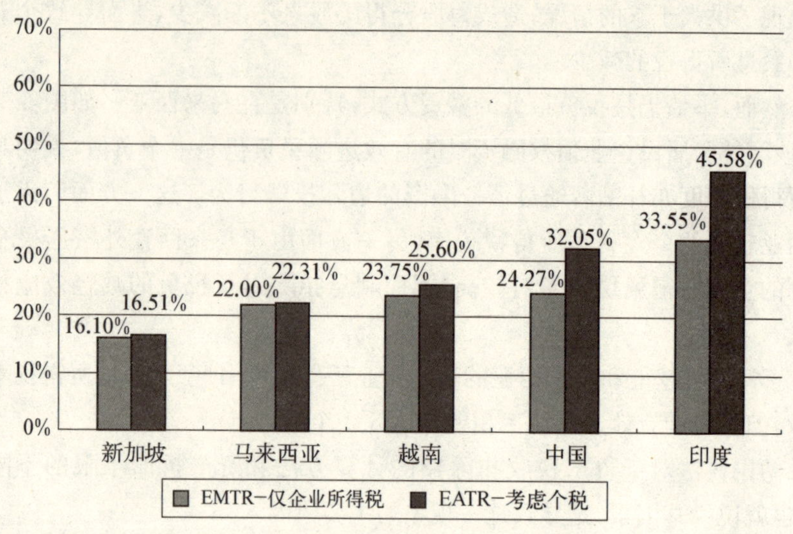

图 6.8　各国外资居民企业的有效平均税率

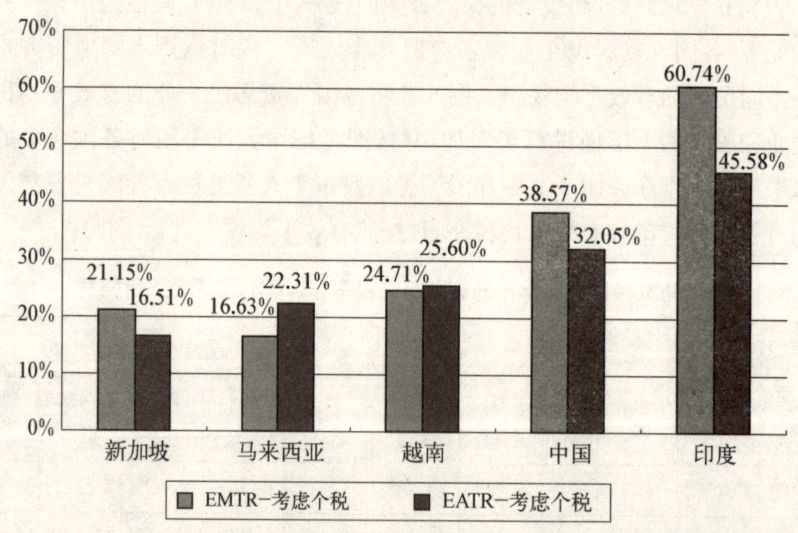

图 6.9　各国外资居民企业的有效税率－考虑个人所得税

考虑股东个人所得税的情况下，各国外资居民企业的有效平均税负呈现出以下一些特点：

(1) 各国外资居民企业有效平均税率的排序不同于其有效边际税率的

排序

通过表 6.6 可以看出，新加坡以 16.51%的有效平均税率重新成为最具吸引力的国家；而马来西亚重回第二的位置；中国仍位居第四，仅低于印度的有效平均税负。

(2) 股东个人所得税不同程度地提高了各国外资居民企业的有效平均税率，但其增幅明显小于有效边际税负的变化

通过图 6.6 和图 6.8 的对比不难发现这一现象。这主要是由于边际投资对于企业所得税的税基及非利润税等因素比较敏感，而个人所得税亦可视为一种非利润税，因此其对有效边际税率的影响更大。

(3) 各国外资居民企业承担的有效税率呈现出不同的特征

从图 6.9 对各国外资居民企业有效边际税率和有效平均税率的对比不难发现，考虑股东个人所得税的情况下，中国、印度、新加坡的有效平均税率要低于有效边际税率，这说明在这些国家进行盈利性投资是更好的选择。究其原因，一方面，上述三国均对工业建筑征收了不动产税，由于这种税取决于建筑物的价值而非企业的利润，因此随着利润不断提高，不动产税的影响逐渐减小，工业建筑的税负相应降低，从而导致有效平均税负的总平均数下降。另一方面，较之于有效平均税率，股东个人所得税对有效边际税率的影响更为显著。印度、中国、新加坡三国的个人所得税相对比较严苛，因而极大地提高了其外资居民企业的有效边际税负；而马来西亚和越南的情况则恰好相反，有效平均税率依然大于有效边际税率，这意味着边际投资或者追加投资更为有利。

(三) 敏感性分析

本部分将进行敏感性分析，即改变上述主要经济假设并重新计算各国外资居民企业承担的有效边际税率和有效平均税率，以反映宏观经济变量对企业有效税负的影响。

1. 对有效边际税率的敏感性分析

表 6.7 列出了基本假设改变后各国外资居民企业的有效边际税率。第一行总结了基本情况下的实证结果。其他行则显示了实际利率、通货膨胀率等经济变量以及投资资产和融资方式的权重发生变化后的结果。图 6.10

则直观地显示了宏观经济变量的变化对各国外资居民企业有效边际税率的不同影响。

表 6.7 改变假设条件后各国外资居民企业的有效边际税率-仅考虑企业所得税

项目 \ 国家 EMTR(%)	中　国	印　度	新加坡	马来西亚	越　南
基本情况	22.73	32.80	11.26	14.77	21.05
实际利率 r 为 10%	20.48	28.33	10.18	14.22	19.93
通胀率 π 为 4%	25.74	35.85	13.10	17.35	22.90
BACH 权重	16.98	26.53	8.33	11.15	13.30

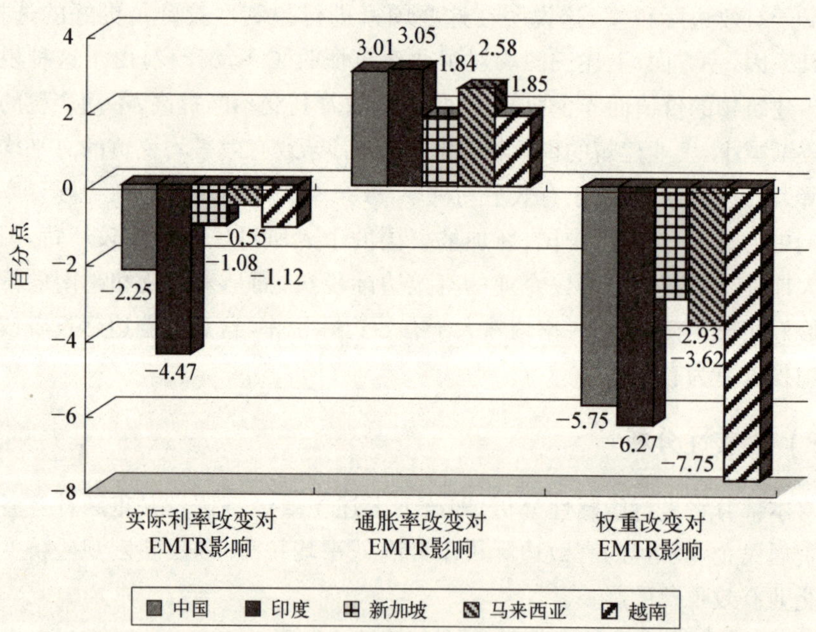

图 6.10 宏观经济因素的变化对各国外资居民企业有效边际税率的影响

(1) 实际利率的敏感性分析

从表 6.7 的第 1、2 行不难发现，实际利率的提高将导致各国企业有效边际税率的下降。究其原因，一方面，边际投资的税前最小回报率（即资本成本）会随着实际利率的上升而增加，导致了有效边际税率的提高；然而，另一方面，在利息所得税保持不变的情况下，储蓄所获得的税后真实回报率会随着实际利率的上升相应增大，从而致使有效边际税率下降。而后者的增幅要大于资本成本的变动，因此实际利率上升的最终结果是有效边际税率的降低。从图 6.10 可以看出，实际利率提高 1 倍，即从 5%升至 10%，会导致印度外资居民企业的有效边际税率降低 4.5 个百分点，影响最大；而在马来西亚，这一数字仅为 0.55 个百分点，意味着其外资居民企业进行边际投资或追加投资时对实际利率的变化不敏感；2.25 个百分点的变动说明实际利率的改变对中国外资居民企业的边际投资行为影响较大。

(2) 通胀率的敏感性分析

从表 6.7 的第 1、3 行可以发现，在其他条件不变的情况下，通货膨胀率的上升将导致各国企业有效边际税率较大幅度的增加。印度和中国的外资居民企业对其最为敏感，通胀率上升 1 倍，即从 2%变为 4%，两国外资企业有效边际税负分别增加了 3.05 和 3.01 个百分点；以此相反，通胀率的变化对新加坡和越南的外资居民企业影响不大。

(3) 权重的敏感性分析

表 6.7 的第 4 行使用的权数源于 BACH（Bank for the Accounts of Companies Harmonised）数据库。不难发现，改变投资资产和融资方式的权重致使各国外资居民企业的有效边际税率均出现了大幅下降，这主要是因为举债融资的权数大幅上升，而企业进行边际投资时，各国税法实际上对债权融资进行了补贴。如图 6.10 所示，越南的降幅最为明显；新加坡外资居民企业受到的影响最小；而中国外资居民企业对权重的改变亦不很敏感。

2. 对有效平均税率的敏感性分析

表 6.8 列出了基本假设改变后各国外资居民企业的有效平均税率。由于有效平均税率针对的是盈利性投资，而盈利性投资就会涉及盈利能力的变化，因此，较之于边际投资，表 6.8 还会显示盈利能力发生变化后的结果。图 6.11 呈现了宏观经济变量的变化对各国外资居民企业有效平均税率的不同影响。

表 6.8　改变假设条件后各国外资居民企业的有效平均税率-仅考虑企业所得税

项目 \ 国家 EATR(%)	中　国	印　度	新加坡	马来西亚	越　南
基本情况	24.27	33.55	16.10	22.00	23.75
实际利率 r 为 10%	22.16	30.04	13.65	18.72	21.83
通胀率 π 为 4%	25.25	34.71	16.59	22.69	24.32
BACH 权重	22.58	31.45	15.36	21.10	21.63
税前真实回报率 p（盈利能力）为 40%	24.63	33.77	17.05	23.50	24.37

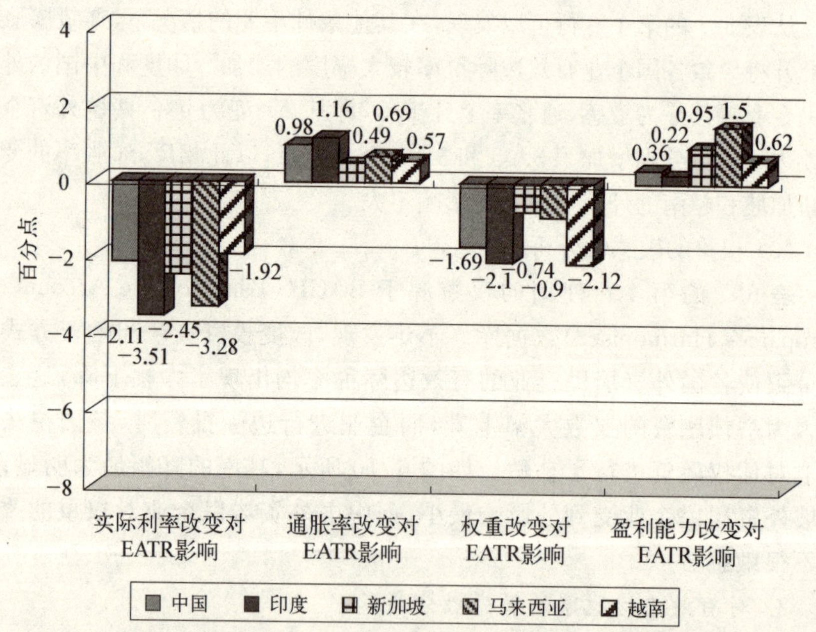

图 6.11　宏观经济因素的变化对各国外资居民企业有效平均税率的影响

(1) 实际利率的敏感性分析

从表 6.8 的第 1、2 行可以看出，实际利率的提高大幅降低了各国外资居民企业的有效平均税率。这是由于不断上升的名义利率和仍旧固定在 20%

的税前回报率致使投资的盈利能力降低了。而根据投资盈利水平和有效平均税率之间的关系，能够推测出较低的盈利能力会导致较小的有效平均税率。通过图 6.11 不难发现，实际利率的变动对印度外资居民企业的有效平均税负影响最大，多达 3.51 个百分点；而越南的这一数字最低，仅为 1.92 个百分点；2.11 个百分点的变化说明中国外资居民企业进行盈利性投资时对实际利率的变化亦不敏感。

(2) 通胀率的敏感性分析

如图 6.11 所示，通胀率的上升将造成企业有效平均税负的加重。但与图 6.10 相比不难发现，有效平均税率的增加幅度远小于有效边际税率的变化。以对通胀率最为敏感的印度为例，通胀率上升 1 倍，有效平均税率增加 1.16 个百分点；而边际投资的情况下，这一数字高达 3.05 个百分点；中国和其他三国的情况与此类似。这主要是由于盈利性投资的利润相对较大，因举债融资可予抵扣的利息支出所占比重较小，也就是说债权融资的税盾效应对于有效平均税率的作用相对较弱。

(3) 权重的敏感性分析

从表 6.8 的第 1、4 行和图 6.11 可以发现，改变投资资产和融资方式的权重会导致各国外资居民企业的有效平均税率的小幅下降。越南外资居民企业的有效平均税负变化最大，下降了 2.12 个百分点；在新加坡，外资居民企业的平均税率只减少了 0.74 个百分点，说明其对于权重的变化不敏感；中国的这一数字为 1.69，降幅居中。

(4) 盈利能力的敏感性分析

从表 6.8 的第 1、5 行能够看出，投资的盈利水平越高，有效平均税率就越大且越接近法定的企业所得税税率。究其原因，随着利润的增加，资产的税收扣除额、因举债融资增加而增加的利息支出等税基因素以及不动产税等非利润税对有效平均税率的影响越来越小，而法定企业所得税税率对有效税负的主导作用越来越明显。从图 6.11 可以看出，当投资的盈利水平从 20 %上升至 40%时，马来西亚外资居民企业的有效平均税率变化最为显著，达 1.5 个百分点；印度外资居民企业受到的影响最小，这是由于基本情况下的有效平均税率已经与法定企业所得税税率相当接近了；在中国，外资居民企业的有效平均税负对于盈利能力的改变也不很敏感。

三、外资居民企业有效税负的综合排序及分析

这部分内容将对中国外资居民企业有效税负的纵向比较和横向比较进行综合排序，一方面可以揭示出中国企业所得税制度改革对其比较税收优势的影响；另一方面能够反映出各国税收制度对于外资的吸引力。

（一）仅考虑企业所得税的排序

1. 基于有效边际税率的排序

图6.12呈现的是仅考虑企业所得税的情况下各国外资居民企业有效边际税率的排序。

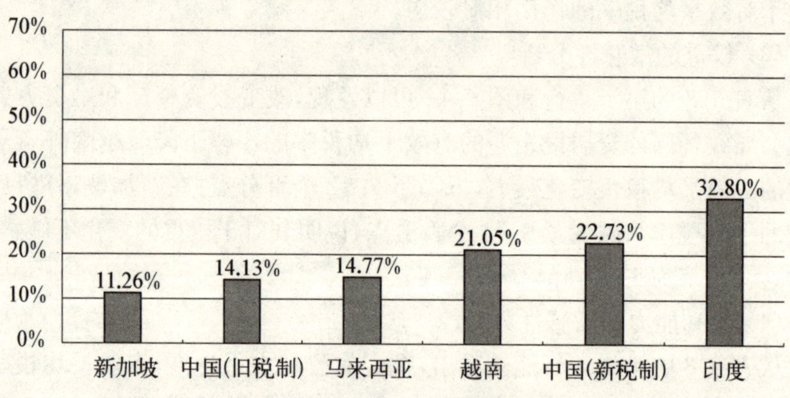

图6.12 各国外资居民企业的有效边际税率-仅考虑企业所得税

不难发现，首先，新加坡外资居民企业承担的有效边际税负最轻，印度的最重，二者相差达21.54个百分点，后者约为前者的2.9倍；其次，中国的企业所得税制度改革致使其排名下降两位，较大程度地削弱了其税收优势，不利于外资居民企业边际投资或追加投资的开展。

2. 基于有效平均税率的排序

通过图6.13对各国外资居民企业有效平均税率从低到高的排名可以看

出，其一，中国外资企业在原有税制下进行初始投资或者盈利性投资所承担的税负最轻，而印度外资居民企业的这一税负依然最高，两者差距为18.8个百分点，较边际投资时最高值和最低值之间21.54个百分点的差距稍有下降；其二，相对于边际投资的情形，中国的企业所得税制度改革对盈利性投资的税负影响更大，外资居民企业承担的有效平均税率因此出现了较大幅度地增加，从而致使中国的投资吸引力排名下降了三位。

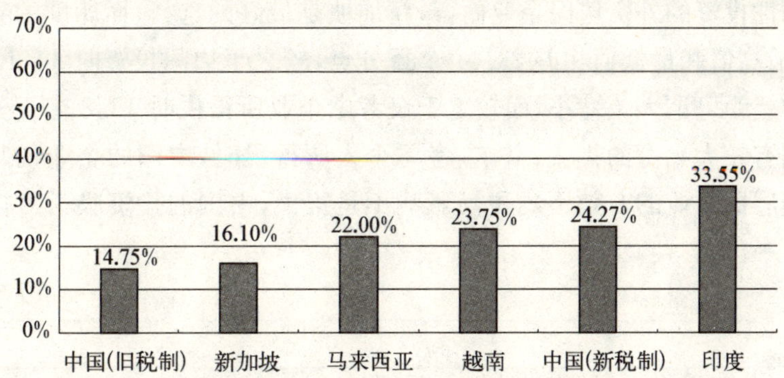

图 6.13　各国外资居民企业的有效平均税率-仅考虑企业所得税

(二) 考虑股东个人所得税的排序

1. 基于有效边际税率的排序

考虑股东个人所得税时，从图6.14不难看出，首先，马来西亚的外资居民企业进行边际投资或追加投资所承担的税率最低，印度的这一数字仍旧

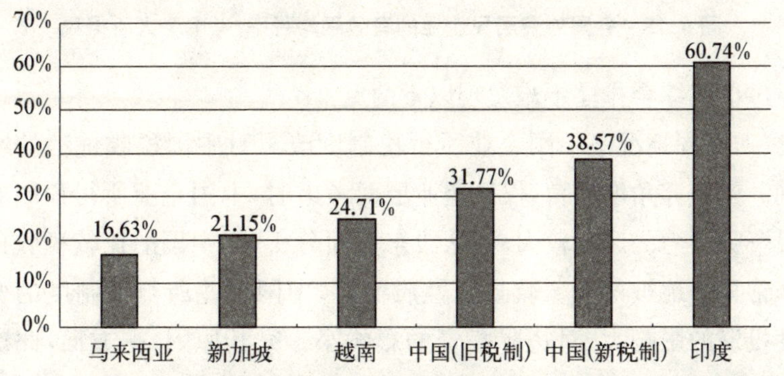

图 6.14　各国外资居民企业的有效边际税率-考虑个人所得税

最高，最高值和最低值之间的差距较之于仅考虑企业所得税时的 21.54 个百分点扩大为 44.11 个百分点；其次，考虑股东个人所得税的情况下，企业所得税制度的改革尽管导致中国外资居民企业的有效边际税率出现小幅提高，但对中国的排名并没有影响。

2. 基于有效平均税率的排序

从图 6.15 可以发现，考虑股东个人所得税时，其一，对于进行初始投资或盈利性投资的外资居民企业而言，新加坡是最好的选择，而印度的吸引力最小，最高值和最低值相差 29.07 个百分点，较之于边际投资时 44.11 个百分点的差距可谓大幅缩小，而较之于仅考虑企业所得税时 18.8 个百分点的差距则有较大幅度的扩大；其二，考虑个人所得税时，中国的企业税制改革对外资居民企业的有效平均税负影响不是很大，中国的投资吸引力排名仅下降了一位。

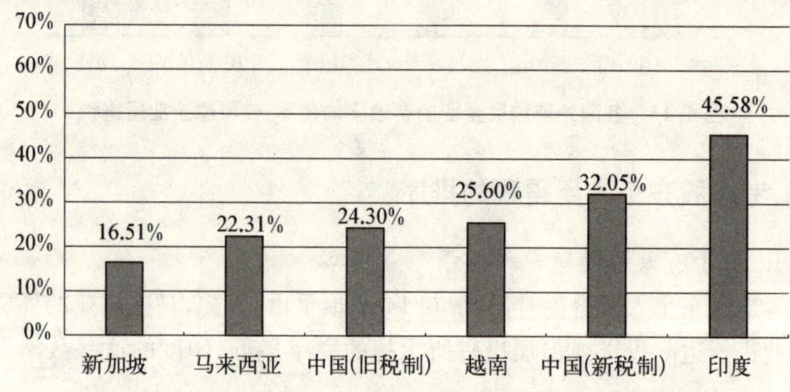

图 6.15　各国外资居民企业的有效平均税率-考虑个人所得税

通过上述综合排序不难发现以下两点：

第一，不同情况下中国企业所得税制度改革对中国税收优势的影响不尽相同。就研究角度而言，仅从企业层面考虑时，中国企业所得税制的改革对其投资吸引力的影响较大；而从股东层面分析时，中国的比较税收优势并没有非常显著地被削弱。就投资性质而言，中国企业所得税制度的变化对盈利性投资的影响大、对边际投资的影响小。究其原因，一方面，此次企业所得税制度改革取消了此前给予外资居民企业的大量税收优惠政策，从而主要导致其实际适用税率的提高、其税基的变化并不大;另一方面,盈利性投资对企业所得税税率的变化较边际投资更为敏感。

第二,不同情况下有效税率最高值和最低值间的差距不尽相同。从不同性质的投资来看,较之于盈利性投资,边际投资时最高值和最低值之间的差距较大,这说明各国的非利润税制度以及针对企业所得税税基方面的规定存在较大的差异。从不同的研究角度来看,较之于企业层面,从股东个人层面分析时最高值和最低值之间的差距较大,这反映了各国股东个人所得税制度存在的显著差异。

通过上述对中国及周边国家外资居民企业有效税负的横向比较分析以及对外资居民企业有效税负的综合排序,可以得出以下主要结论:

第一,各国外资居民企业的有效税负差异较大。无论从企业层面还是股东层面分析,无论是边际投资还是盈利性投资,印度外资居民企业的有效税负始终是最重的;中国紧随印度之后,并不具有税收优势;越南位居第三,税收优势不很明显;仅从企业层面看,新加坡的有效税率最低;而从股东层面分析时,在边际投资的情况下,马来西亚以最低的有效边际税率拔得头筹;而在盈利性投资的情况下,新加坡重新成为具有吸引力的国家。

第二,企业的税负水平不能仅以法定税率衡量,税基和非利润税亦是不可忽视的重要因素。尽管中国、越南、马来西亚的法定企业所得税税率相同,但三国外资居民企业的有效税负却相差甚大。各国税法对于资产税收扣除额的计算方法、资产的折旧年限、举债融资时所付利息的扣除、不动产税等不同规定,也就说税基和非利润税等因素,是导致这一现象的主要原因。

第三,各国的税收制度均呈现出不同程度的非中性。研究涉及的五个国家的税收制度都会对外资居民企业的投资类型及融资方式产生不同的激励,从而扭曲企业的投资和融资决策,影响资源的配置效率。从融资方式看,仅考虑企业所得税的情况下,举债融资的税收优势在各国都较为明显;而当考虑个人所得税时,在新加坡,债权融资的优势地位就被股权融资所取代。从投资类型看,中国、新加坡和马来西亚的外资居民企业投资于金融资产和存货的有效税负最重;印度税制则不利于对工业建筑的投资;而在越南，专利所承担的有效税率最高。

第四，各国外资居民企业承担的有效税率呈现出不同的特征。仅考虑企业所得税时，在所有国家中，外资居民企业有效平均税率均大于有效边际税率，这意味着进行边际投资是较为有利的选择；而考虑股东个人所得税的情况下，中国、印度、新加坡三国的有效平均税率则小于有效边际税率，这表明从税收角度讲盈利性投资在上述三国更为有利。

第五，股东个人所得税对边际投资的影响更大。较之于有效平均税率，股东个人所得税对各国外资居民企业有效边际税率的影响更为显著。

第六，分析结果对各个经济假设具有不同的敏感性。就边际投资而言，实际利率的提高会导致各国企业有效边际税率不同程度的降低，印度对此最为敏感；改变投资资产和融资方式的权重也会降低各国外资居民企业的有效边际税率，且降幅很大，特别是越南；而通货膨胀率的上升会造成各国外资居民企业有效边际税负的大幅增加，印度和中国受到的影响最大。就盈利性投资而言，投资的盈利水平越高，企业的有效平均税率就越大且越接近法定的企业所得税税率，这在马来西亚体现得最为充分；通货膨胀率的上升也会导致各国外资居民企业有效平均税率的增加，尤其是印度；而实际利率的提高将导致企业有效平均税负较大幅度的下降，印度对此亦很敏感；改变投资资产和融资方式权重对各国外资居民企业有效平均税率的影响都不大。

第七，不同情况下中国企业所得税制度改革对中国税收优势的影响不尽相同。就研究角度而言，仅从企业层面考虑时，中国企业所得税制的改革对其投资吸引力的影响较大；而从股东层面分析时，中国的比较税收优势并没有非常显著地被削弱。就投资性质而言，中国企业所得税制度的变化对盈利性投资的影响大、对边际投资的影响小。

第八，不同情况下有效税率最高值和最低值间的差距不尽相同。从不同性质的投资来看，较之于盈利性投资，边际投资时最高值和最低值之间的差距较大。从不同的研究角度来看，较之于企业层面，从股东个人层面分析时最高值和最低值之间的差距较大。

第七章　有效税负比较分析的扩展

为了进一步吸引外资、调整产业结构、促进经济发展，中国及周边国家都制定了相应的税收优惠政策。由于国情差异，各国的税收激励措施在具体形式、优惠倾向等方面都存在较大差别，对本国外资居民企业有效税负的影响也不尽相同。

一、税收优惠是税收竞争的重要手段

税收竞争是针对国际流动性资源，诸如资本、技术、人才以及商品而展开的广泛的、多种形式的税收竞争。为了把国际间的流动资本吸引到本国，各国竞相采取较为慷慨的税收优惠政策。

(一) 国际间税收竞争程度日益激烈

1. 税收竞争的分类

税收竞争是对竞争概念的扩大及延伸，是政府通过税收手段，吸引经济资源到自己的管辖范围，促进本地区经济发展的一种自利行为。上述定义表述了四层含义：实施税收竞争的主体是政府，即有税收管辖权的本国各级政府或外国政府；竞争的工具是税收，包括税制的设计、税收政策的调整和一切税收行为；竞争的目的是吸引经济资源，促进本地区经济发展，包括吸引资金、技术和劳动力等；税收竞争存在的状态是一种行为。为了进一步理解和认识税收竞争，按照不同的划分标准，可以将税收竞争分为 4 种类型：

(1) 按税收竞争的地域范围，可划分为国内税收竞争和国际税收竞争

一般情况下，国家内部会形成一个统一的市场，中央政府会协调税制体系，避免地方之间为了争夺资源和税源发生竞争，也不会将影响全国统一市场发展的税权下放给地方。但是，地方经济利益的存在，决定了地方政府会利用拥有的一切权力(包括税权)，使本地区在竞争中处于有利地位。特别是在大国，地方政府之间的税收竞争普遍存在。在国际领域，各国拥有独立的税收管辖权，国与国之间的税收竞争形成了国际税收竞争。

(2) 按税收竞争的对象,可划分为狭义税收竞争和广义税收竞争

狭义税收竞争是指具有特定意图的具体的税收竞争。欧盟对税收竞争的理解可以代表对狭义税收竞争的认识。欧盟认为,一是旨在吸引证券投资,尤其是个人有息投资的税收竞争,表现在对支付给非居民的利息课征较低或不征预提税,以及不向目的国税务当局提供此类支付的信息;二是旨在吸引直接投资的税收竞争,表现在一国通过给外国投资者较优惠的税收鼓励措施,使其投资于该国而非其他国家。广义税收竞争是针对国际可流动资源而展开的广泛的、多种形式的税收竞争,包括税制方式、税收政策和税收征管的方方面面。

(3) 按税收竞争的性质,可划分为主动性税收竞争和被动性税收竞争

主动性税收竞争也可称为竞争性税收政策,是指一国政府为了国家经济利益的需要,不受外国影响的自主进行的税收竞争。主动性税收竞争有较强的进攻性,有利于商品输出、资本流动或增强本国企业在国际经济交往中的竞争实力。被动性税收竞争也可称为发展性税收政策,是指为了改变国际竞争中的不利地位、受外国税收政策影响的、发展本国经济的税收竞争。被动性税收竞争以防御为主,受客观环境制约,致力于本国的经济发展。

(4) 按税收竞争的后果,可划分为良性的税收竞争和有害的税收竞争

如果税收竞争的结果有利于经济资源的合理配置,不发生任何扭曲变形的损失,促进了各国税制的合理和优化,就是正当的、良性的税收竞争;如果税收竞争的结果不利于经济资源的合理配置,发生扭曲变形损失,导致其他国家受到损害,就是不正当的、有害的税收竞争。

2. 国际税收竞争的历史和现状

国际税收竞争是企业竞争、经济竞争、国家竞争和地区竞争在国家税收宏观调控上的表现。由于经济发展阶段的不同,国际税收竞争首先在欧美国家之间展开,然后波及到发展中国家。由于经济实力的差别,欧美国家的国际税收竞争更具影响力,往往处于主导地位;发展中国家经常处于从属地位,部分国家或地区被指责为有害的税收竞争。

(1) 美国的税收竞争政策

无论税收理论还是税收实践,美国都走在世界前列,因此美国的税收理

论和税收政策具有广泛的代表性。在国际税收竞争领域，美国的竞争性政策是通过税制改革和国际税收政策两方面实现的。

一方面，通过税制改革提高经济竞争力。20世纪70年代世界性石油危机以后，美国经济长期在“滞涨”中徘徊，这迫使美国政府寻找出路。当时的里根政府提交全面税制改革的方案，基本原则是降低税负、合理负担和简化税制，税收政策目标是“公平、简化和经济增长”。1986年削减对投资的税收，将联邦公司所得税税率从50%降到34%，将个人所得税税率从50%降到28%。进入90年代以来，经过多次的调整和改革，现行的美国税制初步实现了既定目标，减轻了企业负担，提高了企业的经济竞争实力，吸引了大量国际资本。仅从德、法两国为主的欧洲流入美国的资金总额就达到数万亿美元，创造了美国90年代的经济繁荣。

另一方面，美国的国际税收政策调整加速了本国出口的增长。最近30年来，美国一直在寻求通过国内税法为美国出口商提供税收优惠。由于大多数美国跨国公司都与这种优惠有着千丝万缕的关系，每年的优惠额将近40亿美元。美国1971年通过了国内的国际销售公司(DISC)税制，据此，美国公司可以设立处理出口销售业务的分公司，出口业务利润的一部分可以作为外国公司的所得而享受免税待遇，股东们也可以就“出口财产”的销售利润而享受部分免税的待遇。出口货物是指在美国生产的，主要是为了出口而持有的货物，其价值中的进口比重不超过50%。这项规定既可以实现出口补贴，又可以形成进口歧视，可谓一箭双雕。在欧洲贸易伙伴的不断反对下，1984年美国通过立法，对DISC税制进行了修订，并制定了外国销售公司(FSC税制)法令。该制度规定，若一家美国出口商满足“在国外存在”、“在国外管理”以及“在国外进行经济操作过程”等要求，其出口销售收入的一部分可免缴美国税收。虽然分公司必须是“国外的公司”，但国外公司未必就是国际法所说的外国公司。FSC税制基本上就是DISC税制的翻版，只不过出口商必须满足一系列技术要求才能适用。

(2) 欧洲的税收竞争政策

由于欧洲各国的历史、社会制度和经济发展的不同，欧洲的税收竞争政策可以分为两个主要部分：以欧盟为代表的西欧主要表现为提高企业竞争力的主动性税收竞争；东欧主要表现为吸引外资的被动性税收竞争。

第一个部分是欧盟成员国的竞争性税收优惠政策。在经济活动中扮演重要角色的整体税收制度的竞争力成为政府政策的重要组成部分，当今世界没有一个国家能够不考虑国际税收发展的情况而独自制定税收制度。欧盟国际税收竞争主要体现在所得税制度的制定，竞争力主要表现在税基、法定税率、股息税和对资本利得及企业重组、合并、收购的税收规定。第一，有利公司的宽税基。在20世纪80年代中期以前，大多数国家的税法都包含着一系列特别规定，税基比较窄，主要税收政策导向不明显。80年代中期以后，税收规则越来越透明，许多特别的优惠措施取消了，税基普遍变宽，实际税负普遍接近名义税负，政策导向更突出。例如，荷兰的税法规定，对公司股份的股息税和资本利得税给予免税，非常有利于控股公司。第二，降低法定税率。随着税基的扩大，公司的税率也随之降低。例如，爱尔兰20世纪90年代末的公司综合税率为24%，从2003年开始普遍降为12.5%，制造业的法定税率只有10%；德国1996年公司税率为57.4%，现在已经降为25%；瑞典1990年税制改革前公司税率为56%，现在已经降为28%；守旧的英国也将公司税率从1996年的33%降为30%。税率的降低使得成员国间税制进一步展开竞争，欧盟内低公司税税率发展的趋势也许会继续进行下去，在未来的5至10年内，公司税标准税率也许会固定在25%左右。

第二个部分是东欧国家吸引直接投资的竞争政策。东欧国家经历了20世纪80年代末90年代初的巨变以后，迅速向市场经济发展。1988年公司所得税的税率都比较高，例如，捷克为75%，匈牙利为55%，斯洛伐克为75%。到90年代末期，大部分国家都大幅度降低了公司所得税的税率。例如，捷克已降为39%，匈牙利降为18%，斯洛伐克降为40%。1993年以前，大部分国家都对外国投资采取税收鼓励措施。例如，捷克对外商合资经营企业给予两年的免税期，匈牙利甚至对符合条件的外资企业给予长达10年的免税。自1993年开始，对外国投资者的税收优惠已基本废除，进入了公平竞争时期。经过短期的公平税收后，给予投资特殊税收优惠的政策又以新的形式逐渐出现，近年来这种趋势更为增强。例如，匈牙利1996年开始，对投资额超过10亿福林的企业减免所得税5年，对投资特定地区的企业还可给予额外的优惠。此外，还将建立8个经济特区。波兰截至1997年11月已经建立了17个经济特区。捷克由于没有采取税收鼓励措施，从而丧失了许多重要的投资机遇。俄罗斯在东欧国家有相当的代表性，2002 年生效的《税收法典》对公司所得税进行了多项改革，大幅度降低了所得税税率，由 35%降至 24%，降低了 11 个百分点，并放宽了费用扣除和折旧的规定。特别值得一提的是，在降低税率的同时，对俄国公司收到来源于俄国的股息，税率降为 6%，非俄国来源的股息仍为 15%。

(3) 发展中国家的税收竞争政策

西方国家普遍降低税率给发展中国家造成了强大的压力，投资环境本来就不如西方发达国家的发展中国家，要想吸引外资，更得相应地降低税率。如泰国、韩国、墨西哥等国家公司税率一般都降到 30%至 35%之间。进入 90 年代末，各发展中国家在发达国家带动下，又掀起新一轮的降低税率的热潮。例如，危地马拉公司所得税从 27.5%降至 25%，菲律宾公司所得税从 33%降至 32%，为了引进外国的资金和技术以及先进的管理经验，发展中国家普遍设立了名目繁多的税收优惠政策，在很大程度上达到了经济规模扩大、就业人数增加和加速本国经济发展的目的。更有一些国家或地区实行极具诱惑的低税政策，成为著名的国际避税地。

(二) 税收优惠手段表现形式趋于多样

税收优惠有助于吸引更多的国际流动经济资源进入本国，以促进本国经济的发展。在东道国运用税收优惠手段参与国际税收竞争的情况下，对于国际流动经济资源的所有者而言，一方面降低了他们的成本，提高了他们的收益成本比；另一方面，相对低廉的成本有利于他们在该国的市场竞争中占据优势地位，获得巨额利润。正是在微观经济主体这种趋利动机的作用下，税收优惠对国际流动经济资源的所有者具有吸引力。且在一定范围内，税收优惠的程度越大，对国际流动经济资源的所有者的吸引力越大。

税收竞争是通过差别效应来实现的，这种差别效应既体现在同一课税对象国际间税负水平的差别上，又体现在同一课税对象在国内地区与地区之间、行业与行业之间，以及由于资本的来源、投向不同等而形成的国内税负水平差别上。税收竞争是经济全球化的产物，是各国政府间以税收为载体的竞争，其实质是通过税收分配，使税收利益关系在全球范围内得到调整。

综观世界各国,不论是发达国家还是发展中国家,都在利用税收优惠措施引进外资,但其做法和侧重点以及所实施的政策方案不尽相同,最终实施效率也不同,大体上可分为以下几种情况:

1. 区域性优惠

区域优惠政策的激励效应是通过政策差别,人为营造特定区域的竞争优势,从而起到鼓励扶持的作用。中国改革开放之初,较多采取了区域性的税收优惠,如对经济特区的税收优惠政策、对沿海经济开放区的税收优惠政策、对高新技术产业开发区的税收优惠政策和西部地区的税收优惠政策等,这些区域性税收优惠政策对于吸引外资发挥了重要的作用。区域性优惠不仅被发展中国家广泛用于吸引外资发展地区经济,而且也被发达国家采用,作为发展地区经济的有效措施,所不同的是发达国家实施区域优惠相对较少,而发展中国家实施区域优惠居多。

2. 产业性优惠

根据本国经济的实际需要,有选择、有重点地引进外资发展本国的特定产业和项目,是国际上的普遍做法。

第一类是鼓励科技发展的产业税收优惠政策。发达国家偏重实施产业税收优惠政策,尤其是对加快科技进步、加大科技投入的税收优惠更为突出,且这种鼓励措施是全方位的。如日本对企业的研究开发费和科技发展支出,可选择作递延资产处理,也可选择即期全额扣除,或两者兼用。此外,对符合条件的费用(包括研究人员的工资、材料费、设备折旧费)还可直接抵免应纳税额;用于基础技术开发、研究的折旧资产,可按当年这项支出的5%抵免税额;已缴股本在1亿日元以下的中小企业的科技投入,其研究开发费支出可按当年这项支出的6%抵免税额;有效利用能源、废物等方面的专项支出,按6%额外抵免税额;在科技开发区的高科技公司用于研究开发活动的新固定资产除进行正常折旧外,在第一年可按购置成本实行特别折旧扣除。这些规定对促进日本企业的技术进步,提高产品质量和竞争力起到了重要的促进作用。法国从1983年开始实行"技术开发投资税收优惠政策",规定凡研究开发费用增加的企业经批准后可免缴相当于该费用增加额25%的企业所得税;1985年后,这一比例提高到5%,但增加了对抵免额的最高限制。

第二类是鼓励基础产业发展的产业税收优惠政策。许多发展中国家向本国落后和亟待发展的产业提供税收优惠，以鼓励外商投资于这些产业。例如埃及对投资于著名的“新谷”工程（即将塞尔湖湖水引入该国西部沙漠的宏伟工程）免税 20 年；埃塞俄比亚对在优先发展的工业、农业、园艺业中投资的，免征所得税 3 年，对投资于落后地区的新办企业免征公司税 5 年；巴基斯坦对于新办的生产太阳能设备的企业、新办的水果加工业，免征公司税 5 年；尼日利亚对矿业企业，从新办之日起免征所得税 3 年；巴西政府规定，凡投资于林业、旅游业、渔业的投资者，可享受6％～25％不等的投资税收抵免；马来西亚政府对与农业有关的企业免征5～10 年的税款。

3. 税收优惠操作形式的多样化

很多国家对外资的税收优惠都不局限于一种形式，比较普遍的做法有两大类：

一是实行直接优惠操作方式，通常表现为定期减免所得税、适用低税率、税额扣除等，多为发展中国家鼓励外商直接投资所采用。

二是实行间接优惠操作方式，通常表现为：

① 加速折旧；

② 投资抵扣，即对资本投资按其投入额依照规定比例计算的金额抵扣当期应缴纳的所得税税额；

③ 亏损结转，企业亏损可以通过以后或以前年度的盈利抵补；

④ 费用扣除，规定特定范围费用开支的应纳税额扣除，如加拿大规定，科技开发费用可在当期应纳税额中全额扣除等；

⑤ 特定准备金，为减轻企业投资风险而设置的资金准备，如德国税法允许建立可在税前扣除的准备金，包括折旧准备金、呆账准备金、亏损准备金等。

实行直接、间接减免优惠操作运行的结果是不一样的。直接减免优惠方式的特点是对税收直接免除，这不但造成税收收入的流失，而且还容易造成钻政策空子逃避税收。间接减免优惠的特点是对税收的间接减免，表现为延迟纳税行为，是对资金使用在一定时期内的让度，这种形式是允许企业在合乎规定的年限内，分期缴纳或延迟缴纳税款，其税收主权没有放弃，有利于体现公平竞争、维护市场经济的平稳发展、保障税收收入。

4. 依投资规模制定区别优惠

如罗马尼亚对外资企业按照投资额的大小。可免征所得税1年至7年；马来西亚的《投资法》规定对超过一定数目的大额投资或与经济有重大关系的投资，可视情况给予全额免税优惠。

5. 适应经济形势的发展适时调整税收优惠

为保持优惠政策的实施效率，须依据客观经济发展状况对税收优惠做及时修正、调整，无限度实施只能导致税收优惠调控方向与经济发展目标相扭曲。如日本在战后初期，因国内经济实力薄弱、经济秩序混乱，为有效地促进经济的快速发展和产业结构的改善，采用限制的方式，把利用外资的重点放在利用外国贷款和吸引外国的证券投资方面，也就是利用外国的间接投资。当时日本的产业技术和设备十分落后，但考虑到外汇承受能力和技术消化能力，对引进技术严格控制，坚持循序渐进，使之适应国内经济的发展现状和承受能力。到60年代后，随着本国经济发展和国际收支状况好转，从1967年到1973年的6年里，实施资本自由化，逐步解除了引资和引进技术的限制。进入80年代，日本经济进一步向开放体制转化，明确提出要积极地、多方位地采取措施引进外国的直接投资。日本利用外资和引进技术的政策从限制到开放的演变过程表明，税收优惠要符合经济发展的整体需要。

6. 对内资与外资实行同等优惠但要保护本国产业

许多国家对允许私人资本投入的地区和行业项目，不论是内资还是外资都实行同等的税收优惠政策。同时大多数国家都很注重对本国产业采取保护措施。比如对有碍于本国生产的项目和已经饱和的行业，控制审批或原则上不予审批；对允许审批的行业项目外资比例一般不超过40%，但对专门生产出口产品的保税工厂和设在自由工业区内的企业，可以允许外资比例达到100%。

二、中国及周边国家外资居民企业的主要税收优惠措施

由于本书主要涉及企业所得税制度和股东个人所得税制度，而后者的

优惠措施数量非常之少、因而影响很小，所以该部分内容仅考虑企业所得税方面的激励政策，从而仅从企业层面对各国外资居民企业享受优惠之后的有效税负进行分析。

根据优惠措施对不同税收要素的影响，可以将税收优惠分为以下三类：

第一类，削减税基的激励措施，主要体现为加速折旧和应税所得的其他扣除；

第二类，降低税率的优惠措施，包括低税率和免税期（可视为税率降至零）；

第三类，减少应纳税额的激励政策。

根据普华永道会计师事务所提供的信息，表 7.1 总结了中国及周边国家与制造业企业相关的、最为重要、实际使用较多的税收优惠措施，表中画“√”的信息将用于各国税收优惠措施的定量分析。

（一）中国外资居民企业的主要税收优惠措施

《中华人民共和国企业所得税法》和《中华人民共和国企业所得税法实施条例》规定了各种税收优惠措施。就形式而言，中国的税收优惠措施相对多样化，包括对税基、税率、应纳税额等各种要素的优惠；就优惠倾向而言，主要侧重于产业优惠，兼顾社会进步。前者体现在对基础设施、农业等产业的优惠，后者则可通过对环境保护、节能节水、资源利用的税收激励得以体现。

在中国，与制造业相关的最为重要的优惠措施包括：

1. 税基的减少

（1）加速折旧

企业的固定资产由于技术进步或腐蚀振动等原因，确需加速折旧的，可以缩短折旧年限或者采取加速折旧的方法。

其中，采取缩短折旧年限方法的，最低折旧年限不得低于条例规定折旧年限的 60%；采取加速折旧方法的，可以采取双倍余额递减法或者年数总和法。

（2）应税所得的其他扣除

企业以《资源综合利用企业所得税优惠目录》规定的资源作为主要原材料，生产国家非限制和禁止并符合国家和行业相关标准的产品取得的收入，可以在计算应纳税所得额时减按 90%计入收入总额。

表 7.1　中国及周边国家的税收激励政策

优惠 国家	税基的减少		税率的降低		应纳税额的减少
	加速折旧	应税所得的其他扣除	低税率	免税期	
中国	√ 企业的固定资产由于技术进步等原因，可缩短折旧年限或者加速折旧。	· 企业综合利用资源、生产符合国家产业政策规定的产品所取得的收入，计算应税所得时减计 10%； · 企业为开发新技术等发生的研发费用计算应税所得时加计扣除。	√ 国家需重点扶持的高新技术企业，减按 15%的税率征税； · 小型微利企业，减按 20%的税率征税。	· 从事国家重点扶持的公共基础设施项目投资经营的所得或从事符合条件的环境保护和节能节水项目的所得，实行三免三减半的政策。	· 企业购置用于环保、节能节水等专用设备投资额的 10%可从当年应纳税额中抵免。
印度	√生产性企业取得的新机器，在取得当年可按机器取得成本的 20%额外计提折旧。	· 企业在按照规定据实扣除的基础上，还可按照研究开发费用的 50%加计扣除。		√经济特区新建生产性企业实行五免十减半政策。 · 出口加工区、软件科技园从事或扩大生产的企业，实行五免五减政策。	
新加坡	√ 企业从事符合要求的项目，自项目开始当年起连续五年，在原折旧率的基础上对项目资产多提 30%折旧。	· 企业在按照规定据实扣除的基础上，还可按照研究开发费用的 50%加计扣除。	· 企业从事符合要求活动，自活动开始当年起连续十年，由此增加的收入按不低于 5%税率征税。 · 位于新加坡地区性总部，自获利年度起连续五年减按 15%的税率征税。	√ 从事新兴行业的企业，自生产活动开始当年起连续十年，可免征企业所得税。	

续 表

优惠 / 国家	税基的减少		税率的降低		应纳税额的减少
	加速折旧	应税所得的其他扣除	低税率	免税期	
马来西亚	√企业使用符合条件的环保设备，按照直线法计提折旧，购置当年可提取60%的折旧，以后每年计提20%。	√ 企业从事符合要求的先锋产业，自获利年度起连续五年，其收入在计算应税所得时减计70%； · 企业再投资于符合要求的项目，自再投资当年起连续十五年，可将项目资本支出额的6C%用于抵扣应税所得。			
越南	√ 具有较高经济效率的生产性企业的机器设备可加速折旧，但折旧率不得超过税法规定的2倍。		√ 在出口加工区、高新技术区新建的企业，减按10%的税率征税； · 在经济困难地区新建企业，自获利年度起连续十年按20%的税率征税。	· 在高新技术区新建的企业，自获利年度起，实行四免九减半的政策； · 在经济困难地区新建的企业，自获利年度起，实行两免四减半的政策。	

数据来源：普华永道会计师事务所驻各国分所的第一手数据。

企业为开发新技术、新产品、新工艺发生的研究开发费用，未形成无形资产计入当期损益的，在按照规定据实扣除的基础上，按照研究开发费用的50%加计扣除；形成无形资产的，按照无形资产成本的150%摊销。

(二) 税率的降低

(1) 低税率

① 从事国家非限制和禁止行业的小型微利企业，减按20%的税率征收企业所得税。

其中，小型微利被定义为：

• 工业企业，年度应纳税所得额不超过30万元，从业人数不超过100人，资产总额不超过3 000万元；

• 其他企业，年度应纳税所得额不超过30万元，从业人数不超过80人，资产总额不超过1 000万元。

② 国家需要重点扶持的高新技术企业，减按15%的税率征收企业所得税。

其中，国家需要重点扶持的高新技术企业，是指拥有核心自主知识产权，并同时符合下列条件的企业：

• 产品或服务属于《国家重点支持的高新技术领域》规定的范围；

• 研究开发费用占销售收入的比例不低于规定比例；

• 高新技术产品(服务)收入占企业总收入的比例不低于规定比例；

• 科技人员占企业职工总数的比例不低于规定比例；

• 高新技术企业认定管理办法规定的其他条件。

(2) 免税期

① 从事国家重点扶持的公共基础设施项目投资经营的所得，自项目取得第一笔生产经营收入所属纳税年度起，第一年至第三年免征企业所得税，第四年至第六年减半征收企业所得税。

其中，国家重点扶持的公共基础设施项目，是指《公共基础设施项目企业所得税优惠目录》规定的港口码头、机场、铁路、公路、城市公共交通、电力、水利等项目。

② 从事符合条件的环境保护、节能节水项目的所得，自项目取得第一笔

生产经营收入所属纳税年度起，第一年至第三年免征企业所得税，第四年至第六年减半征收企业所得税。

其中，符合条件的环境保护、节能节水项目，包括公共污水处理、公共垃圾处理、沼气综合开发利用、节能减排技术改造、海水淡化等。

3. 应纳税额的减少

企业购置并实际使用《环境保护专用设备企业所得税优惠目录》、《节能节水专用设备企业所得税优惠目录》和《安全生产专用设备企业所得税优惠目录》规定的环境保护、节能节水、安全生产等专用设备的，该专用设备投资额的10%可以从企业当年的应纳税额中抵免；当年不足抵免的，可以在以后5个纳税年度结转抵免。

(二) 印度外资居民企业的主要税收优惠措施

印度的《企业所得税法》对税收优惠作出了明确规定。就形式而言，印度的税收激励政策主要是针对税基的优惠，免税期的运用也较多，而低税率和应纳税额抵扣等手段则使用得非常之少；就优惠倾向而言，印度实行产业优惠和区域优惠并重。产业优惠主要倾向于基础设施（特别是船舶业）、酒店旅游业、新闻业、废物处理业以及橡胶、茶叶等种植业；区域优惠体现在对经济特区、出口加工区、科技园区等地区的优惠。

印度最为重要的优惠措施包括：

1. 税基的减少

(1) 加速折旧

生产性企业取得的新机器、新设备，除了正常的折旧之外，可在获取当年按照机器设备取得成本的20%额外计提折旧。

(2) 应税所得的其他扣除

除了购买研发所需土地的费用，企业为生产经营而发生的各种研究开发费用可于支出当年在按照规定据实扣除的基础上再按照研究开发费用的50%加计扣除。

2. 税率的降低

在印度，相对于优惠的低税率，免税期的运用非常之多：

在经济特区新成立的生产性企业，自生产活动开始当年起，其所得于第一年至第五年免征企业所得税，第六年至第十五年减半征收企业所得税。

在出口加工区、软件科技园从事生产或扩大生产的企业，自生产或扩大生产活动开始当年起，其所得于第一年至第五年免征企业所得税，第六年至第十年减按70%征收企业所得税。

（三）新加坡外资居民企业的主要税收优惠措施

新加坡的《企业所得税法》和《经济扩张激励法》均对税收优惠作出了规定。就形式而言，新加坡的税收优惠措施较为多样，包括针对税基和税率的优惠；就优惠倾向而言，新加坡由于国土面积很小，其税收激励政策均为产业优惠，且绝大多数针对第三产业，如证券业、保险经纪业、风险咨询业等。直接对某些具体业务活动给予税收优惠是新加坡的一大特点，例如针对补偿贸易、利用外国贷款购买生产性设备、企业业务的拓展或生产的扩大、企业海外投资等活动予以税收激励。

在新加坡，与制造业相关的重要优惠措施包括：

1. 税基的减少

(1) 加速折旧

① 企业从事符合要求的项目，自项目开始当年起连续五年，可在原有折旧率的基础上对项目资产多提30%的折旧。

其中，符合要求的项目主要有：纺织业和服装制造业的自动化项目；以计算机为基础的信息服务以及其他与计算机相关的服务；产业设计项目；减少饮用水消耗的项目；水资源再利用项目。

② 项目的资产包括：位于新加坡的工业建筑（不包括土地）；在新加坡使用的新生产设备；获得专利技术的支出；财政部允许的二手设备。

(2) 应税所得的其他扣除

企业为生产经营而发生的研究开发费用，支出当年在按照规定据实扣除的基础上，还可按照研究开发费用的50%加计扣除。

2. 税率的降低

(1) 低税率

① 企业从事符合要求活动，自活动开始当年起连续十年，其由此增加的

收入按照不低于5%的税率征收企业所得税。

其中，符合要求的活动包括：生产或扩大生产任何有益于新加坡经济的产品；包括咨询、试验在内的工程技术服务；以计算机为基础的信息服务以及其他与计算机相关的服务；产业设计活动。

② 位于新加坡的地区性总部，自任意获利年度起连续五个纳税年度，其所得可按照15%的税率征收企业所得税。

其中，地区性总部应当符合以下条件：

• 属于某个在资产、雇员、市场业务份额等方面达到一定水平的集团；

• 在高级管理层的报告体系中处于"中枢"地位；

• 在新加坡确实从事了诸如战略筹划、营销控制、品牌管理、知识产权管理、人力资源管理、技术研发、投资研究和分析等实质性的总部活动；

• 绝大多数雇员必须在新加坡招聘，且招聘的雇员须包括管理人员、专业人员、技术人员及其他辅助人员；

• 在整个税收优惠期内，熟练员工(取得二级技术资质的员工)不少于员工总数的75%；

• 在税收优惠期的第一年年末和第三年年末，其实收资本分别不少于20万和50万新加坡元；

• 在税收优惠期的前三年，累计经营支出总额要超过300万新加坡元。

(2) 免税期

由新加坡经济发展委员会根据企业的产品、技术、投资水平等认定的，从事新兴行业的企业，自生产活动开始当年起连续十年，可免征企业所得税。

(四) 马来西亚外资居民企业的主要税收优惠措施

马来西亚的《企业所得税法》和《投资促进法》规定了多种税收优惠措施。就形式而言，其税收优惠政策较为单一，绝大多数措施都是针对税基制定的，税率和应纳税额方面的优惠非常之少；就优惠倾向而言，以产业优惠为主、地区优惠为辅。前者主要体现在对交通、电力、废水处理业、食品生产业、信息产业、文化旅游业、展览业的税收激励；后者则包括对自由贸易区、自由商业区以及伊斯干达发展区的优惠。马来西亚税收优惠措施的另一特点在于直接给予特定组织或机构以优惠，例如针对国际贸易公司、离岸贸易公司、集团公司的业务总部、地区性营销中心、国际采购中心、代表办事处或区域性办事处的特殊优惠政策。

在马来西亚，与制造业相关的最为重要的优惠措施都是针对税基的：

1. 加速折旧

企业使用符合条件的环保设备，按照直线法计提折旧，购置当年可提取60%的折旧，以后每年计提20%，意味着三年即可提完折旧。

其中，符合条件的设备包括：收集废水、废气、废物的设备；记录并提示污染超标的设备；确保生产设备清洁使用的设备；其他减少环境污染的设备。

2. 应税所得的其他扣除

① 企业从事符合要求的先锋产业，自获利年度起连续五个纳税年度，其收入可在计算应税所得时减计70%。

其中，符合要求的先锋产业包括：制造业、农业、酒店业、旅游业以及其他对国家具有重要战略意义的工业及商业；与技术研发、科技创新相关的产业；其他纳入《工业联合项目》的产业。

② 在马来西亚生产经营至少三年的居民企业，若再投资于符合要求的项目，自再投资当年起连续十五个纳税年度，可将项目资本支出额的60%用于抵扣应税所得。

其中，符合要求的项目是指：旨在扩大或升级现有产品生产及加工的项目；旨在提高生产效率、提高自然资源利用率、提高人力资源使用率的项目；旨在扩大或升级农业种植培育技术的项目。

③ 项目的资本支出额则包括：土地平整及清理费用；厂房及机器设备支出；建筑物的建造或购置费用；构筑物的结构改造支出。

(五) 越南外资居民企业的主要税收优惠措施

越南的《企业所得税法》和《投资法》均对税收优惠作出了相应规定。就形式而言，越南的优惠政策较为单一，绝大多数措施都是针对税率制定的；就优惠倾向而言，越南实行产业优惠和区域优惠并重。其产业优惠政策涉及到60多个行业，范围非常之广，主要的优惠措施集中于基础设施、新能源、钢铁及贵金属冶炼、生物技术、医疗制药、信息技术、农业等产业。其地区优惠除了涉及出口加工区和高新技术区，还惠及由国家认定的“经济困难地区”。

越南最为重要的税收优惠措施包括：

1. 税基的减少

在越南，税基的优惠措施主要体现为折旧优惠。具体而言，被国家认定为具有较高经济效率的生产性企业，其机器设备可享受加速折旧，但加速折旧率不得超过税法规定折旧率的两倍。

2. 税率的降低

(1) 低税率

在出口加工区、高新技术区新建的企业，减按10%的税率征收企业所得税。

在国家认定的“经济困难地区”新建的企业，自获利年度起连续十个纳税年度，减按20%的税率征收企业所得税。

(2) 免税期

在高新技术区新建的企业，自获利年度起，第一年至第四年免征企业所得税，第五年至第十三年减半征收企业所得税。

在国家认定的“经济困难地区”新建的企业，自获利年度起，第一年至第二年免征企业所得税，第三年至第六年减半征收企业所得税。

从上述定性分析可以发现，就形式而言，中国和新加坡的优惠措施较为多样，基本上涵盖了对税基、税率和应纳税额的优惠，而马来西亚和越南的措施则相对单一；就优惠倾向而言，新加坡实行产业优惠导向，中国和马来西亚以产业优惠为主、以地区优惠为辅，而印度和越南则奉行产业优惠和区域优惠并重的政策。至于各国税收优惠的力度，将通过下一节的定量分析给出答案。

三、税收优惠对中国及周边国家外资居民企业有效税负的效应分析

一、研究设计

为了充分体现各国税收优惠措施对本国外资居民企业有效税负的影响，一方面要确保研究的基本假设保持不变，即各国均处于表 6.1 所呈现的

宏观经济环境之中;另一方面,依照各国的优惠措施对表 6.2 中标准税制下的税收参数进行调整。表 7.2 就显示了用于定量分析各国税收优惠政策的新参数,这是根据表 7.1 中打勾的信息转化而来的,斜粗体处即为优惠措施和标准税制的差异。

表 7.2　　各国用于定量分析优惠措施的税收参数①

税收参数 \ 国家		中国	印度	新加坡	马来西亚	越南
企业所得税税率(%)	τ	15	0/16.995	0/18	25×0.3/25	10
资产税收扣除率(%)	ϕ					
——无形资产		10(SL)	25(DB)	26(SL)	20(SL)	5(SL)
——工业建筑		8.33(SL)	10(DB)	36.4(SL)(第1年) 3.9(SL)(第2至第5年) 3(SL)(以后)	13(SL)(第1年) 3(SL)(以后)	6.67(SL)
——机器设备		16.67(SL)	20(SL)(第1年) 15(DB)	43.33(SL)	60(SL)(第1年) 20(SL)(以后)	20(SL)
存货的税务处理	v	1	1	1	1	0
实际不动产税率(%)	e	0.82	3.1/2.57	0.5/0.41	0	0

关于各国税收新参数的赋值,有以下几点需要说明:

1. 中国税收新参数的赋值

固定资产的税收扣除率。假设固定资产的加速折旧采取缩短折旧年限的方法,且以原来规定的折旧年限的 60%作为缩短后的年限。

实际不动产税的税率。由于外资居民企业目前享受 15%的优惠税率,

① SL 表示直线法,DB 表示余额法。

因此其适用的实际不动产税税率相应发生了变化。

2. 印度税收新参数的赋值

企业所得税的税率。因为企业目前享受“五免十减半”的优惠政策，所以自生产活动开始当年起，前五年其适用的税率为0，此后十年适用税率为正常税率的一半，即16.995％。

实际不动产税的税率随着企业所得税税率的变化而相应变化。

3. 新加坡税收新参数的赋值

企业所得税的税率。由于自生产活动开始当年起连续十个纳税年度企业均可免征企业所得税，因而前十年其适用税率为0，此后恢复为18％的正常税率。

资产的税收扣除率。由于企业目前从事符合要求的项目，因而自项目开始当年起连续五年，各种资产均可在原有折旧率的基础上多提30％的折旧。无形资产和机器设备的原有折旧率分别为20％和33.33％，多提30％后分别变为26％和43.33％。工业建筑的原有折旧率为第一年28％、以后各年3％，由于该优惠措施的时效仅有五年，因而工业建筑在项目开始当年的折旧率为36.4％(＝28％×1.3)，此后四年的折旧率为3.9％(＝3％×1.3)，从第五年起恢复3％的原折旧率。

4. 马来西亚税收新参数的赋值

企业所得税税率。由于企业从事了符合要求的先锋产业，因而自获利年度起连续五个纳税年度，其收入可在计算应税所得时减计70％。由于D/G模型计算器很难模拟这一优惠，此处将这种税基优惠转变为税率优惠，因而自获利起的前五年企业适用的税率为“25％×0.3”，此后恢复为25％的标准税率。

5. 越南税收新参数的赋值

机器设备的税收扣除率。税法规定机器设备采用直线法折旧，平均折旧年限为10年，因而其折旧率为10％。实行加速折旧后，折旧率变为原来的两倍，即20％。

(二) 税收优惠对中国及周边国家外资居民企业有效税负的效应分析

这部分内容是对上一章各国外资居民企业有效税负横向比较的扩展研

究，将利用表6.1的基本假设和表7.2的新税收参数来定量分析各国企业所得税制度中的主要优惠措施对本国制造业外资居民企业有效税率的影响。为了反映针对不同税收要素的优惠措施的不同效应，本章将分别分析仅实施税基优惠、仅实行税率优惠以及综合考虑税基和税率优惠这三种情况下各国外资居民企业有效税负的变化。

1. 仅分析税基优惠的效应

研究涉及的五个国家都制定了针对税基的优惠措施。这部分内容将分析税基，更确切地说，资产的加速折旧优惠对各国外资居民企业有效边际税率和有效平均税率的影响。

(1) 对有效边际税率的效应分析

表7.3呈现的是各国制造业外资居民企业享受税基优惠前后所承担的有效边际税率，可以反映各国加速折旧优惠对边际投资的税负水平的影响。

表7.3　各国外资居民企业享受税基优惠前后的有效边际税率(EMTR)-仅考虑企业所得税

国　家	考虑税基优惠		不考虑税基优惠		EMTR因优惠所导致的降幅
	总平均数	排　名	总平均数	排　名	
中　国	20.13%	4	22.73%	4	11.44%
印　度	31.18%	5	32.80%	5	4.94%
新加坡	10.07%	1	11.26%	1	10.57%
马来西亚	13.21%	2	14.77%	2	10.56%
越　南	18.76%	3	21.05%	3	10.88%

从表7.3不难发现以下两个特点：

第一，各国外资居民企业的有效边际税率因税基优惠出现了不同程度下降。中国的降幅最为显著、多达11.44%。这是由于较大程度地缩短了工业建筑和机器设备的折旧年限——分别由原来的20年和10年缩减至12年和6年；越南以10.88%的变化率紧随其后，这是因为其机器设备的折旧年限由原来的10年变为5年，优惠力度较大；新加坡和马来西亚的降幅几乎相同。尽管新加坡的税基优惠涉及所有资产，但这一优惠措施只实行五年且新折旧率提高得并不多，因而其优惠力度是有限的，例如，工业建筑的原折旧年限为25年，实施优惠时的折旧年限变为21年，可见变化并不大；马来西亚的激励措施尽管只针对机器设备，但其折旧年限从原来的5.7年缩短为3年，优惠力度较大；相比之下，印度外资居民企业从税基优惠措施中获益最少，其有效边际税负仅下降4.94%。这是由于印度税法只是给予机器设备一种“初期扣除”，这实际上相当于一种延迟缴税：因为印度采用余额法来计算机器设备的折旧扣除额，“初期扣除”这种优惠措施并未改变总的折旧年限，只是第一年折旧扣除较多、利润随之变少、缴税因此减少，在余额法下这意味着以后各年折旧扣除的减少和缴税的增加，因此企业的获益实质上绝大部分来自于因延迟缴税而获得的流动性收益。

第二，税基优惠的实施并未改变各国外资居民企业有效边际税率的排序。新加坡以10.07%的低税率拔得头筹，仍是最有吸引力的国家；马来西亚和越南依然分列第二和第三；尽管中国的税基优惠力度最大，但原本较高的有效边际税率使得该项激励不足以改变其外资居民企业有效边际税负的排序；原本较重的有效边际税负和较弱的税收激励导致印度外资居民企业承担的税负依然最重。

(2) 对有效平均税率的效应分析

表7.4显示了各国外资居民企业享受税基优惠前后的有效平均税率，能够反映各国加速折旧优惠对盈利性投资的税收负担的影响。

表7.4　各国外资居民企业享受税基优惠前后的有效平均税率(EATR)-仅考虑企业所得税

国　家	考虑税基优惠		不考虑税基优惠		EATR因优惠所导致的降幅
	总平均数	排　名	总平均数	排　名	
中　国	23.47%	4	24.27%	4	3.30%
印　度	32.97%	5	33.55%	5	1.73%
新加坡	15.79%	1	16.10%	1	1.93%
马来西亚	21.60%	2	22.00%	2	1.82%
越　南	23.08%	3	23.75%	3	2.82%

表 7.4 基本上呈现了表 7.3 的特征：首先，各国外资居民企业的有效平均税负因税基优惠出现了不同程度的下降。中国仍旧是税负降幅最大的国家，而印度的优惠力度依然是最小的；其次，税基优惠的实施亦未能改变各国外资居民企业有效平均税率的排序。

然而，较之于表 7.3 呈现的边际投资的情形，税基优惠措施对盈利性投资的影响要小得多。从表 7.4 可以看出，税基优惠所引致的有效平均税率的降幅在 2%至 3%左右；而表 7.3 表明，有效边际税率因税基优惠所产生的降幅大多在 11%左右。盈利性投资产生的较高利润是导致这一现象的主要原因。随着利润额的不断增加，资产折旧的税前扣除等税基因素的影响越来越小。因此，税基优惠对有效边际税率的影响更为显著。

2. 仅分析税率优惠的效应

除马来西亚以外，各国都制定了针对税率的优惠措施。然而，D/G 模型计算器可将马来西亚的税基优惠转化为税率优惠，这样一来，就可以分析各国税率优惠措施对本国外资居民企业有效税负的影响了。

(1) 对有效边际税率的效应分析

表 7.5 显示了各国外资居民企业享受税率优惠前后的有效边际税率及排序。

表 7.5　各国外资居民企业享受税率优惠前后的有效边际税率 (EMTR)-仅考虑企业所得税

国　家	考虑税率优惠		不考虑税率优惠		EMTR 因优惠所导致的降幅
	总平均数	排　名	总平均数	排　名	
中　国	14.89%	4	22.73%	4	34.49%
印　度	19.22%	5	32.80%	5	41.40%
新加坡	6.26%	1	11.26%	1	44.40%
马来西亚	12.01%	3	14.77%	2	18.69%
越　南	9.06%	2	21.05%	3	56.96%

通过表 7.5 不难发现以下三个特点：

第一，较之于税基优惠，税率优惠对边际投资的影响更大。比较表 7.3 和表 7.5 可以看出，各国因税基优惠措施所引致的有效边际税率的降幅集中在11%左右，而税率优惠导致的降幅大多在40%，这说明各国的税率优惠更为慷慨。

第二，各国外资居民企业的有效边际税负因税率优惠出现了不同程度的下降。越南的优惠力度最大、降幅高达56.96%。这是由于，企业适用的所得税税率从25%大幅减至10%，且运用于整个生产经营期间；新加坡制定的长达十年的免税期政策给予外资居民企业较大的优惠，其承担的有效边际税负下降了44.40%之多；位于印度经济特区的外资居民企业倘若进行边际投资，则可从税率优惠中获益较多。"五免十减半"的政策可使其有效税率降低41.40%，对于税负一贯较重的印度外资企业而言，这无疑是一个巨大的激励；尽管实行了15%的优惠税率，中国外资居民企业有效边际税率的变化却并不是很大，较大的税基是导致这一现象的主要原因；马来西亚的优惠力度最小，其有效边际税率的降幅只有18.69%。这主要是因为马来西亚的优惠措施仅仅实行五年，与其他国家相比缺乏长效性，因而无法起到明显的作用。

第三，税率优惠的实施改变了各国外资居民企业有效边际税率的排序。新加坡凭借其慷慨的税率优惠和原本就很低的税率保持了第一的位置；越南制定的10%的优惠税率使其一跃成为吸引力第二大的国家；马来西亚则由于激励措施的短效性丧失了其原来的优势地位，降至第三的位置；中国外资居民企业有效边际税率的排序没有因为税率优惠的实施而得到改善，仍旧位居第四；尽管印度的免税期政策较为慷慨，但其原来的重税负很大程度上抵消了这一激励，因此其外资居民企业的有效边际税率仍旧最高。

(2) 对有效平均税率的效应分析

表7.6呈现了各国外资居民企业享受税率优惠前后的有效平均税负。

从表7.6中可以发现以下两个特点：

第一，较之于边际投资的情形，税率优惠对各国外资居民企业的盈利性投资影响更大。对比表7.5和表7.6能够发现，各国因税率优惠导致的有效平均税负的降幅普遍要大于有效边际税负的变化。以中国为例，外资居民企业的有效平均税负因税率优惠下降了38.32%，而其有效边际税负的降幅只为34.49%。究其原因，在盈利性投资和边际投资的支出水平相同的情况下，两者的回报水平不同，盈利性投资获得的收

表 7.6　各国外资居民企业享受税率优惠前后的有效平均税率（EATR）-仅考虑企业所得税

国家	考虑税率优惠		不考虑税率优惠		EATR 因优惠所导致的降幅
	总平均数	排名	总平均数	排名	
中国	14.97%	3	24.27%	4	38.32%
印度	19.45%	5	33.55%	5	42.03%
新加坡	8.32%	1	16.10%	1	48.32%
马来西亚	17.52%	4	22.00%	2	20.36%
越南	9.50%	2	23.75%	3	60.00%

入更多。这些增加的收入均须按照企业所得税税率缴税，而相应的税收扣除却并未比边际投资时有所增加。因此，随着利润水平的上升，企业所得税税率逐渐发挥了主导作用。换言之，税率的变化对盈利性投资的影响更为显著。

第二，税率优惠较大程度地改变了各国外资居民企业有效平均税率的排序。新加坡和印度的排序没有发生变化，仍旧位居第一和第五；其他三个国家中，越南跃居第二的位置，中国则由于税率优惠的长效性和盈利性投资对税率的敏感性攀升至第三位，而马来西亚短效的税率优惠措施没能使其保持住原有的优势地位——从第二位降至第四位。

3. 综合分析税基优惠和税率优惠的效应

分别研究了税基优惠和税率优惠之后，这一部分内容将分析二者对各国外资居民企业有效税负的综合影响。

(1) 对有效边际税率的效应分析

表 7.7 显示了各国制造业外资居民企业享受税收优惠前后所承担的有效边际税率，能够反映各国最为重要的税收激励措施对边际投资的税负水平的影响。

表 7.7　　各国外资居民企业享受税收优惠前后的有效边际税率(EMTR)-仅考虑企业所得税

国　家	考虑税收优惠		不考虑税收优惠		EMTR 因优惠所导致的降幅
	总平均数	排　名	总平均数	排　名	
中　国	13.24%	4	22.73%	4	41.75%
印　度	18.56%	5	32.80%	5	43.41%
新加坡	5.65%	1	11.26%	1	49.82%
马来西亚	11.43%	3	14.77%	2	22.61%
越　南	8.04%	2	21.05%	3	61.81%

通过表 7.7 可以发现，税收优惠极大地降低了各国外资居民企业的有效边际税率。综合考虑税基和税率优惠的情况下，新加坡以 5.65% 的极低税率成为最具税收优势的国家，这一方面得益于其较为慷慨的税收激励措施——使得税负降低了 49.82%，另一方面则取决于其原本就颇具吸引力的标准税率；越南凭借非常慷慨的税收优惠政策——使得有效边际税率出现高达 61.80% 的最大降幅——跃居第二位；马来西亚在税收优惠的竞争中不敌越南，导致其原有优势被削弱；中国和印度的税收激励力度虽然不小，但由于其原有标准税率较高，两国外资居民企业的税负相对较重。

(2) 对有效平均税率的效应分析

通过表 7.8 对各国外资居民企业税收优惠前后有效平均税率的对比不难发现，税率和税基双重优惠的运用较大程度地改变了各国外资居民企业有效平均税率的排序。新加坡和印度的排序没有受到税收优惠的影响，前者依然是最具吸引力的国家，后者的税负仍旧最重；剩余三国的排序则发生了很大改变。越南攀升至第二的位置，中国以低于马来西亚 2.71 个百分点的优势位居第三位，马来西亚外资居民企业则由于享受的税收优惠最少而要承受 17.20% 的相对高税率。

表 7.8　各国外资居民企业享受税收优惠前后的有效平均税率(EATR)-仅考虑企业所得税

国家	考虑税收优惠		不考虑税收优惠		EATR 因优惠所导致的降幅
	总平均数	排名	总平均数	排名	
中国	14.49%	3	24.27%	4	40.30%
印度	19.12%	5	33.55%	5	43.01%
新加坡	8..16%	1	16.10%	1	49.32%
马来西亚	17.20%	4	22.00%	2	21.82%
越南	9.23%	2	23.75%	3	61.14%

通过上述分析可以发现,综合考虑税收优惠时各国外资居民企业有效税率的排序同仅考虑税率优惠时的排序完全相同,这说明税率优惠措施的效应更为显著,至少对于研究涉及的五个国家而言是这样的。因此,政策制定者如若希冀通过税收激励来增强本国的投资吸引力,可以较多地运用税率优惠。

四、税收优惠前后各国外资居民企业有效税负的排序及分析①

(一) 仅考虑税基优惠的排序

1. 基于有效边际税率的排序

图 7.1 显示了仅考虑税基优惠的情况下各国外资居民企业有效边际税率的排序,并与各国未实行任何税收激励时的有效税负进行了对比。从中不难发现,首先,新加坡外资居民企业承担的有效边际税负依旧最轻,印度的税负仍然最重,二者相差达 21.11 个百分点,比不考虑税收优惠时最高值

① 这部分内容均按照实施税收优惠后各国外资居民企业的有效税率进行排序。

和最低值之间 21.54 个百分点的差距略有下降；其次，税基优惠的实施并未改变各国外资居民企业有效边际税率的排序。

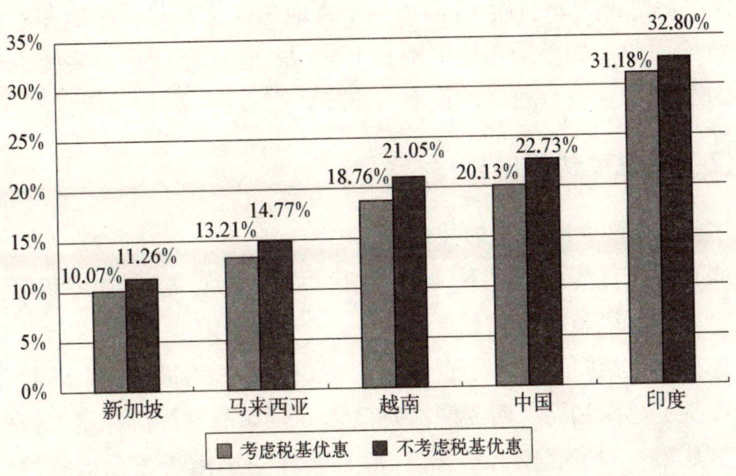

图 7.1　各国外资居民企业享受税基优惠前后的有效边际税率-仅考虑企业所得税

2. 基于有效平均税率的排序

图 7.2 呈现出各国外资居民企业享受税基优惠前后的有效平均税率及

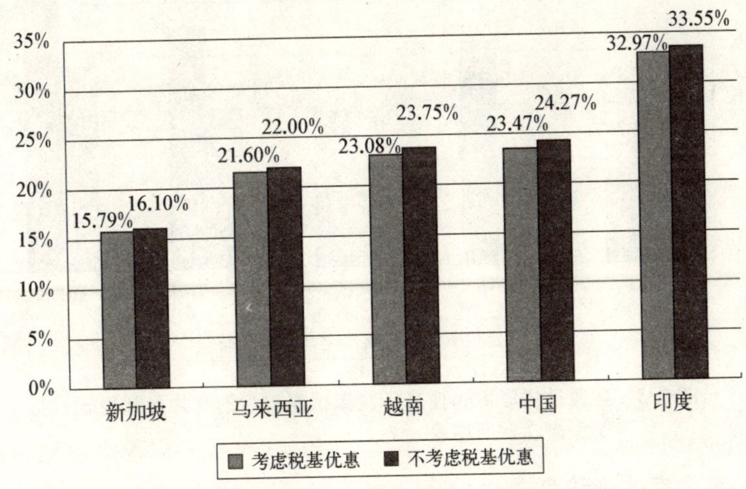

图 7.2　各国外资居民企业享受税基优惠前后的有效平均税率-仅考虑企业所得税

其排序。从中可以发现，第一，新加坡依然保持了其优势地位，印度外资居民企业的税负仍然是最重的，两者差距为 17.18 个百分点，较边际投资时 21.11 个百分点的差距有所下降，而与不考虑税收优惠时最高值和最低值之间 17.45 个百分点的差距相比则稍有下降；其次，税基优惠的实施也未能改变各国外资居民企业有效平均税率的排序。

（二）仅考虑税率优惠的排序

1. 基于有效边际税率的排序

仅考虑税率优惠的情况下，从图 7.3 可以发现，首先，新加坡和印度仍旧分别是有效边际税负最轻和最重的国家，二者的差距变为 12.96 个百分点，与仅考虑税基优惠时 21.11 个百分点的差距相比大为缩小；其次，税率优惠的实施改变了越南和马来西亚两国有效边际税率的排序。越南慷慨的优惠税率使其从第三的位置跃升至第二，而马来西亚则由于激励措施的短效性从第二名降至第三的位置。

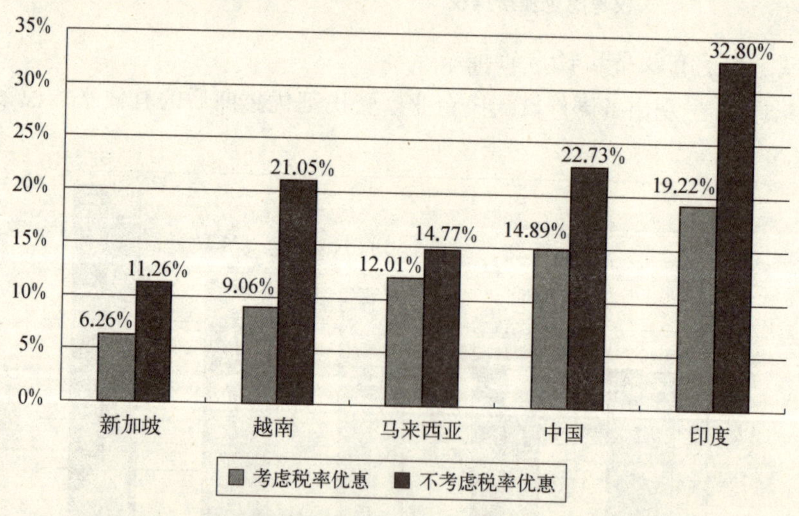

图 7.3 各国外资居民企业享受税率优惠前后的有效边际税率-仅考虑企业所得税

2. 基于有效平均税率的排序

通过图 7.4 可以看出，仅考虑税率优惠的情况下，首先，新加坡仍是最具吸引力的国家，而印度的外资居民企业的税率依然最高，两者的差距较边际投资时进一步缩小为11.13个百分点，与仅考虑税基优惠时17.18个百分点的差距相比则大为缩小；其次，税率优惠的实施改变了越南、中国和马来西亚三国有效平均税率的排序。越南从第三跃至第二，中国从第四升至第三，而马来西亚则下降了两个位次——从第二的位置降至第四。

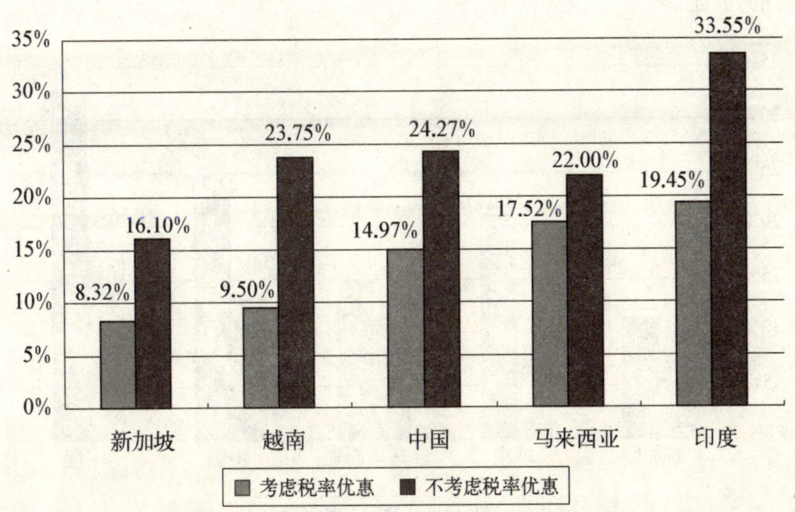

图7.4　各国外资居民企业享受税率优惠前后的有效平均税率-仅考虑企业所得税

通过上述对税基优惠和税率优惠的分析可以发现：

首先，较之于税基优惠，各国税率优惠的力度更大。因为税率优惠的实施改变了各国的排序。

其次，税率优惠对盈利性投资的影响更大。税率优惠的实施改变了越南、中国和马来西亚三个国家有效平均税率的排序，而只是改变了越南和马来西亚两个国家有效边际税率的排序。这主要是由于盈利性投资对企业所得税税率的变化更为敏感。

（三）综合考虑税基优惠和税率优惠的排序

1. 基于有效边际税率的排序

综合考虑税基优惠和税率优惠措施时，从图7.5不难发现，首先，新加坡仍旧是最具税收优势的国家，印度的劣势地位依然未得到改善，两者的差距为 12.91 个百分点，与不考虑任何税收优惠时最高值和最低值之间 21.54 个百分点的差距相比可谓大幅缩小；其次，税基优惠和税率优惠的综合实施改变了越南和马来西亚两国有效边际税率的排序。越南从第三的位置跃至第二，而马来西亚则从第二名降至第三的位置。

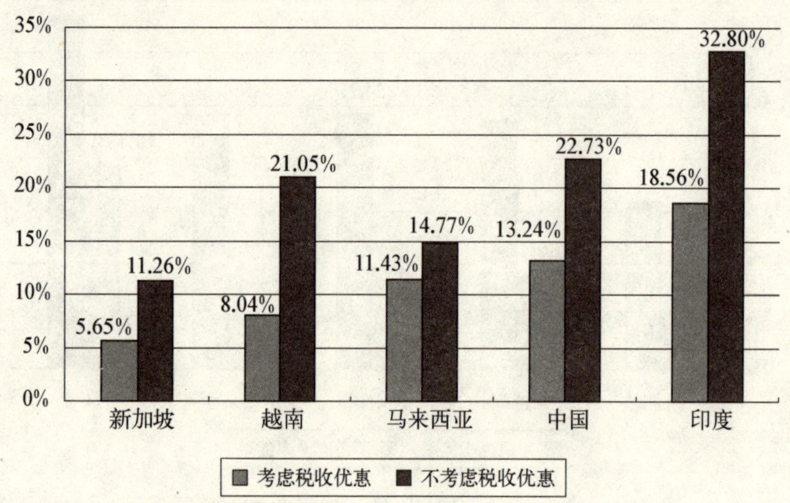

图 7.5　各国外资居民企业享受税收优惠前后的有效边际税率-仅考虑企业所得税

2. 基于有效平均税率的排序

通过图 7.6 可以看出，综合考虑税基优惠和税率优惠措施的情况下，首先，新加坡继续保持了其税收优势地位，而印度的外资居民企业的有效平均税负仍旧最重，二者相差 10.96 个百分点，与不考虑税收优惠时 17.45 个百分点的差距相比大幅缩小；其次，税收优惠措施的综合实施改变了越南、中国和马来西亚三国有效平均税率的排序。越南和中国均上升一个位次，马来西亚则下降了两个位次。

通过上述分析和表 7.9 对不同情况下有效税率最高值和最低值之间差距的对比，可以发现以下三个特点：

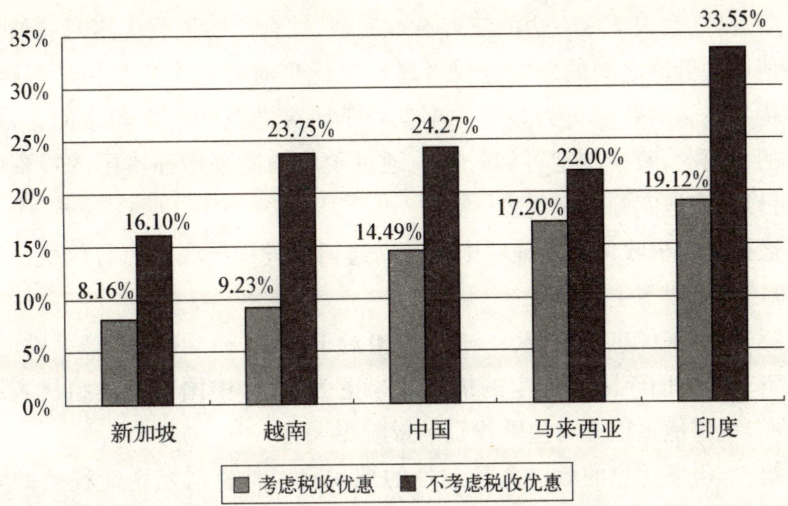

图 7.6　各国外资居民企业享受税收优惠前后的有效平均税率-仅考虑企业所得税

表 7.9　不同情况下有效税负最高值和最低值之间的差距-仅考虑企业所得税

不同情况 / 有效税率	不考虑税收优惠（百分点）	仅考虑税基优惠（百分点）	仅考虑税率优惠（百分点）	综合考虑税基和税率优惠（百分点）
有效边际税负	21.54	21.11	12.96	12.91
有效平均税负	17.45	17.18	11.13	10.96

首先，纵向观察表 7.9 不难发现，就本书涉及的国家而言，较之于盈利性投资，边际投资的最高值和最低值之间的差距更大，这说明各国的非利润税制度以及针对企业所得税税基方面的规定存在较大的差异。

其次，横向观察表 7.9 能够看出，税收优惠措施的实行较大幅度地缩小了国与国之间的税负差距，最终致使各国企业的税负水平保持在一个较小的变化区间之内。以边际投资为例，不考虑税收优惠时，最高值和最低值之间的差距为 21.54 个百分点；而综合考虑税基和税率优惠时，这一数字大幅减至 12.91 个百分点。这也说明了税收优惠措施能够较大程度地弥补一国标准税制的劣势、亦能削弱一国标准税制的优势，因而在国与国之间的税收竞争中扮演着非常重要的角色。

第三，观察表 7.9 右边的三列不难发现，综合考虑税收优惠时有效税负最高值和最低值之间的差距与仅考虑税率优惠时的数字非常接近，这说明税率优惠措施的效应更为显著。至少对于研究涉及的五个国家而言，这是成立的。因此，政策制定者如若希冀通过税收激励来增强本国的投资吸引力，可以较多地实施税率优惠。

通过分析税收优惠措施对中国及周边国家外资居民企业有效税负的影响，可以得出以下主要结论：

第一，税基优惠的效应。一方面，相对于增加“初期扣除”等手段，直接缩短资产的折旧年限所产生的优惠效果更为显著，中国就是典型代表。另一方面，税基优惠措施对边际投资的影响更大。

第二，税率优惠的效应。长效性的低税率对外资居民企业税负的影响最大，免税期的效果次之。税率优惠对盈利性投资的影响更为显著。

第三，综合优惠的效应。综合考虑税收优惠时各国外资居民企业有效税率的排序同仅考虑税率优惠时的排序完全相同，这能够说明税率优惠措施的效应更为显著。至少对于研究涉及的五个国家而言，这是成立的。

第八章　研究结论和未来研究方向

本章首先介绍研究方法的创新之处，并对中国外资居民企业有效税负的纵向比较和横向比较的主要研究结论进行了总结，而后指出未来的研究方向。

一、研究创新与政策建议

(一) 本书的创新

本书努力在外资企业有效税负的研究方法上有所创新，主要从以下几个方面加以探索：

首先，就研究方法而言，本书运用了更为合理的前瞻法估测企业的有效税负。国内目前在这一领域的研究基本上采用的都是回顾法，即以以前年度的利润和已纳税款为基础。这种方法存在诸多局限和问题，例如，该方法算出的数字可能直接取决于投资额或者资本存量的多少，从而无法真正反映税制本身的特点；由于基于以前的数据，该方法几乎无法估计税收改革的效果和影响；由于各国的统计口径和统计方法不尽相同，该方法也很难用于国际比较，等等。相比之下，本书采用的前瞻法则为企业税负的估测和分析提供了一种系统的方法论。先将研究涉及的各个国家置于相同的宏观经济环境之中，假设不同国家的同质股东投资于本国的一个同质居民企业，计算此时各国股东按照本国税法投资于这一相同企业应当承担的税额，以反映各国税收制度的差别对企业有效税负的影响。而后，逐一改变此前对宏观经济变量的各种假设，重新计算此时各国外资居民企业应当承担的税额，从而研究宏观经济因素对企业有效税负的影响及其程度。

其次，就细化的研究领域而言，本书根据企业税负与投资决策的关系，分别分析了有效边际税率和有效平均税率。国内目前的相关文献大多笼统地研究中国税收政策对投资决策的影响，并未细化到对企业税负和投资决策的关系进行系统分析。事实上，决策树的前两个阶段(见图 1.2)，即投资于国外还是在国内生产、假若决定投资于国外则要选择具体在哪个国家或哪个地区投资，涉及的是投资地址的决策问题。有效平均税率，也就是税收对总利润的平均影响，是投资者决定投资地址从而进行初始投资时考虑的主要因素；而在决策树的最底层，即投资规模的决策问题，则主要受到有效边际税率的影响。本书根据不同决策阶段的特点，对有效边际税率和有效平均税率分别进行了研究，从而反映出进行追加投资和初始投资的企业所承担的税负水平。

第三，就研究的角度而言，本书从企业和股东这两个层面更为全面地测度了企业承担的有效税负。中国目前的相关研究主要集中于上市公司，而且仅从企业层面出发考虑了企业所得税，分析得不够全面。实际上，在国际资本市场并非完全流动的情况下，股东作为企业融资的主要来源之一，其纳税义务应当纳入企业整体考虑范围。更为重要的是，由于股东个人所得税在很大程度上影响着企业的融资决策，即个人利息所得税影响着债权融资和股权融资之间的关系、个人股息所得税和针对转让股票所得征收的个人资本利得税分别影响着发行新股和留存利润这两种股权融资方式，因此必须将股东个人所得税纳入到研究当中。

第四，就研究的税收因素而言，本书不仅考察了法定税率对企业有效税负的影响，还将税基因素纳入到分析当中。在分析企业所得税对企业有效税负的影响时，本书除了考虑法定企业所得税税率，还考察了企业所得税制度中关于资产的折旧扣除方式、存货价值的计量方法、利息扣除的税务处理等税基因素，从而分别考量了税率和税基对企业有效边际税率和有效平均税率的不同影响。

（二）主要研究结论

1. 中国外资居民企业的有效税负较重，中国并不具有投资税收优势

无论从企业层面分析还是从股东层面分析，无论是从事边际投资还是从事盈利性投资，中国外资居民企业的有效税负始终较重，在研究涉及的各个国家之中仅次于印度，成为税负第二重的国家，并不具有税收优势。因此，中国现行的税收制度绝对不是吸引投资的加分项，甚至可以说不利于中国投资吸引力的提升。

这并非源于中国企业所得税税率的高企。在研究涉及的各个国家之中，中国现行的企业所得税税率处于中等水平。中国外资居民企业的有效税负之所以相对较重，原因有四：其一是由于企业所得税税法在税基方面的规定较为严苛，致使税基较宽；其二在于中国现行的古典型税制导致企业分配的股息在企业层面和股东层面遭遇双重征税；其三是因为股东个人所得税制度相对严苛，个人利息所得税和个人股息所得税的税率很高且没有任何税前扣除；其四是由于现行不动产税税率相对较高，导致企业承担的非利润税较重。

2. 中国现行税收优惠政策的力度较小，投资激励作用相对较弱

总体而言，中国现行的税收优惠政策并不慷慨、优惠力度不大。在研究涉及的各个国家之中，中国外资居民企业的有效税负因税收优惠所导致的降幅较小，仅比马来西亚的情况稍好。因此，中国现行的税收优惠措施对投资的激励作用相对较弱。

究其原因，一方面是因为较之于针对税基采取的优惠措施，一国针对税率实行的优惠措施对本国企业有效税负的减降效应更为显著；另一方面，中国现行的税收优惠措施在税基方面的优惠力度相对较大、而在税率方面的优惠力度相对较小。因此，中国的税收优惠力度总体较小，对外资居民企业有效税负的减降效应并不显著。

3. 通货膨胀率的上升会导致中国外资居民企业有效税负显著增加

与研究涉及的绝大多数国家相比，中国外资居民企业的有效税负对通货膨胀更为敏感。通货膨胀率的上升会导致中国外资居民企业的有效税负显著增加。当企业从事边际投资时，这一现象尤为明显。在其他条件不变的情况下，通货膨胀率每上升 1 个百分点，中国外资居民企业的有效边际税负就会上升 1.5 个百分点之多。

目前，中国仍然处于通货膨胀压力较大的时期，外资居民企业的有效税负明显加重。这显然不利于中国投资吸引力的增强。因此，从降低企业税负的角度出发，中国也应当进一步加大抑制通货膨胀的力度。

4. 中国现行的税收制度相对趋于中性，不会严重影响外资企业的投资和融资决策

较之于研究涉及的其他国家，中国现行的税收制度对于外资居民企业

投资资产类型和融资方式的选择不会产生明显的激励差异。中国外资居民企业投资于不同资产时有效税负的差异最小、采用不同融资方式时有效税负的差异也比较小,这说明中国的现行税制相对而言更趋近于中性,不会严重扭曲企业的投资和融资决策,不会严重影响资源的配置效率。

(三)相应政策建议

为了增强中国的投资税收优势、进一步提升中国的投资吸引力,我提出以下几点建议:

1. 降低中国外资居民企业有效税负的政策建议

第一,在保持现行企业所得税税率不变的情况下,可适当缩小企业所得税税基。中国现行的企业所得税税率处于中等水平、不高不低,可以继续保持。然而,企业所得税税基却相对较宽,税法在税基方面的规定也较为严苛,特别是关于机器设备折旧率和无形资产摊销率的规定不够宽松,没有给予企业足够的投资激励,不利于企业上述资产的更新或换代。

基于这种现状,可以通过适当收缩企业所得税的税基来达到降低外资居民企业有效税负的目的。我认为可以考虑的具体措施包括:

适当缩短机器设备的折旧年限和无形资产的摊销年限。绝大多数采用直线法计算资产折旧扣除的国家大多将机器设备的折旧年限设定为7年左右,将无形资产的摊销年限设定为5年左右①。中国可以参考其他国家的规定,并结合本国企业发展状况和财政收入水平,适当调整机器设备的折旧年限和无形资产的摊销年限。

增设资产的首期扣除。所谓首期扣除,是指除了按照正常的年折旧率进行税前扣除之外,在资产取得当年按照取得成本的一个百分比额外扣除折旧。例如,马来西亚税法就规定,企业用于生产经营的机器设备除了按照14%的年折旧率进行税前扣除之外,还可在机器设备取得当年按照取得成本的20%加计扣除折旧。实践表明,包括美国、俄罗斯、日本、新加坡在内的许多国家都制定了资产首期扣除的规定,最大程度地激励了本国企业对各

---

① 关于各国资产折旧年限的规定,参见 Asia-Pacific-Taxation & Investment data base of IBFD。

类可折旧资产的投资，加速了各类资产的更新换代①。中国也可以通过增设首期扣除来进一步激励企业对相关资产的投资，首期扣除率的确定应当综合考虑各类资产的现行年折旧率及其目标折旧年限。

第二，尽快实行避免股息遭遇双重征税的税收制度。中国目前实行的是典型的古典制税制，该税制最主要的特点就是双重征税。依据相关规定，企业的利润首先按照25%的税率缴纳企业所得税，而当企业将利润分配给股东时，个人股东还需就其股息所得按20%的比例税率缴纳个人所得税。这种税制一方面对股息所得形成了税收歧视，有违税收公平原则；另一方面，容易扭曲企业的投资、分配和融资决策，有悖经济效率原则。

介于上述情况，中国应当尽快改革古典制的税收制度，尽量避免股息遭遇双重征税。我认为可以采取循序渐进的做法：首先采用双重征税缓解制，通过降低个人股息所得的税率或者缩减个人股息所得的税基来缓解对企业分配股息的双重征税。待各方面条件成熟之后，再实行双重征税避免制，即允许按照股东的持股比例将企业已经缴纳的企业所得税全部抵免股东的个人所得税。这样一来，针对企业分配股息的双重征税就能得到彻底的消除。

第三，努力实现个人所得税的综合征收模式。中国目前对个人股东从公司分得的利息和股息就每次收入额按20%的比例税率进行征税，税率相对较高且没有任何税前扣除。这种分类征税不仅不利于激发个人股东的投资积极性，还可能扭曲企业在股权融资和债权融资间的选择。

如果能够对个人所得税实现综合征收，就不会产生上述负面影响或者产生的负面影响的程度非常之小。然而，中国目前仍在探索实现着个人所得税综合征收与分类征收相结合的模式，综合征收之路可谓漫漫修远。

个人所得税征收模式的改革应当充分体现和原有模式的有效衔接，可以从逐步扩大全额申报纳税人的范围做起，通过调整现行税基、税率和征税方式等方法进行局部调整，以渐进的方式逐步实现综合与分类相结合的征税模式。具体地讲，首先，应当深化和完善年所得达到12万元以上的纳税人办理自行纳税申报的制度，在此基础上再逐步将年综合所得的申报起点下降到10万元、8万元甚至6万元，这样就能够掌握绝大部分的个人所得税收

---

① 关于各国资产首期扣除的规定，参见 Asia-Pacific-Taxation & Investment data base of IBFD。

入。其次，应当规范税基，逐步将各种附加福利和职务消费等非货币化的隐性收入实质性地纳入个人所得税的征收范围，清理减免税，合理调整费用扣除范围和标准。第三，应当调整税率，考虑将9级超额累进税率简化为4级或5级，同时降低最高边际税率。第四，应当调整征收方式，可以考虑先对工资、薪金所得和劳务报酬所得实行按年征税，而后再逐步扩大到其他征税项目。通过上述种种局部调整，最终实现综合与分类相结合的模式。在综合与分类相结合的模式稳定实施且各方面条件成熟之后，才能够考虑实行个人所得税的综合征收①。

2. 增强中国税收优惠力度的政策建议

第一，增加企业所得税税率方面的优惠措施。经过研究发现，一国针对企业所得税税率实行的优惠措施对本国企业有效税负的减降效应最为显著，而中国现行的税率优惠措施却相当有限。因此，可以通过适当增加企业所得税税率方面的优惠措施来实现增强税收优惠力度的目标。

因此，对于符合中国产业发展方向的企业和符合社会进步的企业行为，给予优惠期大于8年的长效性的低税率是可以考虑增加的最好的税率优惠措施。究其原因，一方面是由于长效性的低税率对企业投资的激励作用最为显著。我经过研究发现，较之于免税期和优惠期较短的低税率措施，优惠期在8年以上的长效性的低税率措施能够有效地稳定企业对于税收环境的预期，从而更好地激励企业进行持续投资；另一方面是因为长效性的低税率措施实施起来更为简便，不会导致税制进一步复杂化。

第二，进一步增加企业所得税税基方面的优惠措施。尽管中国目前在企业所得税税基方面的优惠力度相对较大，但由于基准税基过宽，中国在企业所得税税基方面的优惠空间依然存在。

今后可以考虑增加的税基方面的优惠措施主要是加速折旧的调整。加速折旧是目前世界各国普遍采用的效果最好的税基优惠措施。中国目前实施的加速折旧措施优惠力度较大，但适用范围相对较小。今后可以考虑适

① 部分参考了崔志坤：《综合与分类混合型——个人所得税模式设计的不同取向》，《税务研究》，2010年第9期；陈文东：《论个人所得税征管模式的转变》，《中央财经大学学报》，2010年第8期。

当扩大适用范围，将诸如收集废水、废气、废物的设备，记录和提示污染超标的设备以及其他减少环境污染的环保设备也纳入加速折旧的适用范围，从而进一步激励相关设备的使用和更新。

二、未来的研究展望

企业有效税负只是税制竞争力分析的一个切入点，而企业有效税负的估测及比较也有不同的方法和不同的视角，本书只是选择了其中的一种方法(D/G模型)从一个视角(外资居民企业)进行了分析，在此基础上，今后的研究可以从其他视角或运用其他方法，更深更广的开展税制竞争力研究领域探索。

(一) 运用D/G模型估测跨国母公司的有效税负

外国直接投资主要有两种方式：其一，在目标投资国建立具有法人地位的居民企业；其二，在目标投资国建立分公司。

本书运用D/G模型对中国企业所得税制度改变前后外资居民企业的有效税负进行了纵向比较研究，而后就实施新企业所得税制的中国及周边国家外资居民企业的有效税负展开了横向对比分析，其研究对象均为一国的居民企业，也就是说只是考虑了第一种外国直接投资方式。

今后的研究可以针对第二种外国直接投资方式展开，即当跨国公司在中国及其周边国家建立分公司时，估算并比较其母公司所承担的有效税负。由于跨国公司往往会利用各国税制差异进行税收筹划以达到母公司税负最小化的目的，这项研究恰恰可以为跨国公司建立分公司时的选址决策提供依据；此外，也能够为各国税收政策制定者调整相应政策提供参考。

该项研究一方面涉及到母公司所在国对境外所得的税收处理规定——免税法或抵扣法。前者根据“资本进口中立原则”，对源于境外的股息和利息等所得一律免税；后者则按照“资本出口中立原则”，对境外所得已纳税款予以抵扣，且抵扣额不超过相同数额的所得在本国该年度的应缴税款。另一方面，分公司所在国的相关税法也是影响母公司税负的重要因素。因此，该研究将更多地关注跨国投资及国际税收问题。

（二）运用“欧洲税收分析器”分析中国及周边国家外资居民企业的有效平均税负

欧洲税收分析器拥有动态分析、计算便利、涉及众多税收变量的优点；尽管不能估测企业的有效边际税率，但其计算的有效平均税率因为基于非常详细的经济数据和税法规定而更为准确，因此能够为投资者的选址决策提供更有价值的参考；此外，它还能将企业所得税、其他利润税、不动产税、财产税、股东个人所得税、工薪税以及雇员养老金等各种因素对企业有效平均税负的影响逐一剥离出来，从而为政策制定者的政策调整提供更为具体而详细的信息。

未来的研究应当充分利用这种新的分析工具对中国及周边国家居民企业的有效平均税率展开进一步的估测和比较分析。该研究需要某个模型企业的资产负债表和利润表等财务数据。由于该方法是由欧洲经济研究中心和德国曼海姆大学于 2000 年合作创建的，因此最初采用的是德国央行提供的数据，即以德国一个中等规模的生产性企业作为模型企业，以其 2000 年的资产负债表和利润表作为第一期期初的数据；近几年的相关研究则大多采用欧洲央行提供的数据，即欧盟成员国符合条件的 1 147 483 个企业的加权平均财务数据①。

中国及周边国家运用这一方法估测企业税负的难点在于，目前在亚洲地区鲜有类似的模型企业的财务数据。因此，直接运用欧洲央行的数据或利用研究所涉及国家上市公司的加权平均财务数据，可以暂时作为解决这一问题的方法。

---

① 符合条件的企业，从法律形式看必须是公司，从所处行业看应当属于制造业企业，从所有权看必须属于私有性质。

参考文献

1. 安福仁,2002:《政府职能与税收问题研究》,东北财经大学出版社。
2. 安体富,2002:《当前世界减税趋势与中国税收政策取向》,《经济研究》第2期。
3. 陈晓、肖星、王永胜,2003:《税收竞争及其在中国资本市场中的表现》,《税务研究》第6期。
4. 广西壮族自治区国家税务局课题组,2008:《中国与东盟四国吸引跨国企业地区总部的税收政策比较研究》,《涉外税务》第3期。
5. 侯梦蟾,1990:《税收经济学导论》,中国财政经济出版社。
6. 胡怡建,1996:《税收学》,中国财政经济出版社。
7. 李恩、陈初蕾,2003年:《新加坡与马来西亚税收优惠及其借鉴》,《经济与社会发展》第8期。
8. 李宗卉、鲁明泓,2004:《中国外商投资企业税收优惠政策的有效性分析》,《世界经济》第12期。
9. 刘林森,2007:《面临考验的"中国制造"》,《管理与财富》第3期。
10. 梁琦,2003:《跨国企业海外投资与产业集聚》,《世界经济》第9期。
11. 刘飞鹏,1995:《税收负担理论与政策》,中国财政经济出版社。
12. 刘志城,1992:《社会主义税收理论若干问题》,中国财政经济出版社。
13. 鲁明泓,1997:《外国直接投资区域分布与中国投资环境评估》,《经济研究》第12期。
14. 马化祥,2007:《企业所得税负担的年度变化趋势——基于中国上市企业的实证研究》,《学术研究》第6期。
15. 马拴友,2001:《税收优惠与投资的实证分析》,《税务研究》第10期。

16. 平新乔,1992:《财政原理与比较财政制度》,上海三联书店。

17. 钱晟,2000:《税收负担的经济分析》,中国人民大学出版社。

18. 钱晟、李筱强,2003:《对中国上市企业 2001～2002 年企业所得税负担的实证研究》,《税务研究》第 9 期。

19. 沈楠、杜莉,2007:《中印吸引外国直接投资(FDI)税收政策的比较》,《亚太经济》第 4 期。

20. 宋国青、卢锋、唐杰、赵洪岩、刘鎏,2007:《中国资本回报率估测:1978—2006——新一轮投资增长和经济景气微观基础》,北京大学中国经济研究中心讨论稿系列 C2007002,第 33—35 页。

21. 王昉,1999:《 中国上市企业所得税税收负担问题研究》,《经济研究》第 5 期。

22. 王延明,2000:《上市企业所得税率变化的敏感性分析》,《经济研究》第 9 期。

23. 武汉市地方税务局,2008:《节能减排税收政策:国际经验对中国“两型社会”建设的启示》,《学习与实践》第 10 期。

24. 西蒙·詹姆斯、克里斯托弗·诺布斯,2002:《税收经济学》,中译本,中国财政经济出版社。

25. 杨斌,2003:《税收学》,科学出版社。

26. 杨欣、夏杰长,2004:《税收与投资关系实证分析》,《投资研究》第 1 期。

27. 杨之刚、丁琳、吴斌珍,2000:《企业增值税和所得税负担的实证研究》,《经济研究》第 12 期。

28. 张复黄,1993:《税收词海》,辽宁人民出版社。

29. 张榕华,2005:《从 WTO 国民待遇原则的二维角度看中国的“两税合并”》,《商业现代化》第 12 期。

30. 张学诞,2006:《两税合并对外资企业税负及利用外资的影响》,《中国发展观察》第 10 期。

31. 张阳、刘慧,2006:《税收因素对外国直接投资的影响分析》,《税务研究》第 4 期。

32. 钟炜、胡怡建,2007:《税收优惠对中国外商投资企业的重要性程度研究:一项问卷调查》,《财贸经济》第 1 期。

33. 朱明熙、刘蓉、蒙长寿,1997:《税收学》,西南财经大学出版社。

34. 靳东升,2003:《论国际税收竞争与竞争性的中国税制》,《财贸经济》第9期。

35. 商务部,2010:《对外投资合作国别(地区)指南》。

36. Altshuler, R., Grubert, H. and Newlon, T. S., 2001, "Has US Investment Abroad Become More Sensitive to Tax Rates?", in J. R. Hines (ed.), International Taxation and Multinational Activity, University of Chicago Press.

37. Boskin, M. and Gale, W., 1987, "New Results on the Effects of Tax Policy on the International Location of Investment", in Feldstein M. (ed), The Effects of Taxation on Capital Accumulation, University of Chicago Press.

38. Claassen and Frank, 1994, Tax and International Investments, Hamburg.

39. Cummins, J. G. and Hubbard, R. G., 1995, "The Tax Sensitivity of Foreign Direct Investment: Evidence from Firm Level Panel Data", in M. Feldstein (ed.), The Effects of Taxation on Multinational Corporations, University of Chicago Press.

40. Devereux, M. P. and Freeman, H., 1995, "The Impact of Tax on Foreign Direct Investment: Empirical Evidence and the Implications for Tax Integration schemes", *International Tax and Public Finance*, Vol. 2(1), PP85 - 106.

41. Devereux, M. P. and Griffith, R., 1998, "Taxes and the Location of Production: Evidence from a Panel of US Multinationals", *Journal of Public Economics*, Vol. 68, PP335 - 367.

42. Devereux, M. P. and Griffith, R, 1999, The Taxation of Discrete Investment Choices, Working Paper Series of the Institute For Fiscal Studies, No. W98/16, Revision 2.

43. Devereux, M. P. and Griffith, R, 2002, "The Impact of Corporate Taxation on the Location of Capital: A Review", *Swedish Economic*

Policy Review, Vol. 9, PP11 - 33.

44. Devereux, M. P. and Griffith, R, 2003, "The Impact of Corporate Taxation on the Location of Capital", *Economic Analysis and Policy*, Vol. 33(2), PP275 - 292.
45. Dunning, J., 1973, "The Determinants of International Production", *Oxford Economic Papers*, Vol. 25(3), PP289 - 336.
46. Eichler, M., Elschner, C. and Overesch, O., 2005, Effective Tax Burden of Companies and on Highly Qualified Manpower, Basel and Mannheim: BAK Basel Economics, Centre for European Economic Research.
47. Elschner, C., Ernst, C., Heckemeyer, J., 2007, Effective Tax Burden of Companies and on Highly Qualified Manpower, BAK Taxation Index, PP73.
48. Finkenzeller, M. and Spengel, C., 2004, Measuring the Effective levels of Company Taxation in the New Member States: A Quantitiative Analysis, Belgium: European Commission Taxation and Customs Union.
49. Fullerton, D., 1984, "Which Effective Tax Rate?", *National Tax Journal*, Vol. 37 (1), PP23 - 41.
50. Group of Thirty, 1992, Foreign Direct Investment: 1973 - 1987, New York: Group of Thirty.
51. Grubert, H. and Mutti, J., 1991, "Taxes, Tariffs and Transfer Pricing in Multinational Corporate Decision Making", *Review of Economics and Statistics*, Vol. 73, PP285 - 293.
52. Grubert, H. and Slemrod, J., 1998, "The Effect of Taxes on Investment and Income Shifting to Puerto Rico", *Review of Economics and Statistics*, Vol. 80(3), PP365 - 373.
53. Grubert, H. and Mutti, J., 2000, "Do Taxes Influence Where US Corporations Invest?", *National Tax Journal*, Vol. 37, PP475 - 488.
54. Guisinger, S., 1985, Investment Incentives and Performance

Requirements, New York: Praeger.

55. Hartman, 1984," Tax Policy and Foreign Direct Investment in the United States", *National Tax Journal*, Vol. 37(4), PP107 - 121.

56. Hines, J. R. and Rice, E., 1994," Fiscal Paradise: Foreign Tax Havens and American Business", *Quarterly Journal of Economics*, Vol. 109(1), PP149 - 182.

57. Jacobs, O. H. and Spengel, C., 2000, Effective Tax Burden in Europe—Current Situation, Past Developments and Simulations of Reforms using the European Tax Analyzer, Taxation and Customs Union Directorate General of the European Commission, No. TAXUD/00/312.

58. Jacobs, O. H. and Spengel, C., 2000, "Measurement and Development of the Effective Tax Burden of Companies—an Overview and International Comparison", *Intertax*, Vol. 28(10), PP334 - 351.

59. Jacobs, O. H., Spengel, C., Finkenzeller, M. and Roche, M., 2004, Company Taxation in the New EU Member States-Survey of the Tax Regimes and Effective Tax Burdens for Multinational Investors, Frankfurt and Mannheim: Ernst & Young, Centre for European Economic Resaearch.

60. Japan External Trade Organization, 1995, The Current State of Japanese Affiliated Manufactures in ASEAN - 1994, Tokyo: Overseas Research Department.

61. Jorgensen, D., 1963,"Capital Theory and Investment Behavior", *The American Economic Review*, Vol. 53(2).

62. Kemsley, D., 1998, "The Effect of Taxes on Production Location", *Journal of Accounting Research*, Vol. 36, PP321 - 341.

63. King, M. A. and Fullerton D., 1984, The Taxation of Income from Capital, University of Chicago Press.

64. Lane, P. and Schmukler, S., 2007,"The Evolving Role of China and India in the Global Financial System", *Open Economics Review*, Vol.

18(4), PP499 - 520.

65. Lin Tin-Chun, 2006,"The Impact of Corporation Income Tax Policy on Investment Expenditures: A United States Survey", *International Journal of Management*, Vol. 23(3), PP412 - 418.

66. Multilateral Investment Guarantee Agency (MIGA), 2002, Foreign Direct Investment Survey, Washington D. C: World Bank and MIGA.

67. Jun, 1994, "How Taxation Affects Foreign Direct Investment", NBER Working Paper No. 1307.

68. Slemrod, J. , 1990,"Tax Effects on Foreign Direct Investment in the United States: Evidence from a Cross-country Comparison", in A. Razin and J. Slemrod (eds.), Taxation in the Global Economy, University of Chicago Press.

69. Spengel, C. , Endres, D. , Fuest, C. , Elschner, C. , Voget, J. , Bartholmess, A. , Finke, K. , Li, Wei, and Lohse, T. , 2009, Company Taxation in the Asia-Pacific region, India and Russia, Springer.

70. Tung, S. and Cho, S. , 2000, "The Impact of Tax Incentives on Foreign Direct Investment in China", *Journal of International Accounting*, Vol. 9(2), PP105 - 135.

71. Wheeler, D. and Mody, A, 1992, "International Investment Location Decisions", *Journal of International Economics*, Vol. 33, PP57 - 76.

后记

本书是在我博士论文基础上修改完成的，在即将出版之际，回想十年来的研究探索之旅不禁感慨良多。

我首先要感谢我的导师朱为群教授。师者，传道、授业、解惑也。朱老师不仅传学之道、解学之惑，更重要的是传做人之道、解为人之惑。他严谨的学品和宽厚的人品都是我们的榜样。从论文的选题到写作，从大纲的确定到格式的编排，朱老师在每一个步骤、对每一个细节都倾注了不少的心血。书稿的顺利完成与他的指导是密不可分的！

在专业学习的过程中，公共经济与管理学院几位知名教授深厚的理论功底和独到的见解令我常感醍醐灌顶。杨君昌教授深入浅出的研究方法、丛树海教授严谨求实的治学态度、俞卫教授缜密开阔的学术风格、胡怡建教授擘肌分理的细致分析、马国贤教授寓庄于谐的讲授风格，都使我受益良多！

我还要感谢欧洲经济研究中心和德国曼海姆大学的 Christoph Spengel 教授和所有同事，特别是 Katharina Finke、Tanja Hennighausen、Jost Heckemeyer 和 Benedikt Zinn。他们不厌其烦地解释我提出的每一个学术问题，和我共同讨论合作研究项目的每一个难点，帮我细致入微地修改 paper，亲手为我制作的生日蛋糕，还有深夜加班时的 mozzarella 面包和春游路上的歌声……使得我一年的留学生活收获了知识、收获了友情、收获了阅历，分外充实、多彩多姿！

我还要向苏州大学东吴商学院的各位领导和同仁致以诚挚的谢意。他们的真知灼见和金玉良言促使书稿愈加厚实丰满，他们巨大的帮助和支持使得书稿得以出版。

特别想要表达谢意的是，我亲爱的父亲李卡宁先生、母亲侯小平女士和丈夫李卫平先生。你们一直以来无微不至的关心和义无反顾的支持是我的精神动力和力量源泉。每当遇到困难的时候，只要想起你们，我就平添了许多勇气和信心！

书稿的出版只是一个阶段的总结，我始终在路上。正如诺贝尔经济学奖获得者罗伯特·索洛所言："You never know whether you have gone as far as you can, until you try to go further!"努力尝试、享受"路"上的风景吧！

李　伟

2012 年 11 月

图书在版编目(CIP)数据

中国外资企业有效税负研究 / 李伟著. —上海：文汇出版社，2012

ISBN 978-7-5496-0789-1

Ⅰ. ①中… Ⅱ. ①李… Ⅲ. ①外资企业—税负—研究—中国 Ⅳ. ①F276.43②F812.423

中国版本图书馆 CIP 数据核字(2012)第 319752 号

中国外资企业有效税负研究

著　　者 / 李　伟

责任编辑 / 黄　勇
特约编辑 / 刘非非
封面装帧 / 周夏萍

出版发行 / 文匯出版社
　　　　　上海市威海路 755 号
　　　　　(邮政编码 200041)
经　　销 / 全国新华书店
排　　版 / 南京展望文化发展有限公司
印刷装订 / 上海新文印刷厂
版　　次 / 2012 年 12 月第 1 版
印　　次 / 2012 年 12 月第 1 次印刷
开　　本 / 787×960　1/16
字　　数 / 228 千
印　　张 / 15.5

ISBN 978-7-5496-0789-1
定　　价 / 35.00 元

---

* 本书受 2012 年度教育部人文社会科学研究青年基金项目“中小企业有效税负对其再投资能力的影响研究”(项目批准号：12YJC790103)和苏州大学“211 工程”项目的资助。